REBEL
저항자

저항자

챕 피터슨 지음 | 이현정 옮김

미래사

REBEL

Copyright © Chap Petersen, 2025
Korean Translation Copyright © 2025 by Miraesa, Inc.
All rights reserved.

"내가 역사를 기록하려 하니 역사는 내게 호의적일 것이다."

윈스턴 처칠Winston Churchill

"2020년 3월 이후, 미국에서 평화가 지속되는 시기에 역설적으로 우리는 시민의 자유가 가장 심하게 침해당하는 일을 경험했을 수도 있습니다. 미국 전역의 정부 고위관리들은 맹렬한 속도로 전파되는 전염병 재난에 대응해 충격적인 비상조치를 발표했습니다. 주지사들과 지역의 지도자들이 주민들에게 집 안에만 머물도록 강제하는 봉쇄명령을 내린 것입니다. 아울러 사회 공공시설을 비롯한 모든 사업체와 학교의 문을 굳게 닫아버렸습니다. 그들은 카지노와 몇몇 우호적인 사업체, 기업인들에게는 사업체 운영을 허용하면서도 교회를 폐쇄하고 종교집회를 금지했습니다. 이 명령을 위반하는 사람들에게는 금전적 제재뿐 아니라 형사처벌이 가해질 수 있다고 위협하기도 했습니다. 심지어 그들은 교회 주차장을 감시하고 주차된 차량을 적발해 번호판을 적기도 했으며, 주정부의 사회적 거리두기 및 위생 요구 사항을 충족하는 야외 예배까지도 위법행위에 해당할 수 있음을 경고하는 통지문까지 보냈습니다.

행정 당국자들이 빠른 속도로 새로운 비상사태 긴급명령을 수시로 여러 차례 발표했으나 법안 채택에 책임이 있는 주의회와 연방의회는 침묵을 지켰습니다. 게다가 우리의 자유와 인권을 보호해야 할 법원들은 그중 몇몇 조치에만 법적 대응을 했을 뿐 거의 모든 침해 사례를 묵인하고 말았습니다.

우리 현대사의 한 시기에 일어난 이 현상에서 우리는 의심할 여지 없이 많은 교훈을 얻었습니다. 그리고 그로부터 사태의 심각성을 연구하기 위한 진지한 노력이 이루어지길 바랍니다. 우리가 배울 수 있는 하나의 교훈은 다음과 같습니다. 두려움 해소와 안전을 원하는 사람들의 욕망이 그 무엇보다 강력한 힘이 되어 누군가가 감지된 위협을 해결할 수 있다면, 어떤 조치를 하든에서 행동에 나서라는 강력한 요구로 이어질 수 있다는 사실입니다. 그 결과 위협을 해소하고 사태를 해결할 수 있다고 주장하는 지도자나 전문가는 누구도 거스를 수 없는 힘을 지니게 됩니다. 우리는 굳이 저항할 필요도 없이 그저 시키는 대로 움직이기만 하면 됩니다. 정상적으로 입법기관에서 법이 채택되기를 요구하고, 이것이 입법기관에 의해 법령에 따른 통치로 이어지기를 기다릴 필요가 없습니다. 그러한 법 집행의 엄정함을 기꺼이 포기할 수 있는 것입니다. 이 과정에서 우리에게 주어진 민주적 자유를 상실할 수도 있습니다. 자유롭게 예배드릴 권리, 검열 없이 공공정책을 의논할 권리, 친지 또는 가족이 함께 모일 권리, 집을 떠날 권리 등 지극히 정상적인 시민의 권리와 자유를 잃는 데 동의할 수도 있습니다. 심지어 정상적인 입법 과정을 무시하고 개인의 자유를 박탈할 것을 요구하는 사람들을 지지할 수도 있게 될 것입니다. 물론 이것은 새로운 이야기가 아닙니다. 고대인들조차도 공포에 직면하면 민주주의가 독재정치로 전락할 수 있다고 경고했습니다."

미국 연방대법원 다수의 의견 요약
2023년 5월 18일, 아리조나주 대 마요르카스 사건

서문

대부분의 정치인을 겁쟁이라고 불러도 과언은 아닙니다. 그들은 자신이 속한 정당에서 후보 지명권을 좌우하는 이들의 지지와 호감을 확실히 얻으려고 유권자의 마음을 이용하고 상대 후보에 대해 나쁜 고정관념을 심으려 애쓰는 사람들에 불과합니다.
이것이 바로 우리가 살고 있는 정치사회의 현실입니다.
2020년 3월 무렵부터 이후 2년 동안 미국과 전 세계를 순식간에 사로잡은 대규모 공포와 사회적 통제를 어떻게 설명해야 할까요? 코로나19 공중보건 비상사태 기간에 우리는 "감염 곡선을 완화하라", "과학을 따르라", "집에 머무르자" 등의 문구를 수없이 접했습니다. 봉쇄정책에 따라 전염병의 확산 속도를 늦추고 동시에 치료가 필요한 환자수를 줄이고 의료시스템을 유지하자는 주문이 넘쳤습니다. 그리고 건강한 시민들을 몇 달 동안 집 안에 감금할 수 있는 법적 규제를 정당화했습니다. 그 결과 기업과 사업체들은 문을 닫았고, 끝내 폐업의 길로 들어서기도 했습니다. 날씨가 좋은 날조차 스포츠 및 야외 활동을 금지했습니다. 아이들은 등교 금지로 학교에 가지 못하고, 일반시민들은 일상적인 사회생활에서 온갖 규제에 시달려야 했습니다. 어느 정도 시간이 지난 뒤 사회활동이 재개되고 정상궤도에 올라섰을 무렵에는 건강한 사람들, 특히 우리 아이들은 뚜렷한 이유 없이 몇 달뿐만 아니라 몇 년 동안 공공장소에서 마스크를 착용해야만 했습니다.

2021년을 지나서 2022년까지 이어진 이 모든 금지조항은 우리 사회에서 가장 학식이 높고 존경받는 지도자들에 의해 더욱 조장되고 촉진되었습니다. 실제로 우리 사회의 엘리트 집단인 대학교에서는 종교 및 스포츠 활동을 취소했고, 수년 동안 학생들의 얼굴을 마스크로 가리는 폐쇄적 사회 분위기를 앞장서서 주도했습니다. 이렇게 신격화된 규칙에 동의하지 않는 사람들은 무차별적으로 외면당하곤 했습니다.

2022년 이른 봄, 마침내 이런 비정상적인 생활의 속박이 무너졌습니다. 정치권에서 말하는 레드 스테이트(미국 공화당 상징 주)뿐만 아니라 미국 전역에서 완화가 이루어졌습니다. 예를 들어 버지니아주의 경우, 많은 시민의 반발을 산 주요 원인 중 하나였던 마스크 의무화가 2022년 2월 버지니아 주의회의 초당파적 투표 결과로 종료되었습니다. 이로써 버지니아주는 이전의 정상 생활과 삶으로 복귀하는 첫 번째 블루 스테이트(미국 민주당 상징 주)가 되었습니다.

이와 같은 사회 복귀화의 돌파구는 저의 저항 의지에서 비롯되었고, 이러한 정상적 삶으로의 복귀에 저는 만족하고 자랑스럽게 생각합니다.

그로부터 2년이 지난 2024년 2월, '셧다운(폐쇄)' 정책이 코로나19 확산 방지에 별로 효과가 없었다는 것이 밝혀졌습니다. 오히려 그러한 폐쇄정책은 수백만 어린이와 성인들에게 직접적이고 치명적인 해를 끼쳤습니다. 특히 비만, 폭력, 약물·마약 관련자의 숫자가 급증하는 결과를 가져왔습니다. 수많은 데이터 분석에 따르면, 코로나19 바이러스는 안타깝게도 이미 삶의 마지막 고비를 겪는 사람들에게는 치명적 위협이 되었지만, 건강한 이들의 생명에는 치명적 영향을 미치지 않는 것으로 나타났습니다. 결국 폐쇄정책은 바이러스를 피하기 위한 수단이었을 뿐입니다. 우리는 어찌하여 이런 상황을 두고 봤을까요? 이 해괴한 미국 역사의 현장을 누가 설명할 수 있을까요?

현재 이 모든 사태는 과거의 일로 묻히고 말았습니다. 그 상황이 벌어졌던 시기를 전 세계에 전염병이 전파되었다는 '글로벌 팬데믹'으로 부르면서, 미국 사회를 24개월이나 지배했던 히스테리와 전제정치를 어쩔 수 없는 일이었다고 주장합니다. 이러한 주장에는 일부 타당성도 있긴 합니다. 그것은 코로나19 비상사태가 전 세계적 현상이었다는 사실입니다. 수많은 국가에서 엄격하고 강력한 봉쇄와 폐쇄 조치를 시행했습니다. 실제로 우리 가족이 2022년 7월 한국을 방문했을 때 한국 정부는 공공장소와 실내에서의 마스크 착용을 의무화했으며, 중국에서는 '제로 코로나' 정책으로 평범한 시민들이 수년 동안 갇혀 지냈습니다.

그러나 저는 이러한 폐쇄정책이 중요한 핵심을 놓치고 있다고 봅니다. 먼저, 미국 건국의 핵심은 미국이 개인의 권리를 기반으로 만들어진 국가, 즉 인권에 의해 국가의 틀이 형성된 나라라는 점입니다. 따라서 미국인들은 권리장전 아래서 스스로 의사결정을 할 수 있는 기본적인 능력을 발휘하며, 정부의 자의적 명령에 종속되지 않는 근본적 인권의 자유가 보장된 나라에 살고 있다는 것입니다. 또한 법률적으로 미국인 개개인의 자유와 권리를 보장하는 수정헌법 조항 제14조(1791년, 미국 헌법에 부가된 최초 10개 조의 수정안)의 전체적 목적은 연방 법원에 이 원칙을 위반하는 주법과 지방법을 폐지할 권리를 부여한다는 것입니다.

그런데 코로나19 기간에 미국의 법률 체계는 완전히 실패했습니다. 제가 변호사로서 사회 봉쇄·폐쇄 명령이 미국 헌법에 반한다는 사실을 근거로 인권침해에 관한 소송을 제기했지만 아쉽게도 패소했다는 사실에서 바로 그 점을 확인할 수 있습니다.

우리의 자유는 결코 당연하게, 쉽게 얻어지는 것이 아닙니다. 많은 미국인처럼 제게도 다민족 세계, 다양한 인종을 대표하는 가족사가 있습니다. 우리 가족의 공통된 연결의 끈은 자유를 추구하는 데 있습니다. 예를 들어, 저의 조상들이 미국 버지니아주의 작은 시골 요크타운에서 영국군을 물리치려고 노력한 것이나, 저의 장인어른이 북한에서 탈출해 미국 오하이오주 클리블랜드에 정착해서 자유를 추구한 것은 모두 자유의 추구라는 공통점이 있습니다. 많은 이가 미국 땅에 와서 개인의 자유를 누립니다. 오늘날에도 우리는 여전히 자유를 누리고, 스스로 선택할 수 있는 능력을 키우고, 종교 및 의견의 자유를 향유하고 있습니다. 만약 우리가 이런 자유를 잃는다면 모든 것을 잃는 것과 같습니다.

　이 책을 완성하기까지 6개월이라는 시간이 걸렸습니다. 이 책은 한 세대를 거치며 헤아릴 수 없는 변화를 겪었던 미국 버지니아주의 정치 이야기입니다. 또한 상원의원으로서 저의 의정활동을 간략히 정리한 정치사이며, 코로나19 비상사태 기간에 옳은 일을 하기 위해 용기를 낸 소수자의 이야기이기도 합니다.

　저는 젊은 민주당원으로 공직 생활에 입문했습니다. 미국이 직면한 가장 큰 문제점에 도전하는 일을 주도하는 버지니아주 민주당의 역할을 자랑스럽게 생각했고, 또한 버지니아주 상원의원으로서 16년 동안 모든 순간마다 감사하며 열심히 공직 생활을 했습니다. 물론, 솔직히 말해서 상원의원 시절의 업무가 매번 만족스러운 성과와 결과를 가져온 것은 아닙니다. 하지만 저는 매번 어려움에 굴복하지 않고 다수당인 공화당과 대기업에 맞서 싸웠습니다. 특히 버지니아 주의회를 조정하는 대기업 '도미니언 파워Dominion Power(버지니아주 주도 리치먼드에 본사를 두고 미국 전역에 전기를 공급하는 에너지 회사)'를 항상 견제하는 역할을 했습니다.

　2020년 3월, 민주당이 집권해 권력의 지렛대를 통제하면서 전염병 팬데믹의 대처 방안과 정치적인 세력은 완전히 역전되었습니다. 저는 정치적 기세가 역전되었다는 사실을 랄프 노섬 주지사(민주당)가 "행정명령 53"을 발동해서 버지니아주를 '셧다운Shutdown'했을 때 알게 되었고, 그 폐쇄 사태의 심각성을 비로소 실감하게 되었습니다. 그래서 저는 주지사와 맞섰고, 그 과정에서 시민을 위한 최선의 방안을 결정한다는 진보적 운동의 본질을 추구하는 저의 소임을 다했습니다.

저는 코로나19 사태에 따른 셧다운 명령을 거부했고, 그 결과 2023년에 민주당 주 상원의원 경선에서 패배했습니다. 하지만 패배가 결코 실패는 아니라고 생각합니다. 저의 가족사를 되돌아볼 때 그 역사 안에도 많은 실패가 있었습니다. 예를 들어, 저의 고조할아버지는 남북전쟁 당시 게티즈버그전투가 벌어지자 어린 나이에도 불구하고 대포병으로 참전했으며, 그 전투의 영향으로 육체적·정신적으로 완전히 파괴된 삶을 살아야 했습니다. 하지만 우리는 실패를 거듭한다 해도 계속 싸울 것입니다.

현실은 이러합니다. 우리는 항상 싸우고 있습니다. 저는 오늘, 자녀들에게 이렇게 말하고 싶습니다. 우리 피터슨은 강하다!

저의 인생길에 동행해온 모든 분께 감사의 마음을 전합니다. 변함없는 성실함으로 제 곁을 지켜준 비서실장 캐시 넬슨은 저와 16년 정치 인생을 함께하며 지역사회를 위해 봉사해온 사람입니다. 제 친구이자 비즈니스 파트너인 타니아 호산은 제가 이 책을 끝까지 잘 마무리할 수 있게 도와주었습니다. 처음 만났을 때부터 저에게 많은 영감을 불어넣어준 제 아내이자 법률 파트너 샤론 김 피터슨, 그리고 훌륭하게 잘 자라준 네 명의 아이들에게 항상 감사의 마음을 전합니다.

끝으로, 지금까지 삶의 여정에서 제가 한 걸음 한 걸음 내디딜 때마다 늘 지지하고 격려해주신 저의 부모님 존과 메리 피터슨, 그리고 항상 응원해준 누님들 메리 아셀과 슐러 모건에게도 깊은 감사의 마음을 전하고 싶습니다.

우리가 이룬 모든 일은 우리가 함께한 것이다.

사랑과 애정을 담아,
존 채프먼 "챕" 피터슨

2024년 2월 14일

차례

서문   9
프롤로그   18

Chapter 1   성장기   25
Chapter 2   정치 입문   39
Chapter 3   버지니아주 하원에 온 것을 환영합니다   51
Chapter 4   버지니아주를 위하여!   61
Chapter 5   스프링 캐니언 법률 소송   69
Chapter 6   컴백이라고 말하지 마!   75
Chapter 7   변호사 그리고 정치인   89
Chapter 8   정직한 대기업 만들기   105
Chapter 9   워싱턴 레드스킨스에 경의를! with 도널드 트럼프 이야기   115
Chapter 10   트럼프가 불러일으킨 폭풍   121
Chapter 11   주지사 흑인 분장 스캔들   129
Chapter 12   2020년의 혁명 - part 1 총기 규제   137
Chapter 13   2020년의 혁명 - part 2 남부연합   149
Chapter 14   2020년의 혁명 - part 3 그린뉴딜정책   163
Chapter 15   "바이러스 확산 곡선을 평평하게" - 코로나19 봉쇄 시작   173
Chapter 16   맞서 싸우기   185

Chapter 17	역풍	201
Chapter 18	정의의 계절	211
Chapter 19	아이들의 고통	223
Chapter 20	험난했던 2021년 회기	233
Chapter 21	내 아이들처럼 보여요	247
Chapter 22	코로나 봉쇄 완화 지침: 6피트→3피트 - 공포심 기반 규제 방침에 대한 대처	261
Chapter 23	고맙지만, 나는 무시할게	271
Chapter 24	나는 돌아가는 중이야, 아늑하고 포근한 집으로	279
Chapter 25	인공호흡기보다 마스크 착용이 더 낫다는 논쟁	293
Chapter 26	학부모는 학교 수업에 관여하지 말아야 한다	299
Chapter 27	친기업적 민주당	311
Chapter 28	나를 고소한 사람이 당신 아냐?	321
Chapter 29	탈출구 찾기	331
Chapter 30	당신의 미소를 볼 때마다	347
Chapter 31	주(州)가 결정해야 할 문제	357
Chapter 32	그 길의 끝	367
Chapter 33	이 모든 게 무엇을 의미했을까?	371
Chapter 34	누구에게도 악의 없이, 모두에게 관용을	387
Chapter 35	대한민국 서울에서의 저녁	393

프롤로그

2021년 2월 2일. 쌀쌀하면서도 햇살이 밝은 화창한 날이었다. 버지니아주 주도 리치먼드의 과학박물관, 주 상원 입법의회가 열리는 과학박물관 북쪽을 둘러싼 커다란 유리 창문을 통해 화사한 햇빛이 들어왔다. 창밖으로는 수년 동안 사용되지 않은 오래된 철로가 보였고, 워싱턴 미식축구팀 레드스킨스가 여름 훈련 캠프로 사용한 나무로 관람석을 만든 축구장도 보였다.

과학박물관은 예전에 리치먼드를 찾는 방문객들이 이용하던 브로드 스트리트 기차역 뒤쪽에 지은 대규모 현대식 건물로 많은 역사가 담겨 있다. 특히 리치먼드는 1950년대에는 미국의 산업을 주도하는 기업 가운데 하나였던 '빅토바코'라는 담배회사가 자리 잡고 있어 담배 생산 및 유통의 중심지였다. 그중 브로드 스트리트는 리치먼드의 핵심 상업 지구였다.

1990년대 초 기차역이 폐쇄된 이후 브로드 스트리트 주변은 재개발 대상이었지만, 리치먼드시의 개발계획과 목표가 불확실해지면서 결국 재개발이 이루어지지 못했다. 이 기차역은 고전적 돔형 지붕 아래 홀이 있는 과학박물관으로 개조돼 다시 태어났다. 박물관 뒤편에는 여러 개의 부속실이 딸린 대형 회의실이 마련되었다. 축구장 크기만 한 그 회의실에서 2021년 버지니아주 상원의회가 개최되었다.

과학박물관이 2021년 버지니아주 상원의회 의사당으로 사용되리라고는 아마 그 누구도 예상치 못했을 것이다. 의원들이 각자 의견을 개진하고 토론하기에는 건물 음향 시설이 형편없었다. 미국 제3대 대통령 토머스 제퍼슨이 설계하고 디자인한 버지니아 주의회의사당의 웅장함을 그곳에선 찾아볼 수 없었다. 그러나 확 트인 공간 덕분에 40여 명의 상원의원이 코로나가 휩쓸던 2021년 겨울에 마법의 주문 같은 '6피트(약 1.8m) 간격'을 유지할 수 있었으니 그것으로 충분했다. 그리하여 전례 없이 과학박물관이 버지니아주 상원의회 개최지로 역사에 남겨졌다.

2월 2일, 나는 오전 11시 30분쯤 민주당 전체 의원총회(코커스)에 참석하기 위해 회의장에 도착했다. 본회의는 매일 12시에 시작하며, 민주당 의원들과 공화당 의원들은 본회의 시작 30분 전에 당 구성원들이 모여 토론하는 각 당의 '코커스Cuacus' 회의장으로 향하곤 한다. 민주당 코커스 회의장으로 향하는 나의 마음은 무거웠다. 나는 진심으로 민주당의 친구들, 동료들을 믿고 사랑한다. 민주당 의원들과 많은 일을 함께했고, 특히 공화당 통치 기간에 소수파 당원으로 동고동락했기에 그 관계는 더 돈독했다. 하지만 2020년 여름부터는 동료 민주당 의원들과의 친밀도가 예전 같지 않았고, 나와 그들의 관계도 바뀌고 있었다.

그날 나는 민주당 코커스에서 코로나19 사태에 따른 셧다운 정책, 특히 공립학교와 관련된 정책의 문제점을 신랄하게 비판했다. 셧다운 정책이 지나치게 오래 지속된 결과 공중보건 혜택도 전혀 누리지 못하는 우리 아이들이 교육과 정신건강에 치명적 피해만 입었다는 것이 나의 주장이었다. 그러나 당원들의 입장은 나와 달랐으며, 결과적으로 나는 나 자신이 고위 회원이기도 하고 한때는 부의장으로 일한 적도 있는 코커스에서 아웃사이더가 되고 말았다. 14년간 초당파적 입법 활동을 펼치며 성공적으로 의정 생활을 해온 나로서는 몹시 씁쓸한 경험이었다.

2021년 상원 코커스는 버지니아주 햄프턴 출신으로 오랫동안 상원의원을 지낸 마미 로크가 이끌었다. 마미 의원은 아주 강한 여성 상원의원이었다. (아내를 제외하고 나에게 유일하게 "쳅, 입 닥쳐"라고 자주 말할 수 있는 사람이었다). 마미 의원은 내가 누구보다 존경하는 의원이고, 또 서로 의지하며 존중하는 동료다. 그녀는 내 주장을 탐탁지 않게 여겼지만 우리는 서로의 의견 차이를 존중했다. 30분간의 코커스 회의는 큰 다툼 없이 조용히 지나갔고, 모두 마스크를 쓴 채 과학박물관 본회의실 각자의 자리로 이동했다.

몇 분 뒤, 저 멀리서 저스틴 페어팩스 부지사가 들어왔다. 저스틴은 지난 몇 년 동안 많은 시련을 겪은 나의 친구이자 유권자이다. 저스틴이 상원의회 개회를 알렸다. 모든 상원의회는 기도와 국기에 대한 경례로 시작되고, 그다음에는 심의할 안건을 발표하는 '모닝 아워Morning hour'가 이어진다. 코로나19 이전과는 달리 방문객들을 환영하고 소개하는 순서는 없었다. 외부와의 접촉이 모두 차단되었기 때문이다. 부지사는 상원의회 절차에 따라 회의 일정을 시작했다.

"상원 서기가 법안 심의 일정을 올릴 것입니다."

나는 상원의원들 중 두 번째 줄에 앉아 있었다. 의원 좌석은 선임 순위로 배열되고, 또한 민주당과 공화당 코커스의 규칙에 따라 나뉜다. 의장을 맡은 부지사의 위치에서 볼 때 왼쪽으로는 민주당 의원들이, 오른쪽으로는 공화당 의원들이 정렬한다. 나는 40명의 상원의원 가운데 선임 순위 13번째로 민주당의 마미 의원과 루이스 루카스 의원 바로 뒤에 앉게 되어 있었다. 공화당 동료인 리처드 스튜어트가 바로 왼쪽에 있었고, 오른쪽에는 옛 친구 크레이 디즈가 있었다. 버지니아주 서부 지역 대부분이 디즈 의원의 지역구였는데, 그 지역구의 중심은 샬러츠빌이었다.

심의 일정은 '제3독회 Third read'로 시작된다. 제3독회의 법안들은 소위원회에서 올라온 법안으로, 이 법안들이 통과되려면 상원의장이 표결에 부쳐야 한다. 이날 표결에 부칠 핵심 법안은 시오반 던나반트 상원의원이 제출한 "상원법안 1303"으로 2020년 3월 이후 봉쇄된 버지니아주의 공립 초·중·고등학교 수업을 즉각 주 5일 실시해야 한다는 내용의 법안이었다.

나는 상원 "상원법안 1303"의 유일한 민주당 공동 후원 발의자였다. 내가 맡은 일은 민주당원 다수의 동의를 얻어 이 법안을 통과시키는 것이었다.

물론 상원의회 통과만으로 법이 시행되는 것은 아니다. 이 법안이 법으로 제정되려면 민주당이 주도하는 하원의회도 통과해야 하고, 마지막으로 주시사 서명까지 받아야 했다.

정치에서 중요한 표어 중 하나가 '모멘텀Momentum'이다. 이 모멘텀을 우리는 정치적 탄력이라 말한다. 만약 이 법안이 통과된다면 버지니아주가 최초로 코로나19 통계와 관련 없이 공립학교 수업 재개 명령을 요구하는 첫 '블루 스테이트'가 될 것이고, 이 문제는 버지니아주를 넘어 국가적 측면에서도 매우 중요한 이슈로 여파가 클 것이었다. 이는 '코로나19 학교 봉쇄'라는 어리석은 조치가 치명타를 입게 된다는 뜻이다.

법안에 관한 심의가 시작되자 시오반 던나반트 상원의원이 먼저 발언을 시작했다. 그녀는 리치먼드 지역 인근의 산부인과 의사이자 공화당과 민주당이 팽팽히 맞선 지역구를 대변하는 상원의원이다. 개인적으로 나는 그녀의 두려움 없는 전투력을 존경하고, 그녀의 프로의식을 누구보다 높이 산다. 누구보다 열심히 노력하는 그녀는 산부인과 진료에 전념하는 한편, 원격진료가 허용된 코로나 기간 동안 분만수술 직후 수술복을 입은 채 병원에서 화상으로 의회에 참석하기도 했다.

시오반 던나반트는 "상원법안 1303"이 지적하고 있는 사실, 즉 거의 1년 동안 지속된 학교 봉쇄와 원격교육이 본질적 결함을 안고 있다고 주장했다. 아울러 코로나 사태 중 감염 사례와 학교 수업 재개 여부를 연결하는 증거가 부족하다는 점을 강조했다. 마지막으로, 그녀는 상원의원들에게 과학에 귀를 기울여달라고 당부하고, 우리 아이들이 다시 등교할 수 있게 해달라는 요청으로 발언을 마쳤다.

다음은 내가 발언할 차례였다.

내 책상 위에는 과학적 사실이나 통계가 아닌 나의 경험담을 적어둔 메모지가 있었다. 그것은 내가 겪고 가족과 아이들이 겪은 내용에 대한 메모였다. 나는 내 아이들을 위해, 버지니아주에 사는 모든 아이를 위해 말할 참이었다. 우리 자녀들은 지난 1년 동안 시민으로서 정당한 대우를 받지 못했다. 나는 우리 자녀들을 대변하고 싶었다.

모든 상원의원이 내 얼굴을 볼 수 있도록 마스크를 벗은 뒤 마이크를 잡고 일어섰다. 나는 다시 한번 회의실을 둘러보았고, 마스크를 쓴 의원들과 쓰지 않은 동료들의 얼굴이 눈에 들어왔다. 그들의 시선은 나에게 고정되어 있었다.

나는 발언을 시작했다.

Chapter 1　　　　　　　　　　　성장기

나는 버지니아주 정치계 집안에서 자라났다. 누구보다 정치에 관심이 많았던 외할머니 메리 월튼 리빙스턴 Mary Walton Livingston 은 1930년대를 대표하는 프랭클린 D. 루스벨트 대통령을 만난 적도 있고, 미국의 전설적인 비행사 찰스 린드버그와 함께 비행기에 탄 적도 있었다. '엉클 월튼'이라 불렸던 외할머니의 큰할아버지 월튼 무어 Walton Moore 는 전국적으로 유명한 변호사였고, 페어팩스 카운티를 대표하는 주 상원의원이었다. 또한 버지니아주의 연방 8지구, 즉 워싱턴 포토맥강에서 피드몬트 언덕 근처의 고든스빌 주변 시골 지역까지 포함된 광범위한 지역을 대변하는 연방 하원의원을 역임하기도 했다.

그렇다. 엉클 월튼은 '독립적인' 민주당원이었다. 이는 단순히 민주당 조직의 일원이 아니라는 것을 의미한다. 그분은 자신의 신념을 잃지 않았다. 물론 오늘날의 기준으로 보면 진보적인 성향의 인물은 아니었다. 인종 문제에 관해서는 특히 그랬다. 엉클 월튼의 아버지는 남북전쟁 동안 남군을 이끈 총사령관 로버트 E. 리 장군과 함께 복무했고, 그런 인연으로 엉클 월튼은 리 장군의 삶과 업적에 대한 연설을 자주 했다. 하지만 그런 것과는 상관없이 버지니아주와 연방을 위해 헌신적으로 노력한 인물이었다. 엉클 월튼은 연방 하원의원으로서 셰넌도어 국립공원과 포토맥강을 따라 조지워싱턴 고속도로를 건설하는 법안을 후원했다. 또한 루스벨트 대통령의 외교정책 고문으로서 히틀러가 세계 평화에 실존적인 위협이며, 미국이 그와 싸워야 할 날이 곧 닥칠 것이라고 정확히 예측하기도 했다. 그는 상원의원으로 활동하며 버지니아주 전역에서 많은 소송사건을 처리했을 뿐 아니라 루스벨트 대통령의 버지니아주 정치 자문가로 활동하기도 했다.

엉클 월튼의 자문은 계속되었다. 1934년, 프랭클린 루스벨트 대통령은 버지니아주에서 재선 지지 기반을 더욱 공고히 하려고 노력했다. 당시 버지니아주는 민주당 연방 상원의원 해리 F. 버드가 장악하고 있었는데, 그는 같은 민주당 소속 루스벨트 대통령의 재선에 걸림돌 같은 존재였다. 엉클 월튼은 사람들의 지지를 얻으려면 낙농업 중심의 낙후된 시골 페어팩스 카운티에 고등학교를 새로 설립하도록 돕는 것이 좋겠다고 대통령에게 조언했다. 헤럴드 L. 이커스 당시 내무장관은 엉클 월튼의 조언에 크게 만족했고, 이에 따라 페어팩스 고등학교 건립이 추진되었다.

1년 뒤, 엉클 월튼은 내무장관과 함께 페어팩스 고등학교 창립 기념식에 참석했다. 학교 운동부에는 모두 '저항자The Rebels'라는 이름이 붙여졌다. 그 이름이 붙은 이유를 확실히 알 수는 없지만, 아마도 외할머니 집안의 어른 한 분이 10대에 리 장군의 남부군에 가담해 게티즈버그를 비롯한 여러 지역에서 참전했기 때문이라고 추측한다. 물론 그 당시 모든 버지니아주 학교에서는 인종분리정책이 유지·운영되었는데, 인종차별을 반대한 외할머니의 노력 덕분에 인종분리성책은 1950년대에 종식되었다.

페어팩스 공립학교는 빠르게 성장했고 학교 부근 지역도 더욱 빠른 속도로 성장했다. 우리 삼형제도 물론 페어팩스 고등학교를 졸업했다. 나는 1986년에 졸업반 회장직을 맡았으며, 자랑스러운 '저항자'를 대표하는 페어팩스의 제50회 졸업생이 되었다.

반세기 역사를 알리는 50회 졸업식에 참석한 할머니는 학교 창립자를 소개하며 우리에게 이런 말을 해주셨다. "결단코 절대 이처럼 아름다운 학교의 역사를 잊지 마세요."

나는 어릴 때부터 역사 공부를 무척 좋아했다. 특히 남북전쟁사에 흥미가 있어 책을 많이 읽었고, 자연히 미국 정치도 관심 있게 들여다보기 시작했다. 빌 리빙스턴 삼촌은 1976년 민주당 대통령 후보로 나선 지미 카터를 지지하기 위해 버지니아주 대표 대의원으로 민주당 전당대회에 참석했다. 이 외에도 우리 집안의 친지들은 페어팩스 지역의 정치에 활발히 참여했다. 증조부 중 한 분은 1960년대에 페어팩스의 시장을 역임했고, 내 아버지 존 피터슨은 1970년대에 시의원으로 재직했다. 나도 청소년 시기에 부모님과 함께 시의회 안건을 다루는 많은 전략회의에 참석했으며, 이 경험을 통해 시의회의 내부 사정을 많이 배울 수 있었다.

당시 페어팩스 카운티는 공화당이 지배하고 있었다. 많은 사람이 로널드 레이건 대통령을 추앙했는데, 페어팩스 카운티의 90%를 백인이 차지한 데다 그들 대부분이 주로 펜타곤, 즉 미국 국방부 청사나 방위산업체에 고용돼 있었기 때문이다. 1960년대 이후 성장한 우리 세대는 레이건 대통령이 내세운 긍정적이고 애국적인 분위기를 받아들였다. 미국은 자유세계를 대표했고, 그것을 지켜본 우리는 국가를 따르고 지킬 의무가 있었다.

물론 나는 우리 가족 안에서 반항아였다. 말 그대로 표현하면, 내가 다닌 페어팩스 고등학교의 운동부가 '저항자'라는 이름을 계속 유지하고 있듯 나도 그런 기질을 지니고 있었다. 어머니와 할머니는 법적인 문제나 정치적 측면에서 가문의 유지를 그대로 따르기를 강요했지만, 뭔가 다른 것을 원했다는 점에서 나는 저항자였다. 그런 저항 의식이 처음 발현된 것이 군경력이었다. 1986년에 나는 미 해병대 예비군에 입대해 장교 후보생 교육과정을 이수하며 3년을 군대에서 보냈고, 1989년 7월 장교 후보 학교를 졸업했다. 그 무렵 세계의 냉전 상태는 거의 끝나가고 있었고, 나는 또다시 뭔가 다른 것을 찾기 시작했다.

1989년, 대학 동기가 일본으로 여행을 떠나 그곳 럭비클럽에 가입했다는 소식을 들었다. 그와 나는 매사추세츠주 윌리엄스 대학교 시절 내내 같이 운동한 사이였다. 그런데 그가 편지로 무척 반가운 소식을 전했다. 그곳 럭비팀 규정에 따라 "두 명의 외국인 선수"가 허용되니 같이 가입했으면 좋겠다는 내용이었다. 1990년 6월, 나는 윌리엄스대학교를 졸업하자마자 일본 오사카로 향했다. 그리고 1년 동안 그곳에 거주하며 주중에는 영어를 가르치고 주말에는 럭비를 즐겼다. 술도 많이 마시며 행복한 시간을 보냈다. 일본 생활은 대대적으로 내려오는 피터슨 가문의 전통 의무를 피할 수 있는 완벽한 방법이었다. 하지만 어머니의 끈질긴 설득과 고집스러운 강요로 나는 어쩌다 보니 버지니아 주립대학교 법대에 지원했고, 1991년 봄에 입학허가를 받았다.

사실 나는 미국에 돌아가고 싶지 않았다. 일본어를 열심히 배우고 공부하며 오사카의 삶에 아주 자연스럽게 융화되고 있었기 때문이다. 하지만 마음 한구석에서 젊은 미국인의 피가 흐르고 애국심이 발동하면서 나는 두 가지 이유로 미국행을 결정했다. 첫째, 미국의 수도 워싱턴을 대표하는 미식축구팀 레드스킨스의 광팬이었던 나는 레드스킨스가 1991년 슈퍼볼에 진출할지도 모른다는 소문에 마음이 흔들렸고, 무엇보다 이 팀의 경기를 미국에서 가족은 물론 친구들과 함께 즐기고 싶었다. 슈퍼볼은 세계 최고의 미식축구 경기 이벤트이자 미국 최고의 스포츠 이벤트이기 때문이다. 둘째, 나는 1992년 실시되는 미국 대통령 선거 캠페인에 참여하고 싶었다. 미국의 유명한 저널리스트이자 작가인 헌터 S. 톰슨이 리처드 닉슨이 미국 대통령으로 재선되기까지의 내용을 담아 쓴 책 『공포와 광기: 1972년, 캠페인의 길』을 읽고 나는 1972년 대통령 선거를 분석한 내용에 깊이 감명받았다. 그 책을 통해 나는 다시 한번 미국 대선 과정의 혼란과 공포, 열정 등을 엿보았고, 미국 정치의 뿌리와 대선 캠페인의 역사 속으로 들어가고 싶은 충동을 강하게 느꼈다.

  1991년 8월, 나는 짐을 싸서 고향으로 향했다.

  일본 생활을 청산한 나는 버지니아 주립대가 있는 샬러츠빌에 짐을 풀었고, 그 뒤 3년 동안은 법대생으로서 고군분투했다. 어느 날, 아칸소주 주도 리틀락시에 있는 친구가 내게 연락해 아칸소 주지사 빌 클린턴 대선후보에 대한 정보를 알려주었다. 그는 빌 클린턴 대선후보를 위해 뉴햄프셔, 뉴욕, 메릴랜드의 초기 주요 선거구에서 차량을 몰며 자원봉사 중이라고 했다. 나는 기회는 이때라고 생각했다. 그래서 곧바로 그쪽으로 향했고 자원봉사에 참여했다. 뉴햄프셔주에 도착해 대선캠프에서 맡은 나의 첫 업무는 그 지역 쇼핑몰의 음식 코너에 서서 지나다니는 사람들을 대상으로 〈희망의 도시에서 온 사나이The Man from Hope〉라는 제목의 비디오를 재생하는 것이었다. 클린턴이 태어나고 자란 '희망의 도시City of Hope', 바로 그 희망의 도시에서 온 빌 클린턴을 홍보하는 일이었다.

4월 중순쯤 대선 예비선거가 버지니아주로 향할 무렵까지 대선 캠페인 열기는 팽팽하게 유지되었다. 새로운 얼굴, 열정적이고 젊은 클린턴을 선호하는 사람들이 적지 않았다. 하지만 대체로 많은 사람이 연방 상원의원을 역임한 폴 송가스 의원을 지지했고, 캘리포니아 주지사를 역임한 제리 브라운도 만만치 않은 세력을 과시했다. 나는 클린턴 후보를 위해 전당대회에 참석할 대의원들을 뽑는 버지니아주 대표단 조직 명부를 작성해 샬러츠빌시의 예비 선거장인 중학교로 향했다.

투표는 여러 차례 반복되었다. 법대생들은 대부분 클린턴을 지지했고, 자유분방하고 평화주의를 대표하는 히피들은 브라운을 지지했다. 나는 투표자들이 회의장을 떠나지 않도록 유지해야 했다. 우는 아이의 엄마가 자리를 떠나지 않고 투표할 수 있게 근처 마트로 뛰어가 주스를 사 와 아이를 달래는 노력도 아끼지 않았다.

내 노력은 헛되지 않았다. 결국 클린턴은 한 표 차이로 우위를 지키며 대의원 과반수를 차지했다. 그리고 대의원 의장이 된 나는 많은 사람 앞에서 크게 외쳤다. "제리 브라운이 여기 버지니아를 이기지 못한다면 그 어디에서도 이길 수 없을 겁니다." 그

닐의 내 발언은 여러 주요 신문의 주목을 받았고 그대로 적중했다. 제리 브라운은 결국 예비선거에서 완전히 패배했고, 빌 클린턴은 그해 가을 민주당 후보로 지명돼 후에 백악관을 차지했다.

과거와 현재를 되돌아볼 때, 1992년 빌 클린턴 대선 캠페인의 경험은 내 정치 인생에서 가장 흥미진진한 사건이었다. 그때 나는 클린턴의 선거운동 포스터와 홍보물을 가득 실은 차를 몰고 이른 아침 어둠을 뚫고 투표소로 향하며 골똘히 생각했다. 미국 전역에서 얼마나 많은 자원봉사자들이 이런 일을 하며 수고를 아끼지 않을까? 대선 결과가 발표되는 역사적 순간, 내 모습을 되돌아보며 지난 일을 생각하니 정말 신나고 나 자신이 아주 멋져 보였다. 그때 나는 내가 원하는 삶이 무엇인지 불현듯 깨달았다. 나도 정치인의 삶을 추구하고 싶어 한다는 것을.

그러나 법대를 갓 졸업한 나에게 현실은 호락호락하지 않았다. 꿈을 이루기 위해서는 일자리가 필요했다. 무엇보다도 취업이 먼저였다. 법대 생활은 예상보다 많이 힘들었다. 그래도 나는 최상의 성적은 아니지만 좋은 성적으로 졸업할 수 있었다. 보통 법대 2학년들은 여름방학 때 로펌 인턴십에 참가하고 결격사유가 없는 한 졸업 후 취직을 보장받는다. 그런데 내 경우는 여름 인턴십이 신입 변호사 취직으로 이어지지 못했다. 나는 한동안 이런저런 고민을 했다. 다시 미 해병대 예비군에 합류할지, 아니면 교직으로 진로를 바꿀지 많은 생각이 맴돌았다. 그러던 중 샬러츠빌시에 자리한 연방검찰청으로부터 인턴십 제의가 들어왔고, 나는 그곳에서 다양한 소송을 다루고 두 번의 형사사건 배심원 재판에 참여할 기회도 얻었다. 그런데 두 번의 재판 모두 유무죄를 판단할 수 없는 상태, 즉 결론을 도출하지 못하고 끝났다. 내 법조계 인생에서 배심원의 합의나 만장일치를 달성하지 못한 유일한 배심원 재판을 경험한 것이다. 이 경험은 내 인생 제2장의 막을 열어주었다.

  결국 나는 연방검찰청의 소송 체험을 바탕으로 변호사의 길에 들어섰다. 1994년 5월, 법대 졸업을 앞두고 있던 내게 좋은 소식이 전해졌다. 집에서 멀지 않은 알렉산드리아시의 작고 아담한 법률회사로부터 취업 제안이 들어온 것이다. 그래서 그해 여름 나는 변호사 자격증 시험을 준비하기 시작했다. 낮에는 공부하고, 저녁에는 생활비를 마련하기 위해 건설회사에서 일했다. 드디어 변호사 자격시험을 본 뒤, 나는 곧장 짐을 챙겼다. 무엇보다 휴식이 필요했기에 일본으로 향하는 국제선 비행기에 올랐고, 보고 싶었던 럭비팀 친구들과 함께 여행을 즐기며 몇 주 동안 행복한 시간을 보냈다.

  즐거운 삶이었다.

  미국으로 돌아온 뒤 나는 친구와 함께 차로 전국을 횡단했다. 오하이오주 오클랜드에 도착했을 때는 아름답고 따스한 여름날이었다. 그날 밤, 우리는 어느 시골 술집에서 20세기를 주름잡던 컨트리뮤직 가수 팻시 클라인으로 분장한 가수를 보며 즐거운 시간을 보냈다. 그렇게 몇 주간의 여행을 마무리하고 나는 알렉산드리아로 돌아왔다.

  어느 날 우연히 들른 컨트리뮤직 카페에서 팻시 클라인의 노래가 흘러나왔고, 나는 추억에 사로잡혔다. 그리고 그때, 많은 남자의 관심을 끄는 예쁜 갈색 눈의 여자를 보게 되었다. 나는 용기를 내서 다가가 내게 별로 관심을 보이지 않는 그녀의 이름을 물었다. 샤론 김이라고 했다. 그리고 나의 끈질긴 요구에 못 이겨 그녀는 자신의 전화번호를 알려주었다. 그해 가을 우리는 데이트를 즐겼고, 진지한 사이로 발전했다. 이듬해인 1996년 1월 우리는 결혼을 약속했고, 마침내 그해 8월 31일 오하이오 클리블랜드에서 결혼식을 올렸다. 그 뒤 28년이 지난 현재, 우리는 예쁘고 자랑스러운 네 자녀를 슬하에 둔 행복한 부부로 살아가고 있다.

결혼 뒤 가정을 가지게 되면서 개인적인 삶은 안정되었지만, 변호사로서 나의 직장 생활은 들쑥날쑥하고 불안정했다. 첫 직장이었던 법률회사가 해체되는 바람에 나는 경제적으로 어려운 시기를 보내야 했다. 대부분의 법대 동기는 대형 법률회사에 들어갔지만 나는 기본 월급 3천 달러로 생활하며 학교에 다니는 아내를 챙겨야 했다. (가수 케니 로긴스가 부른 〈대니의 노래〉의 "우리가 형편이 좋지 않지만 그래도 난 당신을 사랑합니다"라는 가사가 생각난다.) 하지만 기적적으로 나는 다시 일어섰다. 많은 소송을 맡았고, 내가 능력 있는 변호사라는 생각을 하며 자신감이 생겼다.

1996년 가을을 기점으로 소송 재판 사건에 중점을 두고 일하며 소송에서 승리하기 시작했다. 가장 놀라운 재판 성공 사례는 피자 배달 차량에 크게 다친 어린 소년의 비극적 사건을 다룬 재판이었다. 힘든 사건인 까닭에 법률회사에서는 그런 소송에 개입하지 말라고 말렸지만, 나는 돕고 싶었다. 그래서 많은 시간을 들여 조사하고 증인들을 모아 인터뷰를 진행하며 증거를 수집했다.

2월, 코가 시릴 정도로 추운 겨울이었다. 이 사건은 연방법원에서 진행되었다. 나는 법적대리인 자리에 앉아 조용히 배심원의 판결을 기다리고 있었다. 그때 연방판사의 부름을 받았다. 배심원단은 판결을 내릴 수 없다고 결정했고, 우리가 합의에 도달하지 못했기에 판사실로 부른 것이다. 판사는 피자 회사를 대리한 변호사에게 합의할 것을 종용했고, 결국 100만 달러에 조금 못 미치는 액수로 합의가 이루어졌다. 그 당시에는 상당히 큰 금액이었다. 6개월 동안 내 전부를 거의 바쳐 열심히 준비한 소송이었지만, 나는 변호사비를 그리 많이 받지 못했다. 하지만 그 경험에서 나 자신의 직감을 믿자는 중요한 교훈을 얻었다.

그 판결이 나온 지 몇 주가 흐른 뒤, 스타퍼 매닉스라는 산업소송전문 법률회사에서 합류 제의가 왔다. 그곳의 파트너 변호사들은 내게 6만 1천 달러의 연봉을 제안했고, 나는 그 제안을 받아들였다. 그 당시 그 정도의 연봉이면 꽤 많이 받는 셈이었고, 나는 무엇보다 직업적·경제적 안정이 필요했으므로 마다할 이유가 없었다. 내가 합류하고 3년 뒤, 우리 법률회사는 주로 에너지 산업을 대표하는 전국 규모의 법률회사 브레이스웰 패터슨이라는 로펌에 인수되었다. 이 로펌이 우리 회사를 합병한 이유는 인터넷 사업이 폭발적으로 성장 중인 북버지니아에 거점을 마련하기 위해서였다. 인수합병 후 그들이 원하는 바가 잘 이루어지지는 않았지만, 나는 그 로펌에 근무하면서 변호사로서의 시야를 크게 넓힐 수 있었다.

브레이스웰에서 나는 처음에는 소속 변호사로, 나중엔 파트너 변호사로 발전소의 개발 및 에너지의 입출력 선도계약을 다루는 위험부담이 큰 소송을 이끌며 에너지 기업들을 대변했다. 우리 회사는 한때 세계 최대의 에너지 관련 기업이었던 엔론Enron을 대변했다. 엔론은 한동안 호황을 누렸지만 회계 부정을 통한 이익 부풀리기 등의 분식회계와 불법적인 내부자 거래 같은 부정행위로 파산했다. 브레이스웰은 또한 뉴욕 시장직에서 막 물러난 루돌프 줄리아니와 짧은 기간의 협력관계도 가졌다.

나는 1990년대 후반을 기점으로 페어팩스와 라우던 카운티에서 떠오르기 시작한, 이른바 '신경제' 기업을 주로 대변했다. 그 중 하나는 연방정부와의 계약에 혁명을 일으킬 것으로 예상된 'Fedcenter.com'이라는 웹사이트를 구축한 디지털 산업회사였다. 대부분의 신경제 기업이 그렇듯 이 회사도 인터넷을 통한 제품과 브랜드를 만들고 수익 계산을 창출한 뒤 최고 입찰자에게 판매하거나, 기업공개IPO를 통해 증권시장에 상장하는 것이 목표였다.

그런 목표를 가졌던 거의 모든 신경제 기업이 2021년의 경기 침체 기간에 파산하고 소멸되었다. 하지만 그 와중에서 살아남은 소수의 기업 구글, 아마존, 페이스북은 이후 미국 경제를 독점하는 기업이 되었다.

법대 동기들 가운데 많은 수가 유망한 법률회사를 포기하고 그런 신경제 산업에 속하는 스타트업 회사에 합류했다. 그들은 대부분 뒤도 돌아보지 않고 새로운 시대의 흐름에 합류했다. 밀레니얼 시대에는 법률회사에 근무하는 것보다 창업이 더 흥미롭고 신나는 일이었으니 당연했다. 하지만 나는 법조인으로 사는 것이 무척 즐거웠다. 무엇보다 다양한 고객들을 만날 수 있고 새로운 고객 확보를 위해 뛰어다니는 것이 좋았다. 게다가 1998년 10월 샤론이 첫 아이를 낳으면서 나는 위험부담이 있는 신경제 기업보다는 법률회사에서의 안정적 생활을 유지할 필요가 있었다.

변호사로서 기억에 남는 성공 사례 하나를 꼽자면, 2021년 초 한 청년을 위해 제기한 소송사건을 들 수 있다. 그를 처음 만난 곳은 교도소의 펠로우십 프로그램이었다. 교통사고로 부상을 당한 청년에게 보험회사가 약 1만 달러에 달하는 척추교정술 비용 지불을 거부한 사건이었다. 우리는 그 비용을 받아내기 위해 소송을 제기했다. 나의 제안에 따라 청년은 사고로 인한 디스크 탈출증을 보여주는 MRI 사진을 증거로 제출했으나 보험회사는 그 증거를 묵살했다. 2001년 2월 이 청년 사건에 몰두했던 나는 이틀간의 고된 재판을 마친 뒤 37만 5천 달러 보상 판결을 받아냈다. 이 소송은 내게 아주 감사한 일이었다. 법률회사를 떠날 기회를 주었기 때문이다.

나는 32세였고, 내 세상은 새롭게 바뀌기 시작했다.

Chapter 2

정치 입문

1995년 가을, 신입 변호사로 일한 지 1년이 되었다. 나는 샤론과 데이트하며 관계를 진지하게 이어갔고, 인생의 다음 단계를 고민하기 시작했다.

어느 날, 사무실 건물 주차장에서 친구 스콧 실버손을 우연히 만났다. 그는 같은 건물에 입주한 기업 전략 회사에서 일하고 있었다. 페어팩스시에서 나와 함께 자란 스콧은 페어팩스 고등학교를 나보다 2년 먼저 졸업했다. 시장을 지낸 그의 아버지는 우리 부모님과 가까운 사이였다. 특히 어머니는 1978년 스콧 아버지의 선거 캠페인 매니저로 활동하기도 했다. 스콧은 미국 연방 상원의원인 척 롭 밑에서 일한 뒤, 1990년 페어팩스시 무소속 시의회 의원으로 선출되었다. 당시 그의 나이는 겨우 24세였다. 그는 페어팩스시에서 인기가 많았고 장래가 촉망된다는 평가를 받았다.

스콧은 나를 점심에 초대해 알렉산드리아 지역에서 시간을 낭비하지 말고 고향 페어팩스시로 돌아와 정치에 도전하라고 권했다. 그는 이미 나를 위한 선거전을 구상해두었다며 오랜 기간 재직한 공화당 의원과의 경선을 제안했다. 돌이켜 보면 승산이 희박한 도전이었지만 타이밍이 적절했다. 나는 젊었고, 정체 중인 경력을 돌파할 기회를 절실히 찾고 있었다.

그래서 나는 계획을 세웠다. 어머니의 사촌인 루이스 풀러의 아내 토디 풀러 의원에게 연락해서 1996년 시의회 기간에 그녀의 사무실에서 자원봉사하며 시의회 실무를 배워보기로 했다. 당시는 민주당이 버지니아 주의회를 장악한 마지막 시기로 노펴시의 톰 모스가 하원의장, 로어노크의 딕 크랜웰이 당대표였다. 이 시기의 버지니아주 민주당은 대부분 연세 지긋한 백인 변호사들이었고, 공화당은 젊은 백인 사업가들이 주를 이루었다. 주지사 조지 앨런은 공화당 내에서 전국적 인물로 빠르게 부상하고 있었다. 매일 펼쳐지는 민주당과 공화당의 격돌을 지켜보며 나는 버지니아주 정치에 매료되었다.

그사이 내게도 개인적인 변화가 생겼다. 1996년 1월, 나는 샤론과 약혼을 발표했다. 한국 남자를 만나 결혼하기를 바랐던 샤론의 가족은 나를 보고 실망했지만, 우리 가족은 내가 결혼해서 안정적 삶을 살기를 원했다. 누나 메리는 공산주의가 몰락한 러시아에서 투자 은행가로 일하고 있었는데, 그곳에서 번 돈으로 페어팩스시에 새 콘도를 구입했다. 나는 페어팩스시로 다시 이사했다. 10년 만에 고향으로 돌아온다는 것은 색다른 일이었다. 첫 출근일에 나는 페어팩스 고등학교 주차장으로 차를 몰고 들어가는 실수를 했다. 몸에 밴 옛 습관이 쉽게 사라지지 않았던 것 같다.

또한 나는 페어팩스시 민주당에 가입했다. 당시 민주당원 중에서 50세 이하는 오직 나뿐이었다. 그즈음 페어팩스시의 민주당은 침체기였다. 공화당은 지역의회 의석뿐만 아니라 주 상원과 하원까지 장악하고 집권 중이었다. 전반적으로 민주당은 버지니아에서 별다른 진전을 보이지 못하고 있었다. 이사 직후 나는 지역 상공회의소 행사에서 공화당 소속 톰 데이비스 의원을 만났다. 그는 나에게 공화당에 가입하라고 권유하며 젊은 사람들은 모두 공화당으로 간나고 말했다. 연방 하원의원이 조언을 해준다는 것은 참 기쁜 일이지만, 나는 그의 말을 따르지 않았다. 나는 늘 나만의 길을 가는 것을 좋아했다.

인생의 한 장이 또 흘러가고 있었다. 샤론과 나는 1996년 8월, 클리블랜드에서 결혼식을 올렸다. 오페라 가수인 샤론의 어머니가 축가를 맡고 마침내 나를 사위로 인정해주셨다. 클리블랜드의 한인 커뮤니티도 내 결혼식에 참석했다. 몇 달 뒤, 추수감사절에 샤론의 가족과 저녁을 먹기 위해 우리는 오하이오주로 갔다. 그런데 식사 직전 아버지에게서 전화가 걸려 왔다. 주 하원의원 풀러가 "공화당 하원의원이 갑작스럽게 사망해 하원 자리에 공석이 생겼으니 출마해보라"며 나를 찾는다는 것이었다. 주지사는 특별선거를 실시한다고 발표했다. 시간과의 싸움이었다. 1차 투표에 등록하려면 오전 10시까지 서류를 제출해야 했다.

나는 샤론을 바라보며 말했다.

"지금 바로 집으로 돌아가야 해."

갑작스러운 통보에 샤론의 가족은 모두 놀랐지만, 이 기회가 나에게 얼마나 중요한지 이해하고 지지해주었다. 샤론과 나는 장장 6시간을 쉬지 않고 운전해 집으로 돌아왔다. 돌아오는 차 안에서 샤론은 맥북을 이용해 선거 홍보물을 디자인했고, 집에 돌아오자마자 나는 홍보물을 인쇄해 곧장 우편으로 발송했다. 한편, 어머니와 나는 페어팩스 고등학교 졸업장을 뒤져 나를 지지할 유권자들에게 전화를 걸었다.

하지만 예비선거에서 나는 3명의 후보 중 2위를 차지했고, 본선은 예전에 의원으로 재직했던 공화당의 잭 러스트 후보가 쉽게 승리했다. 사실 내가 본선에 진출했어도 승리 가능성이 거의 없는 선거였다. 그렇기는 해도 예비선거에 나간 것이 내게는 자신을 알리는 좋은 기회와 경험이었다.

정신없이 빨리 지나간 1996년의 하원의원 선거 캠페인은 1998년 봄의 시의회 선거 출마로 이어졌다. 페어팩스 시의회에는 몇 개의 공석이 있었고 새로운 인물이 필요했다. 다시는 패배하지 않겠다는 각오로 나는 가능한 한 많은 유권자를 만나기 위해 집집마다 일일이 찾아다니며 문을 두드렸다. 이 전략은 내가 승리를 확신할 수 있는 유일한 방법이었다. 1998년 1월 첫 주말부터 5월 선거일까지 시내를 돌며 유권자의 집을 찾아다녔다. 상대 후보들은 그런 나를 보고 마치 고등학교 밴드를 위해 잡지를 판매하는 것처럼 보인다고 놀려댔지만 나는 개의치 않았다. 그 대신 럭비팀 동료들을 동원해 선거용 팻말을 설치했고, 곧 도시 전역에 나를 알리는 선거용 팻말이 세워졌다.

치열한 경쟁이었다. 두 개의 공석 중 하나를 차지하기 위해 나는 최선을 다했다. 결과는 성공! 나는 몇백 표 차이로 승리를 차지하고 마침내 정치에 입문했다. 1998년 7월, 시의회 의원 취임식을 시작으로 버지니아주 정치에 한 발짝 가까이 다가갔다. 선거의 승리와 함께 찾아온 더욱 기쁜 소식은 다가오는 가을에 첫 아이를 만나게 되리라는 것이었다. 겹경사였다. 30세가 된 나는 이렇게 인생의 전환점을 맞았다.

나는 시의회에서 정말 많은 것을 배웠다. 페어팩스시는 인구가 2만 명이 조금 넘는 작은 도시지만 시 자체에 경찰, 소방구조대, 공공업무 담당 부서 등이 있어 대도시와 같은 행정 구조를 갖추고 있었다. 나는 북버지니아 지역위원회 위원으로도 임명돼 그곳에서 지역의 주요 현안인 교통 및 경제개발 관련 논의를 하며 모든 일을 꼼꼼히 배울 수 있었다. 나는 모든 정보를 스펀지처럼 흡수했다.

그 뒤 몇 년은 조용히 지나갔다. 나는 시의회 업무에 집중하는 한편, 변호사로서 몇 건의 배심원 재판에서 승소하며 법률 경력도 탄탄히 쌓아갔다. 샤론은 학업을 마친 뒤 부동산 변호사로 일하기 시작했고, 첫딸 에바도 잘 자라고 있었다.

그리고 또 한 번의 기회가 찾아왔다. 첫째, 변호사로 일하며 변호인 수임료를 확보할 수 있었고 이를 통해 여유 시간을 누릴 수 있었다. 둘째, 새로운 선거구 재조정으로 페어팩스시가 단일 하원 선거구에 포함되었고, 시내의 두 고등학교인 W. T. 우드슨과 제임스로빈슨 고등학교 주변 지역과 재통합되었다. 그 지역은 통상 공화당 성향이 강했지만, 내게는 승리의 기회를 잡을 수 있는 좋은 조건이 있었다. 즉, 내가 걸어서 선거 유세를 다닐 수 있는 지역인 데다 그곳 사람들과도 잘 알고 지낸다는 점이었다. 물론 공화당에서 하원의장 후보로 거론되는 잭 러스트 의원의 유권자 호감도가 높아서 사람들은 대부분 내가 이길 가능성은 없다고 생각했다. 그러나 2001년, 세상이 뒤바뀌었다.

2001년 4월, 젊은 정치 캠페인 전략가인 벤 트리벳이 나를 찾아왔다. 그는 새로운 선거구 통계분석 자료를 보여주며 민주당 후보인 내가 페어팩스시에서 기반을 잡을 경우 승산이 높겠다고 확신했다. 그는 우리 집을 찾아와서 나에게는 물론 내가 한번 같이 들어보자며 초대한 아버지에게 선거 전략을 제시했고, 나는 그 자리에서 출마를 결심했다.

우리는 선거구가 최종적으로 확정될 때까지 조용히 준비를 해나갔다. 5월 24일, 예산 삭감으로 대학건물지원자금을 받지 못하고 있던 조지메이슨대학교에서 기자회견을 열어 선거 출마를 공식 선언했다. 기자회견에 참석한 사람들은 많지 않았지만 나는 아랑곳하지 않았다. 기자회견 직후 유권자의 집을 찾아다니며 문을 두드렸고, 선거운동을 본격적으로 시작했다.

2001년의 하원의원 선거운동은 말 그대로 많은 난관이 도사린 가시밭길 같았다. 그해 여름 내내 나는 매일 저녁과 주말에 중산층이 거주하는 교외 페어팩스 카운티 지역을 돌며 유권자들을 집중적으로 만났다. 나의 메시지는 간단했다. 나는 "페어팩스를 우선시하자"라는 구호 아래 지역사회를 개선하고 발전시킬 인물의 필요성과 지역 이슈에 집중하는 대표 역할을 부각시켰다. 특히 새로운 세대의 어린아이들, 베이비붐 시대에 태어난 아이들의 교육을 위해서도 1950~1960년대에 건설돼 이제는 낡은 건물과 낙후된 학교 시설을 개선하기 위한 예산 확보가 선거운동의 주요 사안 중 하나였다.

나의 선거운동 전략은 점차 지지를 얻으며 탄력을 받기 시작했다. 젊은 민주당원이 그렇게 공격적으로 선거운동을 하는 것이 실로 오랜만이어서 사람들의 관심을 끌었고, 낙태나 총기 규제 같은 기존의 진보적 시회 이슈를 다루지 않은 것도 긍정적인 효과를 가져왔다. 또한 당시 주요 유권자층, 투표권층으로 서서히 자리 잡고 부상하던 한인 커뮤니티와의 만남을 통해 많은 성원과 신뢰를 얻었다. 이 과정에서 한국계 아내 샤론의 가족도 큰 역할을 했다. 때마침 친기업 성향의 중도파 민주당 주지사 후보인 마크 워너의 선거운동도 주 전역에서 많은 지지를 얻고 있었다.

모든 게 순조롭게 진행되었다. 선거 막바지의 주말인 9월 8일, 9일에 나는 계속 집집마다 문을 두드렸고, 토요일 밤에는 민주당 바비큐 행사에도 참석했다. 멀리 보스턴에 사는 사촌도 찾아와서 선거운동에 동참해주었다. 9월 11일 화요일 이른 아침, 나는 보스턴으로 돌아가는 사촌을 메트로역까지 바래다주었다.

그날 사무실로 돌아와 컴퓨터를 켰을 때, 이메일 뉴스 알림에 "비행기가 세계무역센터에 충돌했다"라는 속보가 떴다. 처음에는 작은 경비행기가 항로를 이탈해서 일으킨 단순 사고라고 생각했다. 그런데 15분 뒤, 두 번째 속보가 떴다. 또 다른 비행기가 다른 타워에 충돌했다는 소식이었다. 믿을 수 없는 사건이 벌어진 것이다. 2001년 9·11테러. 그 순간 미국의 민주주의, 그리고 세상은 완전히 바뀌었다. 모든 것이 멈췄다.

9시가 조금 넘었을 때, 알링턴 사무실에 계시던 아버지에게서 전화가 왔다. 펜타곤 쪽에서 큰 폭발 소리가 들리고 폭탄이 터진 것 같다는 말씀이었다. 세 번째 비행기가 펜타곤에 충돌하면서 약 200명의 사망자가 발생한 것이다. 평소에는 상상도 할 수 없는 큰 재앙이었다. 다른 사건들은 9월 11일 세계무역센터에 가해진 테러 공격에 비하면 아무것도 아니었다. 정말 믿을 수 없는 현실이었다.

나는 사무실에서 나와 집으로 향했다. 길 건너에는 경찰 보안관들이 총을 들고 시내 중심가의 카운티 빌딩 입구를 봉쇄하고 있었다. 몇 년 전 재판에 넘겨진 이슬람 극단주의자에게 사형선고를 내린 법원에 폭탄이 설치되었다는 루머까지 돌았다. 미국은 실제로 전쟁 중이었다.

법원을 지나 지역 병원으로 간 나는 헌혈을 하려고 길게 늘어선 줄에 합류했다. 길 건너편에는 의사, 간호사, 기술자들이 펜타곤 부상자 치료를 위해 병원으로 복귀하고 있었다. 차량과 인파가 뒤엉킨 펜타곤 주차장은 아수라장이었다. 잔디 구석구석까지 주차되어 있던 차들이 아직도 눈에 선하다. 안타깝게도 내가 할 수 있는 일은 많지 않았다. 사고 현장에서 시신이 수습되었다. 치료할 부상자는 많지 않았고 대부분이 사망자였다. 끔찍한 광경이었다.

그날 밤, 사람들은 교회에서 예배드리자는 결정을 내렸다. 옳은 선택이었다. 그날 저녁 늦게 조지 W. 부시 대통령이 대국민 연설을 시작했다. 나는 공화당인 그를 대통령 선거에서 지지하지 않았지만, 대통령이 이 중요한 사태에 잘 대처하고 이끌어나가기를 바랐다. 부시 대통령은 두 가지를 강조했다. 첫째는 테러 공격자들을 숨겨준 국가들은 미국 테러 공격에 가담한 것으로 간주한다는 것이었다. 둘째는 현재 미국은 비록 시련을 겪고 있지만, 언제나 그랬듯이 이 큰 시련을 극복할 것이라는 다짐이었다.

9·11테러는 버지니아주 하원의원 선거의 전환점이 되었다. 선거운동 상황은 완전히 뒤집어졌다. 공립학교의 예산 문제나 지역사회를 대표하겠다는 이슈는 한순간에 무의미해졌다. 애국심! 애국심이 중점이었다. 성조기가 곳곳에서 휘날렸고, 부시 대통령의 지지율은 90%에 달했다. 미국이 아프가니스탄의 테러리스트 기지를 폭격하기 시작한 이후로는 분위기가 더욱 고조되었다.

잠시 숨을 고른 뒤, 나는 다시 집집마다 문을 두드리기 시작했다. 하원의원 선거는 예정대로 진행되었고, 달리 선택지가 없었다. 9·11테러 발생 3주 뒤 페어팩스시에서 연례 가을축제가 열렸다. 나는 자원봉사자들과 함께 성조기를 들고 행진했다. (당시 사진은 데릭 와타나가 찍어주었다.) 대부분은 친절했지만, 가을축제 분위기는 완전히 바뀌어 있었다. 특히 9·11 이후 소방관들이 국가적 영웅으로 떠오른 가운데 소방관 조합이 현직 의원들을 지지하고 나서면서 나는 다시 한번 불리한 상황에 놓였다. 선거일이 점점 다가오고 있었고, 나의 목표는 단 하나였다. 최선을 다하자!

선거 당일, 나는 상대 후보가 예전 선거에서 항상 우세했던 로빈슨고등학교의 투표소에 자리를 잡았다. 그 지역은 내가 여름내내 집집마다 문을 두드렸던 곳이어서 사람들이 나를 기억해주리라는 희망이 있었다. 나는 아침 6시에 도착해 밤 7시 선거 마감까지 유권자들과 악수하고 인사를 나눴다. 하지만 패배를 예상하며 집으로 향했다.

집에 들어서자마자 첫 투표소에서 아슬아슬하게 패배했다는 소식이 전해졌다. 하지만 이어진 소식은 희망적이었다. 로빈슨 투표소에서 100표 차로 승리했다는 것이었다. 장모님이 소리를 지르기 시작했고, 좋은 소식은 계속 이어졌다. 최종 결과 우리는 시에서 간발의 차로 극적 승리를 거두었고, 선거구 전체에서는 1천 표 이상의 격차로 승리했다. 그날 밤 나는 민주당 도전자로서는 유일한 승리자가 되었다. 다른 지역에서는 9·11 이후 공화당의 지지율 상승으로 민주당 후보들이 전멸했다. 다행히 주지사 선거에서는 마크 워너 후보가 승리해 나는 리치먼드에 민주당 동료 한 명을 둔 셈이 되었다. 정말 극적인 선거였다.

돌이켜 보면 2001년 하원 선거운동을 통해 나는 지역 정치인으로서 첫 발걸음을 내디딘 셈이었다. 그때의 경험은 실로 초현실적이었다. 사실 시의회 선거는 네거티브 선거 광고 없이 몇 번의 느슨한 토론으로 끝나는, 지인들 중심의 소박한 선거였다. 그러나 버지니아주 하원의원 선거는 주지사 선거와 맞물리면서 치열하게 진행되었고, 그 결과 많은 사람이 나를 알게 되었다.

그동안 내가 도전한 많은 경주에서 그랬듯이 나에 대한 지지는 예상치 못한 곳에서 나왔다. 어느 날, 어느 집 문을 두드리자 은퇴한 보안관이라는 사람이 문을 열었다. 그는 민주당을 좋아하지 않으면서도 총기 소지 허가와 관련된 질문을 던졌다. 다음날 나는 여러 자료를 찾아 나 나름의 답변을 작성해 그의 부인에게 이메일을 보냈다. 그 뒤로 그 일을 잊고 있었는데, 선거일에 그가 투표소를 찾아와 "나는 당신을 찍겠다"라고 말했다. 나중에 이웃 주민들에게 들으니, 그는 그동안 내 홍보물을 돌리고 있었다고 한다.

선거가 끝난 뒤, 나는 우드슨 고등학교의 드라마 클럽 학생들이 준비한 뮤지컬 〈스쿨하우스 록〉에 카메오로 출연하게 되었다. 연방 법안에 서명하는 미국 대통령 역할이었다. '법안이 법이 되는 방법How a bill becomes a law'이라는 노래가 연주되는 가운데 나는 정장을 입고 무대에 올랐고, 관중들은 새로 선출된 하원의원의 등장에 환호성을 질렀다. 그 순간, 아마 학생들은 내가 그들의 부모보다는 오히려 그들과 나이 차이가 별로 나지 않는 젊은 정치인이라는 사실에 더 친근감을 느끼고 환호했던 것 같다.

난생처음으로 나는 지역의 유명 인사가 되었다.

Chapter 3

버지니아주 하원에
온 것을 환영합니다

미국의 버지니아주 입법부 하원의회는 미국에서 가장 오래된 입법기관 중의 하나로 정치 역사적으로 볼 때 많은 변화를 겪으며 많은 사람이 존중하고 고귀하게 여기는 소중한 기관이다. 2001년 12월, 하원에 입성한 초선 의원들이 의원 교육을 받기 위해 오리엔테이션에 참석할 당시 나는 이미 버지니아의 정치 현황을 어느 정도 파악하고 있었다. 공화당은 재건 시기 이후 처음으로 완전한 통제권을 잡고 있었다. 민주당은 34석의 소수정당이 되어 있었고, 그중 다수는 자신들이 대표해온 농촌지역을 지키는 연로한 의원들이었다. 그 외에 지역대표로는 북버지니아의 리치먼드와 동부 쪽 햄프턴 로드의 도시 지역에서 온 소수의 민주당 의원이 있었다. 나머지 의원들은 대부분 젊고 보수적이며 변화를 추구하는 공화당 의원들이었다.

쇠락해가는 민주당을 모방하듯 주 의사당 자체도 급속히 노화되고 있었다. 200여 년 동안 전쟁, 화재, 재난 등 역사적인 격동의 시기를 겪었으니 놀랄 일도 아니었다. 의회 외관은 어둡고 음침했으며, 거대한 나무로 만든 문은 마치 〈젊은 프랑켄슈타인〉이라는 영화의 세트장에서나 볼 수 있는 문이었다. 의회 분위기도 매우 비공식적이었다. 버지니아주 의사당 부지에 들어서면 경찰들이 마치 동네 바비큐 파티에 참석한 것처럼 주차 안내를 하고 있었다.

하원의장은 애머스트 카운티의 시골 출신 사업가이자 열정적인 공화당원 밴스 윌킨스 의원이었다. 그는 키도 크지 않고 체구도 작았지만 열정이 누구 못지않아 그가 지닌 단점은 보이지도 않았다. 윌킨스 의원은 오리엔테이션 기간에 의원들에게 의원으로서 갖춰야 할 기초 상식뿐만 아니라 의원이 지켜야 할 윤리가 무엇인지 알려주었다. 우리 초선 의원들은 중후한 관록이 묻어나는 그의 말을 의심 없이 받아들였다. 그의 말은 엄중한 경고였다.

버지니아주의 주도 리치먼드에 도착한 순간부터 나는 공화당 성향이 강한 지역을 대표하는 젊은 초선 민주당원으로서 매서운 감시의 표적이 되고 말았다. (하원 지역구의 유권자 가운데 거의 전부가 2000년 선거에서 공화당의 부시 대통령 후보에게 표를 던졌다.) 의원으로서 내 임기가 그리 길지 않다는 점을 강조하듯 하원의장은 나를 단 두 개의 중요하지 않은 상임위원회에만 배정했다. 따라서 나의 유일한 정치적 생존 전략은 유권자와 지속적으로 대화하는 것이었고, 나는 진심으로 유권자의 목소리에 귀를 기울일 수밖에 없었다. 2002년 여름, 나는 다시 유권자들의 문을 두드리며 지지를 호소했고, 내 이름을 알리며 지지기반을 다지는 데 전념했다.

의회 입성 첫해의 가장 큰 뉴스는 회기 첫날에 태어난 둘째 딸, 메리 월튼의 탄생이었다. 아기의 탄생을 기대하며 긴급히 연락할 경우를 대비해 샤론이 새 휴대전화를 사주었지만, 나는 첨단 기능의 새 휴대전화를 켤 줄조차 몰랐다. 의회가 시작된 첫날인 1월 13일 밤, 셔츠를 단정히 입은 랜디 하워드 의사당 경사가 아파트 문을 두드렸다. 나와 연락이 닿지 않아 아내가 보좌관에게 전화를 걸었고, 보좌관은 다시 의사당 경찰에게 연락한 것이다. 하워드 경사가 병원까지 태워주겠다고 했지만 나는 직접 운전을 하겠다고 했다.

두 시간 뒤, 메리 월튼이 태어났다. 애초에 우리는 가수 엘라

피츠제럴드를 기려 딸의 이름을 엘라로 지으려 했지만, 딸의 강렬한 눈빛을 보고는 외할머니의 이름인 메리 월튼으로 결정했다.

첫 의회 업무는 급히 의결해야 할 안건들을 신속하게 투표하는 의회 분위기 따라잡기에 전념하는 일이었다. 매일 오전 11시 30분에 시작하는 정당 지지자들 간의 미팅인 코커스 회의에서는 그날의 안건과 관련된 의결 투표를 위해 슬라이드로 안건 내용을 알려주었다. 그러면 우리는 정오에 시작하는 의회에 참석하기 위해 곧장 본회의실로 향했다. 그런 다음 의회가 끝나는 저녁 무렵에는 의원회관 사무실에서 편지를 쓰거나 집으로 전화를 걸며 시간을 보냈다. 한 선배 의원이 좋은 조언을 해주었다. 매일 밤 투표구에 있는 유권자들에게 10통 정도 전화를 걸어 그들이 생각하는 바를 알아보라는 것이었다. 당시엔 휴대전화가 그리 대중화되지 않아 가족들이 집 전화를 사용했기 때문에 저녁 시간에 전화하는 것이 유권자 접촉 방법으로는 안성맞춤이었다.

풍부한 경험과 전문성을 갖춘 관록 있는 의원들은 대개가 컴퓨터를 사용하지 않고 자신들의 경험과 본능에 의존했다. 나는 누가 신뢰할 만한 의견을 가졌는지 일찌감치 알아차렸다. 예를 들어, 나와 비슷한 연배인 버지니아 동부 지역 랭캐스터 카운티 출신의 앨버트 폴라드는 환경문제 전문가였다. 나는 환경보존 문제에 관해서는 항상 그의 전문적이고 과학적인 견해를 따라야 한다는 것을 배웠다.

리치먼드에는 나와 같은 정치 신인들이 또 있었다. 주지사 마크 워너도 선출직에 새로 들어온 인물이었다. 그는 첨단기술 사업가로 급성장하는 휴대전화 산업을 통해 많은 재산을 축적했으며, 빠르게 변화하는 미국 사회에 대해 그 나름의 식견이 있었다. 그러나 버지니아주의 첫 의회 또한 워너 주지사의 신중한 통치와 9·11사태 이후 선출된 매우 보수적인 하원의원들 간에 반발 구도가 조성되기도 했다.

하원 입문 2년째인 2003년, 나는 의회에서 목소리를 내기 시작했다. 당시 버지니아주는 9·11사태로 기술 부분의 붕괴가 가속되면서 본격적으로 경기침체를 겪었다. 특히 1990년대 후반 뜨겁게 달아오르며 급성장했던 과학기술 부문은 더욱 악화되고 있었다. 그런데도 주의회 총회에서는 공교육과 사회서비스 예산을 삭감하는 동시에 가장 부유한 가정만 혜택을 받는 연방 세금 공제, 즉 버지니아주의 상속세 폐지도 시도하고 있었다. 다시 말해 그 돈은 어쨌든 지급될 것이었고, 버지니아주에 지급되지 않으면 연방 국세청에 지급될 것이었다.

현대적 말투로 이야기하자면, 나는 시기적절하지도 않고 불필요한 그런 조치에 열을 받았다. 단순히 입을 다물고 법안에 반대하는 대신 나는 의회발언대에 서서 여러 번 강력한 반대 연설을 했고, 그 뒤 법안을 기각하기 위해 일련의 수정안을 제출하기도 했다. 그러나 하원의회는 새 하원의장 빌 하웰의 통제 아래 있었고, 의장은 수정안 통과를 회피하기 위해 정당 구성원의 과반수가 같은 방식으로 투표하는 정당 노선 투표에 일임했다.

의회의 현실은 실망 그 자체였다. 하지만 나는 이를 침착하게 받아들이는 법을 배우고 있었다. 다음 날 아침, 의원들이 개인적인 성명을 발표할 수 있는 '모닝 아워' 시간에 나는 일어서서 내 수정안에 대한 투표를 요청해도 늦지 않았는지 물었다. 그 말에 하원의장을 비롯한 모두가 웃었다. 의견을 전달하는 데는 자기를 낮춰 유머러스하게 말하는 것이 상책이었다.

그 밖의 사안에 대해서 나는 공화당, 민주당 할 것 없이 동료의원들과 대체로 좋은 관계를 유지하며 의견을 조율하고 맞출 수 있는 점을 찾았다. 내가 가장 좋아하는 사례 중 하나는 2003년 베트남전쟁과 관련된 일이었다. 베트남전쟁은 25년 전에 있었던 일이지만, 그 전쟁에 참가했던 참전 용사들에게는 결코 잊을 수 없는 전쟁이었다.

이 사건의 배경은 이러하다. 2003년, 페어팩스 카운티의 폴스처치 지역에서 한 법안이 제기되었다. 그 지역에는 공산주의에 반대한 베트남공화국 육군 소속으로 전쟁에 참전했던 용사를 포함해 많은 베트남계 미국인이 거주하고 있었다. 그들에게는 자국 공산정권에 대한 애증이 여전히 남아 있었다. 그들의 요청에 따라 본래 강경한 자유주의자인 밥 헐 민주당 의원은 버지니아주 건물에 베트남 국기가 게양되는 것을 금지하는 법안을 제출했다. 공산주의를 반대하는 공화당이 장악한 입법위원회는 이 법안이 하원에 보고되도록 허용했다.

다음 날, 평소 주목받지 못했던 민주당 코커스가 열리는 회의장의 문을 누군가가 두드렸다. 하원의장이었다.

"헐 의원을 만나야 합니다."

두 사람은 복도로 나갔고, 몇 분 뒤 헐 의원이 돌아왔다. 우리는 모두 그의 주위에 모여들었다. 하원의장은 무엇을 원했을까? 그는 공산주의 국가의 국기게양 관련 법안을 철회해주길 바랐다. 부시 행정부는 베트남 정부와의 관계를 정상화하려 했고, 그런 노력이 국가적인 홍보 문제로 번지고 있었다. 공화당 의원들은 법안이 조용히 철회되기를 바랐다. 어떻게 대응했느냐고 묻자 헐 의원은 승리의 기쁨을 표현하듯 이렇게 말했다.

"공산주의자들이 모든 정치범을 석방하는 데 동의하면 법안을 철회하겠다고 말했습니다."

우리는 환호했다.

물론 하원의장이 주도권을 잡고 있었고, 그는 우리의 생각이 어떻든 법안을 좌절시킬 준비가 되어 있었다. 법안이 상정되자 공화당 의원들은 이를 부결시키려는 움직임을 보였다. 투표가 진행되려던 순간, 라우던 카운티 교외 출신의 딕 블랙 의원이 일어섰다. 그는 젊었을 때 베트남에서 해병으로 복무하며 목숨을 잃을 뻔했던 인물이다. 그는 당시의 경험을 회상하며 베트남공화국 참전 용사들이 메달을 달고 서 있는 갤러리를 가리키고 말했다.

"저분들은 제가 알고 있는 최고로 멋진 사람들입니다."

그 영향인지 법안은 100 대 0으로 통과되었다. 물론, 하원에서 통과된 이 법안은 공화당이 장악한 상원의회에서 즉시 폐지되었다. 하지만 우리는 작은 승리를 거둔 셈이었다.

2003년의 재선 캠페인에서는 모든 것이 예전과 달랐다. 첫째,

2001년의 첫 캠페인 이후 나는 나의 유권자들이 어디에 있는지를 알게 되었고, 이제는 현직 의원이라는 이점도 있었다. 둘째, 훌륭한 자원봉사팀도 준비되어 있었다. 그리고 셋째, 2년 동안의 의정 경험을 바탕으로 나는 자신감을 얻었다. 이번에도 내 경쟁 상대는 공화당 러스트 후보였다. 그는 공화당 지지 세력의 지원 사격을 받았으나 그 외에는 별다른 당의 지원이 없었다. 그는 가족들과 함께 최선을 다했지만, 페어팩스 지역의 선거구는 많은 변화를 맞고 있었다. 그와는 달리 나는 그 변화의 흐름을 잘 타고 있었다. 우리는 단 네 가지 선거 홍보 메시지를 지역구에 우편물로 보냈다. 그중 하나는 한 가족의 증언이었다. 그 가족의 아들이 연방정부와 주정부에서 공동 운영하는 의료보호 프로그램을 통해 휠체어를 받을 수 있게 내가 도왔던 것이다. 또 하나는 "의회 첫 임기 동안 세금을 올리지 않고 주 예산을 균형 있게 맞추기 위해 노력한 챕 피터슨"이라는 문구가 적힌 우리 집 가족사진이었다. 따지고 보면, 그것이 전부였다.

결국 나는 재선에 성공했다. 모든 지역구에서 승리하며 20% 차이로 대승을 거두었다. 그날 밤, 나의 승리가 확정되자마자 러스트 씨에게서 전화가 왔다. 그는 축하한다는 인사와 함께 앞으로 내가 원하는 한 오랫동안 의원 자리를 지킬 것 같다는 덕담을 해주었다. 결론적으로 말하자면, 그때의 선거가 내가 주 하원선거에 출마한 마지막 선거였다.

2004년 1월, 선거에서 승리한 나는 검증된 베테랑 하원의원으로 의회에 복귀했다. 내 삶은 행복했다. 샤론은 자기 일을 잘하고 있었고, 나의 보물인 신중한 성격의 첫째 딸 에바와 들장미 같은 둘째 딸 메리 월튼도 무럭무럭 잘 자라나고 있었다. 브레이스웰 법률회사에서 4년을 보낸 나는 소송 업무를 다루는 법률그룹의 파트너십을 제안받았고, 이를 수락했다. 온갖 어려움을 겪으며 법률 경력을 이어간 지 8년 만에 나는 주 입법부의 일원이자 전국적 법률회사의 파트너가 된 것이다. 물론 스스로 앞길을 헤쳐나가야 했지만, 이제는 그 무엇도 내 앞길을 가로막지 못할 것이라는 자신감이 넘쳤다.

2004년, 임기 중반에 들어선 주지사는 업적을 남기려고 공교육 강화를 위한 세금 정책 계획을 실행하려 했다. 그 계획은 처음에 주 상원에서 거론되었다. 그러나 온건한 성향의 공화당 상원의원 존 치체스터가 이끄는 주 상원에는 그 나름의 독립적 문화가 있었다. 그리고 존 치체스터 의원은 주지사나 당파적 활동가들을 두려워하지 않았다. 이 계획은 하원으로 넘어갔고, 공화당과 민주당 의원들 모두 즉시 좌절시켰다. 나 역시 세금 인상을 찬성할 수 없었다. 더욱이 공교육의 주 자금 배분 공식이 단순히 북버지니아의 돈을 남부로 이동시키는 방식이었기 때문에 반대할 수밖에 없었다.

하원의 분위기는 아주 좋았지만, 그것이 상원의원들과 주지사를 동시에 화나게 했던 모양이다. 어느 날 밤, 어머니가 사무실로 전화를 걸어와 내가 주지사를 도와주지 않는다고 질책했다. 워너 주지사의 최고 고문 중 한 명인 마메 라일리가 어머니에게 전화해 내가 문제를 일으키고 있다고 말했고, 그 이야기를 듣고 어머니가 전화한 것이다. 나는 무척 화가 났지만, 솔직히 어머니의 전화는 지극히 지혜로운 처사였다. 그 전화는 나를 좀 더 신중하게 만드는 계기가 되었다.

결국 나는 '세금 개혁' 법안에 찬성했고, 법안은 하원에서 근소한 차이로 통과되었다. 이 법안은 좀 더 개선된 세금 분배 방식을 토대로 페어팩스 카운티 학교 구역에 새로운 세금 수입의 최소한 절반을 투입하는 식으로 타협해야 한다는 우리의 주장을 주지사 측에서 받아들이고 난 뒤에야 제출되었다. 그 타협안을 위해 주지사를 만나러 가던 일이 아직도 기억에 생생하다. 주지사의 지지자들은 젊은 의원인 나를 골칫거리로 생각했겠지만, 나는 내 유권자들에게 더 나은 변화를 주는 기회가 있다면 그것을 절대 놓치지 말아야 했다.

2004년 봄, 그 세금 개혁 법안으로 인해 의회는 연장 심의에 들어갔고, 나는 주 의사당에서 더 많은 시간을 보내야 했다. 그렇게 의회에서 법안을 심의하던 중 막간에 옆자리 동료인 포츠머스 출신의 베테랑 의원이자 재판 변호사 조니 조아누가 나에게 부지사 출마를 권하며 이렇게 말하는 게 아닌가.

"한번 출마해보는 게 어때? 내가 내 지역구에도 당신을 소개하고 도와줄 테니 도전해보라고. 버지니아에는 당신 같은 젊은 민주당원이 필요해."

그렇게 해서 나는 다시 한번 새로운 도전을 시작했다. 2005년 주 전체를 대상으로 한 부지사 선거 캠페인에 나선 것이다.

Chapter 4

버지니아주를 위하여!

2004년 봄은 내 인생의 전환점이었다. 하지만 그것은 결코 내가 예상한 방식은 아니었다. 브레이스웰 법률회사의 파트너가 된 나는 텍사스를 오가며 법률회사 중역들과 교류하게 되었고, 그와 동시에 페어팩스 지역구의 하원의원으로도 확고히 자리를 잡아가고 있었다. 또한 샤론과 행복한 가정을 꾸려가면서 6월에는 샤론의 셋째 임신이라는 기쁜 소식도 있었다.

거의 완벽하고 순탄한 인생 항로였다. 그런데 버지니아주 부지사 선거에 출마하면서 다시 한번 나의 안정된 삶이 흔들렸다. 내가 왜 그런 결정을 했는지 지금 생각해도 잘 모르겠지만, 아마도 정치적 흐름과 변화에 다시 올라타고 싶다는 열정 때문이 아니었을까 싶다. 당시 버지니아주 민주당은 젊고 패기 있는 인재가 나서서 주의회와 연방의회를 장악하고 있던 공화당에 과감하게 도전장을 내밀 것을 바라고 있었다. (당시 버지니아주 연방 상원의원 2명은 물론 11명의 연방 하원의원 중 8명이 공화당원이었다.) 나는 자신 있었다. 자신감이 가득해서 다음 단계로 올라설 수 있는 능력도 충분하다고 믿었다. 하지만 다음 해인 2005년, 나는 분명히 알게 되었다. 버지니아주 전체를 대상으로 한 선거에 나서려면 수많은 사람의 지지를 받아야 하고, 선거자금도 충분해야 한다는 사실을 깨달은 것이다.

나는 부지사 선거 캠페인 본부를 버지니아주 남동부 지역의 여러 도시, 즉 포츠머스, 체서피크, 노퍽, 버지니아 비치, 햄프턴, 뉴포트 뉴스 등으로 구성된 전화번호 '757' 지역에 마련하고 선거운동을 시작했다. 그 지역 주민들의 삶은 다른 지역과 달리 활기가 없었고, 일요일에는 반드시 교회에서 예배드려야 한다는 식의 오래된 전통에 기반하고 있었다. 2005년 한 해를 하루도 빠짐없이 그 지역에서 보낸 내게 '757' 지역은 제2의 고향이나 다름없었고, 나를 둘러싼 많은 이야기의 터전이었다.

부지사 선거 캠페인 초반에 나는 하원의회 동료이자 친구인 라이오넬 스프루일과 시간을 보내며 자문을 구했다. 한번은 그가 체서피크 대표단과 함께 버스를 타고 피터즈버그에서 열리는 의회 지역대회에 참가하는데 같이 가자고 나를 초대했다. 피터즈버그까지는 한 시간쯤 걸렸다. 나는 그의 제안을 수락한 뒤 내 차를 어떻게 해야 할지 고민했다. 피터즈버그는 페어팩스로 돌아가는 길에 있어서 곧장 집으로 운전해 갈 수도 있었기 때문이다. 그때 한 젊은이가 내 차를 피터즈버그까지 운전해주겠다고 자청했다. 나는 그에게 차 열쇠를 건네주었고, 그는 차를 몰고 떠났다.

한 시간 뒤 내가 탄 버스는 고등학교 주차장에 도착했지만, 어쩐 일인지 내 차가 보이지 않았다. 나는 스프루일 의원에게 내 차를 운전한 사람이 누구인지 물었다. 버스에 같이 탄 사람들은 서로 당황스러운 눈빛만 주고받았다. 아무도 그를 만나본 적 없었고 그에 대해 아는 것도 없었다. 긴장 속에 몇 분의 정적이 흐른 뒤, 나는 이 사실을 보험사에 신고해야 할지 말아야 할지 고민했다. 그런데 그 순간 그의 모습이 내 눈에 들어왔다. 그는 빠른 속도로 차를 주차시킨 뒤 내 앞에 나타났다. 내가 너무 예민하게 생각하고 괜한 걱정을 한 것인데, 사람들은 그럴 수도 있다며 웃어

넘겼다.

민주당 예비선거는 흥미진진하게 시작되었다. 6월에 나는 페어팩스시 자원봉사자들과 함께 로어노크에서 열린 민주당 전당대회에 참석해 연설했다. 이후 몇 달 동안 주 전역을 돌아다니며 온갖 모임에 참가해 연설도 하고 유권자와의 대화도 이어갔다. 당시는 대통령 선거운동도 활발히 이루어지고 있었는데, 존 케리 후보가 버지니아주의 지지를 확보하기 위해 성심껏 선거운동을 하고 있었다. 존 케리는 비록 9% 차로 패배했지만, 대선 선거운동은 여러 면에서 그의 향후 성공을 위한 발판이 되었다. 버지니아주는 변화를 갈망하고 있었다.

하지만 초반의 선거운동 열기는 금세 힘을 잃었다. 선거 때마다 그렇듯이 낙태와 같은 사회적 이슈의 소용돌이에 휘말리는 바람에 열기를 계속 이어나갈 수 없었다. 2004년 의회에서 나는 폭력을 가해 태아를 죽이는 것은 범죄행위라는 법안에 찬성표를 던졌다. (이 법안은 내셔널 풋볼 리그 선수인 레이 카루스가 임신 중이던 여자 친구를 살해한 악명 높은 사건에서 비롯되었다.) 그러나 이 법안을 두고 낙태 권리 단체에서 낙태를 금지하려는 첫 단계의 입법이라며 강력히 반대하고 나섰다. 나는 그들에게 내 입장을 여러 번 설명했지만 아무 소용이 없었다. 이런 이슈에 강경하고 보수적인 지지자들은 내가 '올바른 입장'을 채택하지 않았다며 내게서 등을 돌리기 시작했다. 얼마 뒤 나는 부지사 경선에서 두 여성 후보자에게 뒤처지기 시작했다.

그러나 나는 좌절하지 않고 지속적으로 선거자금을 모으며 유권자와의 대화를 이어갔다. (이제 갓 세 살이 된 둘째 메리 월튼은 내가 집에 없는 동안 '애플 스크루거' 같은 상상의 친구를 만들며 아빠의 빈자리를 메웠다.) 나는 많은 사람과 함께 고군분투하며 열심히 선거운동을 했지만 암울한 시간은 서서히 다가왔다. 더욱이 선거일을 한 달 앞둔 시기에 선거 캠페인 자금에 문제가 생겼다. 누군가의 의심스러운 지출로 선거자금이 거의 바닥났다는 사실을 알게 된 것이다. 캠페인 계좌에 남아 있어야 할 25만 달러가 순식간에 7만 5천 달러로 줄어서 당장 매달 3만 달러의 지출이 필요한 심각한 상황이었다. 앞이 캄캄했다. 재정적으로나 정치적으로 파산이 눈앞에 닥친 숨 막히는 순간이었다.

나는 몇 가지 조치를 급히 취했다. 먼저, 자산이 많은 누나의 친구에게 전화를 걸어 1만 달러를 요청했다. 그가 흔쾌히 수락해 준 덕분에 나는 그 돈으로 레저용 차량을 빌려 남은 한 달 동안 버지니아 전역을 돌았다. 또한 주택을 담보로 5만 달러를 대출받았다. (사실 이렇게까지 하고 싶지는 않았지만 그렇다고 중도에 포기할 수는 없었다.) 마지막으로, 부모님을 설득해서 추가로 3만 달러를 빌렸다. 그 돈으로 선거우편물을 발송하고, 선거 차량에 내 이름 "Chap!"을 크게 적어 캠페인 투어를 이어갔다. 교회, 지역축제, 시내 거리 축제 등 갈 수 있는 곳은 어디든 찾아다니며 고전적인 방식의 선거운동을 계속했다.

선거 막바지에 이른 마지막 주말, 나는 선거운동에 요긴하게 이용했던 레저용 차량을 반납해야 했다. 그 막막한 상황에서 다행히도 페어팩스시 시장 소유의 개인 비행기를 얻어 타며 멀리 떨어진 로어노크 지역과 비지니아 비치에서 열린 민주당 행사에 참여할 수 있었다.

중도 포기란 있을 수 없었다. 어떻게든 우리는 끝까지 선거운동을 이어갔고, 희망의 끈을 놓지 않았다.

마침내 경선일이 왔다. 나는 햄프턴에 있었다. 그곳에서는 보안관 지역선거도 동시에 열리고 있었다. (주 전체 선거에서는 투표율이 가장 높은 지역을 항상 주시해야 한다.) 경선 직전, 나는 '757' 선거 지역구의 자원봉사자가 부족해서 지원 요청이 필요하다는 급한 연락을 받았다. 또한 경선 투표를 독려해야 할 '투표소 유급 근무자'가 필요하다는 연락도 왔다. 나는 그 비용이 좀 부담스러웠다. 투표소에서 선거 홍보물을 나눠주는 근무자 한 명당 하루 100달러의 지출이 필요했기 때문이다. (소문에 따르면, 원래 일당은 70달러였지만 사업에 성공한 마크 워너 주지사 후보가 이를 2001년에 100달러로 올렸다고 한다. 아무튼 이것은 다른 이야기다.) 다행히 나는 간신히 8천 달러를 모아 노퍽, 햄프턴, 뉴포트 뉴스, 포츠머스 등 80곳의 투표소를 커버할 수 있었다.

경선 당일 아침, 나는 일찍 로우리 초등학교에 도착했다. 몇몇 유권자가 투표소로 들어오고 있었지만, 수가 그리 많지는 않았다. 저 멀리서 나이 든 흑인 여성이 접이식 의자를 한 손에 들고 투표소로 다가오는 게 보였다. 다른 한 손에는 내 선거용 로고가 새겨진 파란색 가방을 들고 있었다. 가방 안에는 200여 개의 유권자용 홍보물이 있었다.

그녀는 투표소 앞까지 와서 나를 보더니 고개를 끄덕이고는 의자를 펼쳤다. 그러고는 유권자들이 서서히 몰려오기 시작하는데도 아랑곳하지 않고 의자에 앉더니 책을 꺼내서 읽기 시작했다. 나는 그 모습을 30분쯤 지켜보다가 그녀가 왜 그러고 있는지 이해되지 않아 조심스럽게 다가가 대체 왜 여기에 있는지 그녀에게 물었다. 그녀는 자신이 "첵"이라는 사람의 투표소 유급 근무자라고 답했다. 나는 그녀에게 이름이 "첵"이 아니라 "챕"이라고, 내가 바로 그 사람이라고 알려주었다. 순간, 어색한 침묵이 흘렀다. 그녀가 무슨 말을 해야 하나 머리를 굴리며 당황해하는 모습이 내 눈에 들어왔다. 아마 그녀는 이렇게 생각했을 것이다. 버지니아주 전역에 2천 개 이상의 투표소가 있는데, 하필이면 후보가 왜 여기에 있단 말인가!

나는 황당하고 기가 막혔지만, 그녀에게 투표하러 온 그녀의 친구들이 있으면 나에게 소개해주겠느냐고 물었다. 그녀는 그렇게 하겠다고 약속했고, 나는 투표소로 들어오는 유권자들을 서먹하게 맞으며 아침 시간을 보낸 뒤 집으로 돌아왔다.

집에서는 이미 파티가 열리고 있었다. 우리는 실시간으로 투표 현황을 지켜보았다. 하지만 내가 고향인 페어팩스 카운티에서도 지고 있다는 사실을 곧 확인할 수 있었다. 하원의원 선거에서는 4 대 1의 비율로 대승을 했지만, 부지사 경선은 달랐다. 포츠머스와 체서피크 같은 규모가 작은 지역에서만 겨우 승리를 바라볼 수 있을 뿐 대부분의 지역구에서 패배하고 있었다. 북버지니아 지역의 유권자들은 나를 외면했다. 결국 나는 4자 대결에서 22%의 득표율을 기록하는 데 그쳤다. 망신이라고 할 정도는 아니었지만 승리와는 거리가 멀었다. 또 하나 중대한 문제는 내가 지난 4월에 이미 하원의원 재선 불출마를 발표했다는 점이었다. 말하자면 내가 맡고 있던 37지구 하원의원 자리가 공석이 된다는 뜻이었다. (나의 전략은 페어팩스 중심부에서 많은 표를 확보하는 것이었는데, 이는 결코 비현실적이지는 않았지만 버지니아주 전체를 대상으로 하는 선거에서는 나를 구원할 수 없는 전략이었다.)

그날 밤, 나는 페어팩스시에 있는 식당 파이어하우스 그릴에서 친구들과 맥주를 마셨다. 그 식당은 우리 팀이 오래전부터 즐겨 찾은 아지트였다. 투표 결과가 종료되면서 패배가 확실해졌다. 나는 식당에 모인 지지자들에게 그 결과를 전해야 했다. 엄숙한 밤이었다. 맥주를 몇 잔 더 마시니 술기운이 알딸딸하게 올랐다. "왜 나는 안 된다는 거야." 내 솔직한 심정이 그랬다. 속상했다.

쓸쓸히 집으로 돌아가는 길에 휴대전화가 울렸다. 전화를 건 사람은 당시 버지니아 주지사 후보였던 팀 케인이었다. (그는 가을에 치러진 주지사 선거에서 승리했다.) 그가 말했다.

"챕 피터슨의 정치 인생이 여기서 끝나는 건 아니라고 믿네."

나는 그에게 고마움을 표했지만, 속으로는 이제 내 삶에서 정치는 끝이라고 생각했다.

나는 37세였고, 어린 자녀도 셋이었다. 그리고 더 이상 하원의원도 유명 인사도 아니었다. 또다시 험난한 현실 세계가 내 앞에 펼쳐지기 시작했다.

Chapter 5

스프링 캐니언 법률 소송

부지사 선거 패배는 나에게 큰 좌절을 안겨준 사건이었다. 그것은 내 인생 경력의 중요한 경주에서 첫 번째로 경험한 패배였다. 나는 한때 버지니아주 민주당원 가운데 차기 리더가 되어 주지사 저택으로 가는 것을 꿈꾸었다. 하지만 다음 순간, 나는 어느새 어린 자녀 셋을 둔 아버지이자 2건의 주택대출이라는 짐을 짊어진 젊은 변호사에 불과했다. 게다가 변호사로서 누려야 할 안정적 지위마저 흔들리기 시작했다.

"챕!"이라는 대형 문구가 새겨진 레저용 차량을 몰며 내가 버지니아주 전역을 누비는 동안 북버지니아에 있는 우리 법률회사 사무실의 변호사들은 하나둘 떠나갔고, 수입마저 줄어들었다. 결국 다음 해인 2005년 1분기에 실적 부진으로 북버지니아 사무실이 문을 닫고, 파트너 변호사들은 모두 다른 로펌으로 떠나는 일이 벌어졌다. 그때 나는 워싱턴 D.C. 사무실로 재배치되었지만, 그마저도 형식적 조치였다. 나는 2005년 상반기 동안 그곳 사무실에 거의 출근하지 않았다. 리치먼드 의회에 참석하거나 모금 활동을 하며 지방을 돌아다니느라 바빴기 때문이다.

2004년 경선이 끝나고 다음 날, 나는 다른 직장인들과 다름없이 지하철을 타고 시내에 있는 사무실로 출근했다. 다행히도 나를 알아보는 사람은 없었다. 나는 사무실에서 이메일을 확인한 뒤 예전 고객들에게 형식적인 안부 전화를 했고, 그런 다음엔 별다른 일을 찾지 못한 채 시간을 보냈다.

한마디로 말해 나는 거의 업무 정지 상태였다. 하원의원 의정활동으로 바쁜 데다 부지사 경선까지 치르는 바람에 1년 동안 자리를 비울 수밖에 없었고, 그 사이에 대부분의 고객이 다른 변호사를 찾아갔기 때문이다. 텍사스에 있는 법률회사 수뇌부는 겉으로는 나를 지지하는 듯했지만, 1년 동안 수익도 내지 못하고 고객도 없는 파트너 변호사를 계속 받아주는 경우는 흔치 않았다. 재정비가 필요했다.

한 달 뒤, 나는 가족과 함께 미니밴을 타고 휴가길에 올랐다. 매사추세츠주의 섬 마서스 비니어드에 사는 누나 가족과 주말을 보내기 위해서였다. 그때 휴대전화가 울렸다. 로펌 파트너 중 한 명인 댄 왓키스가 보낸 메시지였다. 우리는 과거에 여러 건의 에너지 관련 사건, 특히 2002년 캘리포니아 전력망 붕괴 사건과 관련해서 함께 일한 적이 있었다. 그 사건은 아놀드 슈워제네거가 주지사가 되는 계기가 된 대형 사건이었다. 댄의 메시지는 간단했다.

"챕, 전화해. 너에게 딱 맞는 사건이 있어."

페리호 주차장에 도착하자마자 나는 차에서 얼른 내려 공중전화 부스로 향했고, 댄에게 전화를 걸었다. 그는 사무실에 있었다.

"챕. 이 사건, 너한테 딱이야."

댄은 텍사스의 소규모 개발회사가 유타에서 발전소를 개발하려다 대형 전력회사에 아이디어를 빼앗긴 이야기를 들려주었다. 그 개발회사의 명칭은 스프링 캐니언 에너지Spring Canyon Energy LLC였다.

이후 두 달 내내 나는 이 사건을 파고들었다. 수백 페이지에 이르는 주 공공서비스위원회의 청문 기록을 다 읽었고, 해당 전력

회사인 퍼시피콥PacifiCorp의 부당한 행위를 철저히 조사했다.

이 소송 프로젝트는 거의 완벽했지만 치명적 흠이 있었다. 바로 재판 날짜였다. 2005년에 소송을 제기해 대략 2006년 말까지 진행될 것으로 예상했는데, 피고 측 변호사의 요청으로 재판 일정이 2007년 말로 연기되었다. 그 바람에 이 소송은 버지니아 정치계로 복귀하려는 나의 계획과 뒤엉켜 많은 어려움을 안겨 주었다.

정치인으로 활동하면서 동시에 변호사 법률 경력을 쌓기는 쉽지 않았다. 하지만 그 모든 과정을 통해 나는 단순히 변호사나 정치인이 아니라 진정한 싸움꾼이 되어가고 있었다. 2007년 재판은 나와의 싸움, 나와의 도전을 한곳으로 모으는 계기가 되었다.

재판은 처음부터 험난했다. 퍼시피콥사는 모든 수단을 동원해 우리 측의 주장을 반박하려 했고, 그 과정에서 엄청난 자원과 로펌의 지원을 받았다. 그런 반면 우리는 제한된 자원과 소수의 지원만 받으며 힘겹게 싸움을 이어나갔다. 나는 이 소송이 단순히 고객의 권리를 지키는 관념적 개념을 넘어 정의 구현과 진실 추구의 작업이라는 것을 알고 있었다.

재판 과정에서 제시한 핵심 증거와 증언을 통해 우리 측은 파시피코사가 발전 설비 회사인 US파워의 기술과 기밀 정보를 의도적으로 도용했음을 입증해나갔다. 전문가의 보고서와 우리가 채택한 증인의 증언이 결정적 역할을 했다. 증인의 증언은 감동적이었고, 그가 마지막까지 싸우며 보여준 용기는 재판에 참여한 모든 이의 마음을 움직였다. 마침내 배심원단은 우리의 손을 들어주었고, 우리는 다섯 배 이상 보상을 받을 수 있었다. 이 승리는 금전적인 보상 그 이상의 의미가 있었다. 대기업의 부정과 탐욕에 맞서 소기업이 승리할 수 있다는 강력한 메시지를 전달했기 때문이다.

이 소송은 내 인생에 새로운 장을 열어주었다. 나는 이 사건을 통해 변호사로서의 신념을 다시금 확인할 수 있었고, 정치인으로서도 더욱 강인한 마음가짐을 가지게 되었다. 스프링 캐니언 사건은 내 삶에서 가장 힘들고 가장 보람찬 도전 중 하나로 남았다.

Chapter 6 컴백이라고 말하지 마!

2006년 2월, 나는 변호사로서 경력과 지위를 되살리는 데 완전히 몰두했다. 미친 듯이 일에 열중했다. 스프링 캐니언 사건으로 서부 주를 돌아다니지 않을 때는 페어팩스 법원에서 대기업부터 소기업에 이르기까지 다양한 부류의 고객을 대변했다. 주류면허 항소 사건에서부터 기업 분쟁에 이르기까지 온갖 다양한 사건을 맡아 동분서주한 것이다.

그러던 어느 날, 흥미로운 기사를 접했다. 버지니아에서 인기가 높은 조지 앨런 상원의원이 2008년 공화당 대선후보를 노리고 있다는 기사였다. 하지만 그는 먼저 상원의원 재선에 성공해야 하는데, 문제는 그가 당시 인기를 잃어가던 이라크전쟁을 지지한다는 사실이었다. 그러던 중 해군장관을 역임한 짐 웹이 민주당 후보로 연방 상원의원에 출마할 것을 고려 중이라는 온라인 뉴스 기사가 나왔다. 짐 웹이 민주당원이라고?

짐 웹은 내가 장교 후보생으로 학교에 있을 때 해군장관이었던 인물이다. 후보생인 우리가 지휘 계통을 암기할 때 그는 지휘자 명단 최상위에 자리했다. 그는 베트남전쟁에서 가장 많은 훈장을 받은 전설적인 해병대 소대장이었고, 그의 책 『화염에 휩싸인 전장Fields of Fire』은 베트남전쟁의 참혹상을 여실히 보여주는 독보적 역사서로 평가받았다. 그런데 그가 민주당 후보로 나선다고?

나는 온라인 블로그 '레이징 케인Raising Kaine'의 제작자 로웰 펠드에게 전화를 걸어 짐 웹 후보의 전화번호를 알아냈고, 며칠 뒤 알링턴에서 그를 만났다. 그는 민주당을 잭슨 민주주의 시대로 되돌리고, 이제는 미국이 이라크전쟁에서 손을 떼야 한다고 말했다. 대부분의 버지니아주 민주당원이 이미 다른 후보를 지지하고 있어서 짐 웹 후보는 고립무원 상태였다. 당연히 나는 그의 편에서 그를 적극적으로 지지하게 되었다.

그 뒤 몇 달은 정말 즐거웠다. 매우 독특한 매력을 지닌 짐은 베트남전쟁 때 해병대 무전병 동료였던 한쪽 팔이 없는 "맥"과 함께 여러 캠페인 이벤트에 참석했다. 그의 메시지는 기존의 당파적 관점에서 벗어나 있었다. 그는 민주당이 다시 일어서야 하고, 주민들이 더 높은 가치를 깨달을 수 있게 일으켜 세워야 한다고 주장했다. 또한 그는 총기 옹호자이기도 했다.

어느 날 밤, 짐과 나는 폴스 처치 시내의 베트남 레스토랑에서 식사하고 있었다. 맥이 나를 밖으로 불러냈다. 그는 담배를 피우며 나에게 물었다.

"짐이 연방 상원의원에 출마한다고 하는데, 어느 정당 소속입니까?"

나는 민주당이라고 안심시켰다. 그러자 그는 "오케이, 알았습니다" 하고는 별로 신경 쓰지 않는 듯했다. 선거 캠페인을 시작한 지 몇 달이 지난 뒤의 일이었다.

결론적으로 말하자면, 짐 웹은 민주당 연방 상원의원 경선에서 압도적 차이로 승리했다. 2006년 당시 버지니아주는 여전히 군경험을 중시하는 보수적인 주였고, 민주당원들은 현역 의원인 조지 앨런을 이길 수 있는 민주당 후보를 원했다. 처음부터 짐 웹을 지지한 나는 선거 캠페인의 모든 과정을 함께하며 누구보다

가까이서 그를 지켜볼 수 있었다. (내 부지사 선거캠프의 많은 지지자가 짐 웹 연방 상원의원 선거 캠페인의 직원으로 합류했다.) 모든 것이 계획대로 순조롭게 진행되던 중 예기치 않은 사건이 벌어졌다. 당시 버지니아주는 여전히 보수적인 성향이 강했고, 정치적으로는 주 남쪽에 자리한 카운티들의 입김을 무시할 수 없었다. 그런데 상대방의 어이없는 말실수 사건이 일어난 것이다.

그 사건은 조지 앨런이 버지니아 남서쪽 끝에 자리한 디킨슨 카운티에서 선거 유세를 하는 도중 일어났다. 그가 인도계 미국인 유권자를 가리켜 '마카카Macaca'라고 부르며 "버지니아에 온 걸 환영한다"고 말한 것이다. 무의식중에 원숭이를 뜻하는 '마카카'라는 단어를 사용해 유권자에게 인종차별적 발언을 한 셈이었다. 이 동영상이 인터넷에 게재되자 인종차별 논란이 일어나면서 조지 앨런 상원의원은 결국 낙선의 고배를 마시게 되었다. 이 사건의 여파로 짐은 아시아계 미국인 인구의 확산으로 빠르게 변화하던 페어팩스 카운티에서 기록적 득표율을 차지하며 승리했다.

이 선거운동은 나에게 다시 정치에 대한 열정의 불길을 지펴주었다. 그래서 좋든 싫든 옛 버지니아주 하원의회 동료들과 다시 접촉하게 되었고, 그중에는 주 상원의원으로 민주당 원내대표였던 딕 새슬로 의원도 있었다.

딕은 진정한 정치 거물이었다. 그는 보수적인 민주당 하원의원으로 정치에 입문해서 상원 원내대표 자리까지 차지한 사람이었다. 공화당이 권력을 장악한 1990년대에도 그는 민주당 리더로서 의정활동을 완벽히 소화해냈다. 소기업 경영자로서의 경력과 대규모 기업들과의 긴밀한 관계를 배경으로 한 그는 전형적인 당의 지도자였다. 그러나 1991년부터 2005년까지 버지니아주 민주당은 크게 퇴보해 하원과 상원 모두에서 힘을 쓰지 못했고, 특히 하원에서는 거의 2 대 1의 열세에 몰려 있었다.

2005년 주지사 선거에서 팀 케인의 결정적 승리와 마크 워너의 연방 상원의원 선거 승리에 힘입어 버지니아주 민주당원들은 2007년 주 상원의원 선거에서 다수당을 차지할 준비를 하고 있었다. 그러려면 유능하고 패기 있는 주 상원의원 선거 후보자가 절실했다.

딕 새슬로 상원의원은 마치 훌륭한 미식축구 코치처럼 공화당 후보에 맞서기에 적합한 후보자를 찾으러 주 전역을 누볐다. 그리고 가장 적합한 후보자는 바로 나였다. 주 상원의 34선거구는 그레이트 폴스의 부유한 지역에서 페어팩스시 인근의 중산층 동네까지 아우르는 곳으로, 하원의원 시절에 내가 관할했던 지역구 전체를 포함하고 있었기 때문이다.

주 상원 34선거구는 대대로 공화당이 지배하는 곳이었지만, 2001년과 2003년 선거에서 거둔 나의 승리가 입증하듯 인구통계학적 측면에서 빠르게 변화하는 지역이었다. 현직 의원은 톰 데이비스 연방 하원의원의 아내 진마리 데이비스였다. 진마리는 강하고 똑똑한 인물로, 이 부부는 선거자금을 모으는 데 강점이 있었다. 그래서 내가 선거에 나설 경우 상대적으로 선거자금이 부족하겠지만 그 점은 내가 극복할 수 있는 부분이었다. 자, 선택의 순간이었다. 다시 도전해야 할까?

나의 첫 직감은 "노No"였다. 그동안 나는 법률회사 업무로 너무 오랫동안 가족과 떨어져 있었고, 이제는 돈도 벌어야 했다. 그런 데다 스프링 캐니언 사건에 전념해야 할 시점이기도 했다. 하지만 나는 알고 있었다. 내 마음속 깊은 곳에 여전히 정치적 열정이 도사리고 있다는 것을.

2005년 가을, 내가 지역 럭비팀에서 활동하고 있을 때 코치가 했던 말이 열정의 불씨를 다시 피워내는 계기가 되었다. 연습 도중 잠시 쉬고 있던 나에게 코치가 "다시 출마할 생각은 없어?" 하고 물었다. 나는 이제 다 접었다고, 충분히 경험해봤으니 그것으로 족하다고 대답했다. 그랬더니 코치는 믿을 수 없다는 표정을 지으며 말했다.

"겨우 그걸 해놓고 그냥 포기한다는 거야? 그렇게 쉽게?"

그 말에 나는 절대 그런 사람이 아니라고 반박할 수밖에 없었다. 그리고 나는 정계로 다시 돌아왔다.

2005년 11월 초, 짐이 연방 상원의원 선거에서 승리한 뒤 나는 '책 클럽'이라 명명한 작은 팀을 구성해서 비밀리에 필요한 준비를 해나갔다. 딕 새슬로 원내대표는 나에게 민주당에서 최소한 10만 달러를 지원해주기로 약속받았다고 전했다. (사실 선거자금이 그것보다 다섯 배는 더 필요하다는 것을 알게 되었지만, 아무튼 그랬다.) 더 중요한 제안은 그가 잠재적으로 다른 후보들을 물리쳐주겠다고 약속했다는 점이다. 이는 경선으로 인한 민주당의 자금 낭비를 줄이려는 전략이었다. 그렇게 딕과 나는 하나로 뭉쳤다.

1월 첫째 주, 선거 전략은 명확하고 뚜렷했다. 어느 토요일 아침, 나는 선거 전략을 선거캠프에 이메일로 전달했는데, "사냥개를 풀라"라는 간단한 내용이었다. 우리의 선거 전략은 자원봉사자들이 상대 후보의 고향인 비엔나 타운에서 유권자들의 집 대문을 두드리며 선거 홍보를 시작하는 것이었다. 첫 며칠은 매우 긴장되고 흥분이 고조되었다. 선거 기부금이 빠르게 모이고 있었고, 많은 자원봉사자가 참여했다. 나의 동지이자 새로 당선된 연방 상원의원 짐 웹의 지지 연설로 선거 유세는 점점 상승세를 타기 시작했다. 함박눈이 내리기 시작했고, 선거 유세는 앞으로 몇 달 동안 이어질 예정이었다. 우리는 매섭게 추운 날씨에 유권자들의 대문을 두드리는 외로운 나날과 기나긴 밤의 어둠을 이겨내며 꾸준히 유권자와 접촉했다.

방법은 간단했다. 옛 선거구 유권자들의 문을 두드리며 나를 위해 응원해주었던 지지자로부터 아직도 나를 지지하는지 확인하는 것이었다. (내가 유권자들의 문을 두드리기에 앞서 우리 자원봉사자들은 선거 홍보물을 배포했다.) 어느덧 여름이 되어 우리는 새로운 선거구로 옮겨 갔다.

비록 이 지역은 민주당에 약간 기울어 있었지만(짐 웹 연방 상원의원 후보는 55%의 득표율로 승리했다), 나는 여전히 나의 주장과 메시지를 초당파적으로 유지해야만 했다. 초점은 당파에 얽매이지 않는 리더십에 있었다. 또한 나는 새로운 이슈, 환경문제에 귀를 기울여야 했다. 부지사 선거에서 패배한 뒤 나는 기후변화와 이에 따른 환경요인으로 사라진 고대문명에 관한 책을 읽기 시작했다. 나는 재생 가능 에너지가 기후를 구할 뿐 아니라 석탄과 천연가스 같은 화석연료에 의존해온 버지니아주의 에너지산업을 새로운 재생에너지에 의한 경제산업으로 성장시킬 수 있다는 아이디어에 매료되었다. 그 전략적 원칙을 바탕으로 나는 2007년 초 '버지니아 2.0' 선언문을 작성했다. 이는 에너지 효율성, 재생 가능 에너지, 수목과 녹지 보존 등을 중심으로 한 내용으로 버지니아주의 자연유산을 보호하는 방법이었다. 나는 이 선언문을 이후 15년 동안 성경처럼 애지중지하며 여러 번 수정했다.

물론 선거 캠페인의 현실 상황은 훨씬 더 평범했다. 주로 유권자의 집 문을 두드리고, 자금을 모으고, 주말엔 행사에 참석하거나 선거지역 슈퍼마켓 앞에서 유권자와 악수를 나누었다. (나는 곳곳에 자리 잡은 쇼핑센터와 마트를 집중 공략하며 주말을 보냈고, 그곳에서 쇼핑객들에게 친절한 인사를 건넸다.)

9월이 되자 우리 선거캠프의 상황은 순조롭게 잘 풀렸다. 상대 후보는 교통 법안을 통과시킨 것을 주요 업적으로 광고했지만, 별로 관심을 끌지 못하고 있었다. (특히 북버지니아의 교통 문제는 2020년 3월 사람들이 재택근무를 시작할 때까지 해결되지 않았다.) 그사이 유권자의 집 문을 두드리는 우리의 선거 전략은 효과를 나타내고 있었다.

9월 중순, 나는 한인 커뮤니티를 대상으로 선거자금을 마련하기 위해 기금모금 행사를 가졌고, 그 자리에는 케인 주지사도 참석했다. 다음 날 아침, 나는 스프링 캐니언 소송에 관한 평결 서류를 제출하기 위해 아침 일찍 비행기를 타고 유타주 솔트레이크시로 향했다. 그 뒤 공항에서 돌아오는 길에 여론조사 담당자에게서 전화를 받았다. 우리가 9% 앞서고 있다는 기분 좋은 소식이었다. 예비선거가 아닌 본선거였는데, 이제부터 큰 투표율이 예상되는 좋은 소식이었다.

모든 것이 순조롭게 진행되던 10월 첫 주에 상대 후보가 예상치 못한 공격을 해왔다. 하원 의정활동 중 첫 몇 회기 동안 나는 '총기' 규제 관련 소위원회 위원으로 활동했고, 이는 법 집행과 주 방위군을 규제하는 일과 관련이 있었다.

그런데 총기 관련 소위원회는 실제로 매우 흥미로웠다. 모든 총기류에 대한 규제와 더불어 시민들이 쉽게 잘 무장하는 현실에 비추어 여러 차례 개정된 '은밀한 휴대'에 관한 법안을 다루는 위원회였다. 사실 21세기 초 버지니아주는 수정헌법 제2조를 강력히 지지하고 찬성하는 주였다. 마크 워너는 총기 친화적 민주당 후보로서 주지사 선거를 치르며 농촌 지역인 서남부 버지니아에서도 승리했다. 리치먼드 시장 팀 케인은 주지사 선거에 나서면서 비록 제한적이긴 하지만 새로운 총기 법안을 제정할 생각이 전혀 없다고 분명히 밝혔다.

하원 소위원회에서는 은밀한 휴대 허가증을 가진 사람들, 주로 퇴직한 군인과 법 집행관들을 위한 법안을 다루었다. 그들이 근무하지 않을 때 총기니 무기를 소지해도 범죄자로 오해받지 않게 하자는 것이 중점 내용이었다. 2004년 하원의회에서는 은밀한 휴대 허가증을 가진 사람들이 학교 내에 총을 가져갈 수 있게 하는 법안을 통과시켰다. 이 법안은 주민들의 주목을 거의 받지 못했고, 민주당의 워너 주지사는 법안에 서명했다. 이 법안에 반대한 사람은 몇 명 되지 않았는데, 그중 한 명(당시는 그가 누구인지 전혀 모르고 있었다)이 바로 내 상대 진마리였다.

2007년 9월 말, 진마리는 선거광고를 통해 나를 집중적으로 공격하기 시작했다. 내가 '학교에 총기를 허용했다'고 과장광고를 하며 비난한 것이다. 광고는 노란색 학교 버스가 주차장에 도착하고 아이들이 내리는 장면도 보여주었다. 처음에는 케이블 방송에서만 나왔고 아무도 신경 쓰지 않았지만, 10월 중순이 되자 네트워크로 방송되었고, 매일 황금 시간대에 여러 번 방영되었다. 나로서는 정말 힘든 시간이었다.

어느 날, 캠페인을 마치고 집에 돌아온 나는 3학년이 된 딸과 함께 쇼를 보며 휴식 시간을 보냈다. 몇 분 뒤, "챕 피터슨이 학교 내에서 총기 휴대를 허용하는 법안에 찬성했다!"라는 말과 함께 총소리와 아이들의 비명이 텔레비전에서 흘러나왔다. 나는 딸을 돌아보며 말했다.

"저 광고가 사실이 아닌 거 알지?"

딸이 말했다.

"알아요, 아빠. 그래도 속상해요."

상대방의 이러한 선거 활동은 큰 파장을 일으켰다. 10월 중순에 나온 예비 여론조사에서는 거의 막상막하의 비율로 나타났다. 나는 급속하게 지지를 잃고 있었다.

그러자 두 가지 일이 벌어졌다. 하나는 민주당 내부와 외부 그룹들이 내 상대 후보를 공격할 대응 광고를 지원하겠다고 약속한 일이다. 어느 날 밤, 나는 우두커니 주방 테이블에 앉아 광고를 만들었고, 그 광고는 다음 날 네트워크에서 방영되었다. 우리는 총기 문제에 대해 반박하는 대신 상대 후보가 의정활동을 하면서 세금을 인상한 것과 교통 문제를 간과한 것을 집중 공략했다. 스캔들을 불러일으킬 정도는 아니었지만, 최소한 우리 팀도 물러서지 않겠다는 의지의 표현이었다. 선거 일주일 전, 나는 페어팩스의 역사 깊은 흑인 침례교회 예배에 참석했고, 그곳의 장로님들은 나를 위해 기도해주셨다. 그중 한 분이 내게 다가와 이런 말을 해주었다.

"당신의 선거 전략이 아주 마음에 드네."

다른 하나는 정치사회에서 종종 예기치 않게 일어나는 당혹스러운 사건이었다. 상대 후보는 내가 과거에 엔론이나 그 밖의 주요 에너지 기업을 대변한 법률회사 브레이스웰에서 일했던 것을 언급하고 계속 '이해 상충' 문제를 거론하면서 또 한 번의 과장된 공격을 해왔다. 문제는 내가 그 당시 '대리인 이해 상충' 양식에 그 사실을 기재하지 않았다는 점이었다. 물론 법률회사 고객들은 나 개인의 의뢰인이 아니었고, 더구나 내가 법률회사의 소유자도 아니었다. 하지만 상대 진영은 과장된 공격 글을 수천 명의 법률회사 고객들에게 뿌렸다. 당시 회사에는 수천 명의 고객이 있었다.

그런데 상대방이 보낸 부정적 내용의 우편물이 우리 집으로도 왔다. 그 안에는 나의 선거자금 공개 양식이 들어 있었고, 그 양식에는 우리 집 주소와 전화번호, 샤론과 아이들의 이름도 적혀 있었다. 몇몇 사람들은 그 정보를 보고 우리 집에 전화를 걸었고,

그 일은 장애가 있는 장모님을 돌보며 세 아이를 키우던 아내 샤론을 분노하게 했다. 상대 후보의 선거운동 방식이 도를 넘은 것이다. 너무 지나쳤다.

나의 선거 보좌관 벤 트리벳은 버지니아주 민주당의 '무서운 아이'로 악명 높은 인물로 선거 캠페인에서 현장 운영을 담당하고 있었다. 그는 이 사건을 중요하게 다루었다. 며칠 뒤, 우리는 페어팩스시 상대 후보 본부 앞에서 기자회견을 열었다. 샤론과 나는 몰려든 TV 카메라 앞에 당당히 섰다. 샤론은 밝은 노란색 우비를 입고 두 살 된 아들 토머스를 안고 있었다. 나는 상대 후보 본부 앞에서 카메라를 바라보며 말했다.

"나는 민주당원이지만 평화주의자가 아닙니다. 그 어떤 난관이 있더라도 내 가족을 지킬 것입니다."

나의 이 발언은 총기 문제를 새로운 시각으로 바라보게 했다. 이 일은 작은 드라마 같았지만, 우리는 정말 화가 나 있었다. 그리고 그 순간, 나는 선거 기세가 서서히 달라지는 것을 느꼈다. 그 기자회견 직후 여론조사에서는 우리가 11% 앞선 것으로 나왔다.

선거 당일, 나는 공화당 우세 지역 중 한 곳인 비엔나의 초등학교에 마련된 투표소를 방문했다가 투표 마감을 확인한 뒤 집으로 돌아왔다. 얼른 면도를 한 다음 선거운동 내내 신고 다녀 너덜너덜해진 낡은 신발을 챙겼다. 민주당 승리 파티에 도착했을 때쯤 우리는 페어팩스시에서 2 대 1로 승리하고, 다른 곳에서도 격차를 벌리며 10% 차로 승리할 수 있었다.

그날 밤 나는 샤론과 아이들, 부모님, 조카들과 함께 무대에 올라 승리 연설을 했다. 그리고 그날 밤 민주당은 주 상원의회 지배권을 차지하며 축배를 들었다.

연설이 끝날 무렵 나는 "나는 변호사로서 물리적 증거를 믿는다"라고 말한 뒤, 유권자들의 집을 돌아다니며 문을 두드린 흔적이 고스란히 남은 낡은 신발을 들어 보였다. 1월 첫눈이 내리던 날부터 쉼 없이 유권자들의 집 문을 두드리는 동안 내내 신고 다닌 운동화, 낡아서 너덜너덜해지고 구멍이 난 운동화였다. 내가 운동화를 들어 올리자 현장의 카메라 플래시가 한꺼번에 터졌다. 그 사진은 다음 날 신문 1면을 장식했다.

나는 39세였고, 민주당에서의 미래는 무한대로 보였다.

Chapter 7

변호사 그리고 정치인

2008년 1월 8일, 상원의회 첫날은 조금 특별하고 낯선 하루였다. 그날 아침, 실종되었던 내 사촌이 자살로 생을 마감했다는 소식을 들었다. 그는 월스트리트에서 일하며 2년 가까이 지속된 시장 붕괴 속에서 막대한 재산을 잃은 사람 중 하나였다.

그날 내가 상원의회 정기 입회 선서식에 참석해 선서하는 동안, 아이들을 데리고 리치먼드에 온 샤론이 내 뒤에 서 있었다. 그때 두 살 된 토머스가 막간의 틈을 타 공화당석으로 걸어가자 공화당 의원들이 "민주당이 아닌 공화당을 좋아하는 아이"라고 반긴 뒤 다시 우리 쪽으로 돌려보내기도 했다. 그날은 우리 가족에게 아주 특별한 날이었다. 110년 전에 고조부 로젤 도노회가 차지했던 상원의원 자리를 내가 이어받은 셈이었기 때문이다. 그날 어머니는 내게 버지니아 역사에 관한 책을 건네며 희망적인 문구를 적어주셨다.

> 버지니아의 역사를 사랑하고 이제 그 역사의 일부가 될 나의 아들 챕에게.

우리 가족사에 특별한 의미가 있는 그날은 내 정치 인생에도 역사적 의미를 남긴 매우 중요한 날이었다. 2007년에 드디어 버지니아주 민주당이 공화당에게 주도권을 내준 재건 시기 이후 미남부에서 권력을 되찾았던 것이다. 나 같은 민주당 초선 상원의원들에게는 곧 "화려한 5인방Fab Five"이라는 별칭이 붙었다. 예전에 미시간대학교 농구팀의 신입생 5명이 미국 대학 농구의 판도를 바꿔놓은 사건에 빗대어 그렇게 부른 것이다.

우리는 특별한 5인방이었다. 남부 페어팩스 출신의 조용한 지식인 조지 바커, 뉴포트 뉴스 출신의 유쾌한 전직 TV 앵커 존 밀러, 리치먼드 출신의 소송 변호사이자 듬직한 체격의 도널드 맥이친, 그리고 동부 쇼어 출신의 익살스러운 의사 선생 랄프 노섬이 5인방에 속해 있었다. 우리는 급속도로 가까워졌다. 맥이친 의원을 제외한 우리 모두는 공화당 현직 의원을 물리치고 승리를 거둠으로써 민주당과 공화당 세력이 우열을 가리기 힘든 '접전 지역구 의석'을 차지했다. 무엇보다 중요한 것은 우리가 민주당 위원회의장에서 뒤쪽 구석에 함께 앉아 가까운 친구가 되었다는 사실이다.

도널드 맥이친 의원은 우리의 진정한 리더였다. 뛰어난 웅변가인 그는 법에 관한 한 백과사전을 방불케 하는 방대한 지식을 갖추고 있었다. 많은 정치인과는 달리 그는 자기 자신을 낮추는 겸손함에 뛰어난 유머 감각도 갖췄고, 모르는 것은 모른다고 솔직히 인정하는 용기 있는 정치인이었다.

내 이야기를 하자면, 나는 하원의회 경험을 바탕으로 어느 정도 정치 현실을 아는 상태에서 상원의회에 입성했으므로 먼저 무엇을 해야 할지 나 나름대로 생각을 정리하고 있었다. 첫 번째 상원의회에서 나는 우선 환경문제에 집중하면서 버지니아주 법에 "RPS", 즉 재생 가능 에너지 포트폴리오 표준을 설정하는 법안을 제출했다. 이 법안은 에너지 부하의 최소 10%를 풍력, 수력, 태양광 같은 재생 가능 자원으로 충당할 것을 요구하는 법안이었다. 하지만 이 법안은 환경단체들이 몇 주간 계속 지지 의사를 밝혔음에도 민주당이 다수인 소위원회에서 13 대 3으로 부결되었다. 심지어 가장 진보적인 의원들조차 반대표를 던졌다.

이 법안은 바로 내가 버지니아주의 최대 전력 공급 기업인 도미니언 파워와 충돌하기 시작한 첫 번째 사건이었으며, 그 이후 16년 동안 그 기업은 나의 숙적이 되었다(아니, 더 정확히 말하면 내가 그 기업의 숙적이 되었다). 그 과정에서 나는 두 가지 중요한 사실을 배웠다. 하나는 대부분의 정치인이 에너지산업에 대해 지식이 깊지 않다는 것이고, 또 하나는 정치에서는 돈, 즉 정치자금이 매우 중요하다는 사실이었다.

도미니언 파워는 에너지 정책 문제에 관해 모든 전문적 정보를 장악하고 의사결정권자인 수많은 정치인마저 자기편으로 포섭한 상황이었다. 관련 지식과 정보는 물론 든든한 정치적 배경을 바탕으로 에너지 관련 정보와 정책을 모두 주도했다. 그들의 전략은 똑똑했다.

그들의 거대한 정치적·재정적 힘은 나에게 좌절을 안겨주는 다소 절망적인 현실이었지만, 그 누구도 내 열정을 꺾을 수는 없었다. 나는 여전히 젊었고, 시간은 내 편이라 생각했다. 그리고 전반적으로 2008년 첫 상원의회는 큰 사고 없이 지나갔다. 나는 민주당 동료들과 친밀해졌고, 딕 새슬로 상원 원내대표와 메리 마거릿 휘플 민주당 지역위원회 의장의 리더십을 존중하고 열망했다. 한편으로는 페어팩스시에 개인 법률사무소를 확장해 많은 신입 변호사를 영입해나갔다.

한 가지 변수는 스프링 캐니언 소송사건이 내게 약점으로 작용했다는 점이다. 이 소송의 재판은 2008년에 예정돼 있었다. 2007년 여름, 피고인 퍼시피콥사와 그 변호사들은 이 소송을 전면 기각하려는 대규모 요약 판결문을 제출했다. 앞서 말했듯이 이 사건의 변론은 케인 주지사와의 모금 행사 다음 날인 월요일 아침 솔트레이크시에서 예정돼 있었다. 영업비밀 소송 변호사로서 나는 특정 이익 자산과 비정상적 에너지 사용의 벌금 계산을 한데 결합한 것이 어떻게 영업비밀로 간주될 수 있는지를 설명하는 핵심 논증을 맡았다. 나는 판례를 검토하며 밤늦게까지 작업했다.

그날 아침, 나는 워싱턴의 덜레스공항에서 오전 6시 비행기를 타고 솔트레이크시에 도착해 택시를 타고 곧장 법원으로 갔다. 동료들은 변호인석에 앉아 있었다. 내 변론 차례가 되었을 때 나는 '영업비밀' 기준을 제시하는 자료를 설명하며, 퍼시피콥사의 대리인 증언에서 발견한 증거를 하나하나 거론했다. 그들은 한 번도 공랭식 전력 발전소를 개발한 적이 없었고, 프로젝트를 진행하려면 우리 쪽의 기밀 데이터를 이용할 수밖에 없었다는 것이 쟁점이었다. 요약 판결을 막기에 충분한 논리라고 생각했지만, 판사는 끈질기게 질문을 던졌다. 네이디 도난에 대한 실제 증거가 무엇인지 또는 해당 계획이 대기오염물질 제한 신청서에 포함되었는지 여부에 의문을 제기한 것이다.

그날 밤 버지니아로 돌아오는 길에 나는 요약 판결 관련 재판에서 살아남아 2008년 소송에 승리하리라 확신했다. 하지만 다시 한번 큰 충격을 받게 되었다. 10월 어느 날 밤, 유권자들의 집을 찾아다니던 중 나는 한 통의 전화를 받았다. 내 법률 파트너였다. 통화 내용은 솔트레이크시 판사의 서기가 팩스로 보낸 20쪽 분량의 판결문에 대한 것으로 우리가 제기한 모든 혐의가 기각되었다는 내용이었다.

참담한 패배였다. 그러나 상원의원 선거운동에 몰두하고 있던 나로서는 앞으로 나아가는 것 외에 다른 선택은 없었다. 2008년 봄 우리 법률팀은 유타주 대법원에 항소하는 안을 논의했지만, 나는 더 이상 개입하기 어려웠다. 스프링 캐니언 소송으로 2년을 허비해 이제는 수익을 창출할 수 있는 다른 일에 집중해야 했다. 생계를 꾸려야 했던 것이다.

반면에 상원의회는 모든 것이 대체로 순조로웠다. 민주당 위원회의 우리 팀은 농촌, 도시 그 밖의 교외 지역 등에서 온 의원들로 구성된 훌륭한 팀이었다. 우리는 그 당시 버지니아주 민주당의 얼굴이었다. 나는 민주당 상원 지도부에 속하지는 않았지만, 의정 활동과 관련된 모든 일을 빠르게 배우며 민주당의 힘을 키워나가고 있었다. 하지만 2009년에 밥 맥도넬 공화당 후보가 압도적 차이로 주지사 자리를 차지하는 일이 벌어졌다.

맥도넬이 주지사에 당선된 직후, 나는 우리 지역의 공립대학인 조지메이슨대학교의 한국학 교수와 대화를 나누었다. 대화의 요지는 서울시 인근의 주요 항구도시인 인천시가 설립 중인 경제자유무역 계획도시와 협력관계를 구축하는 일이었다. (인천은 1951년 미군이 공산주의 통치에서 한국을 해방시키기 위해 상륙작전을 펼친 바로 그 도시다.) 우리의 대화는 2010년 "SB 712" 법안 상정으로 이어졌다. 법안의 주요 내용은 조지메이슨대학교가 인천시에서 제공하는 부지와 자금을 활용해 한국에 분교를 설립할 수 있도록 승인하자는 것이었다. 이는 버지니아주 납세자의 세금은 전혀 사용하지 않는다는 요건을 갖춘 법안이었다. 오늘날 조지메이슨대학 분교에는 약 1천 명 이상의 학생이 재학 중이며, 한국 인천시에서 나날이 번창하는 대학 캠퍼스로 자리 잡았다.

첫 상원 의정 활동 기간에 가장 기억에 남는 일 중 하나는 아마 2010년 7월 상원의원단의 튀르키예 방문이 아닐까 싶다. 이때는 아내 샤론도 함께했다. 방문단은 각자의 항공비를 부담했고, 숙박비는 튀르키예 정부에서 제공해주었다. 이슬람 국가를 방문한 것도, 중동을 방문한 것도 처음이어서 모든 것이 흥미롭고 인상적이었다. 특히 앙카라에서 튀르키예 학생들과 '미국 제국주의'라는 주제로 토론했던 일이 가장 기억에 남는다. 토론 마무리에 나는 학생들에게 이렇게 말했다.

"나는 미국인입니다. 그리고 미국인인 것이 자랑스럽습니다. 미국은 자유를 상징하는 나라입니다."

대부분의 미국인이 해외에 나가면 미국이 행한 일을 미안해하며 사과하는데, 나는 오히려 정반대로 이야기한 것이다. 나는 학생들에게 미국에 대한 긍정적 메시지를 전했고, 그 메시지에 튀르키예 학생들이 굉장히 놀랐던 것 같다.

2011년, 나는 상원의원 재선에 도전했다. 10년마다 인구분포에 따른 선거구 재조정으로 지역구가 변경되었지만, 다행히도 버지니아주 민주당이 상원을 집권하고 있어서 내 지역구인 34선거구 대부분은 유지할 수 있었다. 이번 재선 상대는 열정적이지만 재정적으로는 그리 넉넉해 보이지 않는 공화당 후보 제라다 컬리퍼였다. 우리는 선의의 경쟁을 펼쳤고, 선거가 끝난 뒤에도 친구로 남았다. 아무튼 선거 결과 나는 60%의 득표율로 재선에 성공했다. 이 결과를 두고 많은 사람이 예외적 사례라고 말했다. 다른 버지니아주 지역구에서는 민주당이 상원 의석을 많이 잃었고, 결과적으로 민주당은 상원에서 21 대 19로 소수당이 되었다.

그해 여름, 막내딸 아이다가 태어났다. 셋째 토머스와 둘째 메리 월튼 때와는 달리 막둥이 아이다의 출생일에는 내가 아내와 함께 있었다. 샤론은 의사의 권고에 따라 예정된 제왕절개 수술을 받았다. (토머스는 출생 시 체중이 4.8kg이 넘었고, 의사들은 샤론이 다시 이런 위험을 감수할 수 없다고 판단해 수술을 결정했다.) 막내 출산을 준비하는 과정에서 우리는 침실을 늘리기 위해 집을 개조했는데, 그 덕분에 1년 뒤에는 장인, 장모님도 모실 수 있게 되었다. 이것은 마치 1950년대 시트콤에나 나올 법한 풍경이었다. 한국도 아닌 미국에서 여덟 명이 한집에 사는 모습 말이다!

상원의원으로서 2번째 임기가 시작된 2012년 상원의회는 내게 또 한 번의 전환점이 되었다. 버지니아주 공화당은 12년 만에 처음으로 모든 권력을 회복하고 집권당이 누리는 권력을 적극적으로 이용했다. 지나치다 싶을 만큼 과도하게 정책을 추진하는 가운데 공화당은 낙태 문제에 초점을 맞춰 태아를 대상으로 한 '인격권' 법안과 악명 높은 '초음파' 법안을 도입했다. 이 법안은 낙태 수술을 받기 전 초음파 검사를 의무화하는 내용이었다. 우리 5인방 가운데 한 사람이자 소아과 의사인 노섬 상원의원은 빈 게토레이 병을 제시하며, 태아가 실제로 자궁에 있지 않은 경우에도 초음파 검사를 하는 것은 말도 안 된다면서 공화당이 도입하려는 법안은 이치에 맞지 않는 터무니없는 법안이라고 반박했다.

사회 공공정책적 측면에서 보면 누구든지 여성의 선택권을 옹호하는 지지자, 아니면 태아의 생명권을 옹호하는 지지자가 될 수 있다고 생각한다. (그리고 나는 이 끝없는 논쟁에 휘말려 반대편을 공격하는 것을 피하려고 노력했다.) 하지만 한 가지는 분명했다. 2012년 버지니아주 상원의회는 버지니아주 공화당에 정치적 재앙이었다는 사실이다. 이는 미국 전역의 낙태권 문제로도 영향을 미쳤다고 볼 수 있다. 버지니아주의 초음파 법안이 '바이럴Viral'(당시 막 유행하던 신조어였다), 즉 바이러스에 감염되듯 미국 전역으로 일파만파 퍼지고 있었고, 민주당원들과 버락 오바마 대통령이 공화당을 상대로 '여성에 대한 전쟁'을 벌이고 있다는 공격에 더욱 힘을 실어주었다.

2012년 나의 의정활동은 순풍에 돛을 단 것처럼 순조롭게 진행되었고, 결과적으로 나는 2012년을 성공적으로 마감했다. 그동안 나는 환경문제에 집중하며 의정활동을 했다. 그러는 가운데 태양광 산업에 대한 규제를 완화하는 동시에 주정부의 건물이 'LEED 인증', 즉 미국 녹색건축위원회에서 시행하는 녹색건물 인증 기준에 맞춰 친환경적으로 건설되도록 요구하는 중요

법안을 후원한 내 노력이 드디어 빛을 보고 결실을 맺었다. 아울러 2011년 상원의원 재선에서 쉽게 승리했을 뿐 아니라 변호사로서도 연방법원에서 1천만 달러의 배심원 판결을 끌어내면서 버지니아주 최고 30대 변호사 중 한 명으로 선정되는 등 승승장구하며 한 해를 보냈다.

또한 2012년은 버지니아 주지사 선거를 1년 앞둔 해이기도 했다. 이에 맞춰 정치적 태동의 분위기가 전체적으로 점점 피어오르기 시작했다. 2009년에도 출마해 민주당 예비선거에서 크게 패배한 적이 있는 테리 맥컬리프 민주당 주지사 후보는 재출마에 도전하고 있었다. 당시 나는 상원에서의 두 번째 임기를 마치는 중이었고, 주 전체를 대상으로 한 무대에서 다시 한번 내 목소리를 내고 있었다. 2009년 버지니아주에서의 공화당 압승으로 민주당의 인재가 고갈된 상황에서 버지니아 주지사 출마의 길이 내게 조금씩 열리고 있었다.

2012년 3월, 나는 〈버지니아 파일럿〉 신문사의 줄리안 워커 기자와 인터뷰하던 중 주지사 출마 의지를 슬쩍 내비쳤다. 그리고 일주일 뒤, 우리 부부는 웨스트버지니아의 그린브라이어 리조트로 여행을 떠났다. 여행길 곳곳에서 사람들이 "주지사님이 오셨다"라고 농담 섞인 인사를 건넸다. 농담이었지만 기분은 나쁘지 않았다. 그리고 나는 사람들의 반응을 진지하게 생각하기 시작했다. 내 나이 마흔넷, 마침내 나의 순간이 다가온 게 아닌가 싶었다.

그린브라이어에서 돌아온 토요일 오후, 나는 부모님 댁으로 아이들을 데리러 갔다. 아버지는 무척 진지한 표정으로 대화를 시작하셨다.

"주지사에 출마할 거라면서?"

아직 마음을 확실히 정하지 못한 나는 이렇게 대답했다.

"글쎄요, 생각 중입니다."

그러자 아버지는 잠시 생각하시더니 마침내 입을 여셨다.

"난 네가 준비됐다고 생각한다."

충격이었다. 선거에 출마하는 문제나 위험을 감수하는 도전에 관한 한 가족 가운데 가장 신중한 편인 아버지께서 그런 말씀을 하시다니. 대공황 시기를 겪은 아버지는 큰 변화를 초래하는 모험적 도전은 경제적 불안정으로 이어질 수 있다고 늘 조심하라고 말하고 가르쳐오신 분이었다. 그런데 그날, 나에게 과감하게 도전하고 힘차게 앞으로 나아가라고 격려하신 것이다. 나는 아버지의 지지에 정말 감동했다. 힘이 솟았다.

하지만 아버지의 격려는 바람대로 실현되지 못했다. 아버지와 대화를 나누고 나흘 뒤인 2012년 4월 4일 금요일, 나는 청문회를 준비하며 늦게까지 사무실에 있었다. 전화벨이 울렸다. 어머니였다. 어머니의 목소리는 몹시 떨리고 있었다.

"아버지가… 아버지가 돌아가셨어."

나는 곧바로 차를 몰아 몇 블록 떨어진 부모님 댁으로 향했다. 주차장 입구에 들어서니 구급차가 보였다. 앞뒤 가리지 않고 정신없이 달려 들어갔다. 돌아가신 아버지는 지하에 계셨는데, '리더십 페어팩스' 로고가 새겨진 낡은 데님 셔츠를 입고 누워 계셨다. 컴퓨터 화면에는 미처 다 쓰지 못하고 중간에서 멈춘 이메일 내용이 떠 있었다.

일주일 뒤, 우리는 동네 공동묘지에 아버지를 안장했다. 아버지의 묘는 어머니 집안 선대들이 영면해 있는 가족 묘역 사이에 자리를 잡았다. 장례식은 성대하게 치러졌고, 많은 정치인과 친지가 참석했다. 나는 모든 분께 크게 감사했다. 아버지가 이처럼 존경받는 데 감사했고, 늙고 병든 모습을 보이지 않고 돌아가신 아버지가 큰 고통 없이 떠나셨다고 생각하니 그나마 조금 위로가 되었다. 하지만 주지사를 향한 야망은 그것으로 끝이었다. 아버지가 돌아가시면서 피터슨 가문의 가장이라는 책임과 사명을 감당하게 된 나는 법률회사를 확장하고 아이들에게 집중하는 것을 새로운 삶의 여정으로 삼았다. 그런 삶도 괜찮았다. 이제 정치는 내게서 뒷전으로 밀려난 셈이었다.

그때를 돌이켜 보면, 그해가 나에게는 버지니아 주지사에 출마할 수 있는 최고의 시기이자 아마도 유일한 기회였을 것이다. 이후로도 몇 번의 거세고 격동적인 정치 물결의 시기가 지나갔고, 새로운 세대의 민주당원들이 서서히 정치 현장에 모습을 드러냈다. 이 세대는 특히 다민족 주민 세력이 주를 이루면서 인구 통계학적 기대치가 크게 변한 현실 앞에 놓여 있었다. 이제는 교외에 사는 백인 남성이라는 사실이 더 이상 장점으로 작용하지 않았고, 심지어 이 지역에서는 그리 바람직하지도 않았다. 그리고 내가 버지니아에서 선대 정치인 배경의 가족사를 가지고 있다는 점도 이제 관심거리가 아니었다. 21세기 초반의 버지니아는 격동의 세월을 맞아 크게 변화하고 있었으며, 그 변화는 기하급수적으로 가속화할 것이 분명했다.

마지막으로, 2012년에 내가 겪은 일 가운데 기억에 남는 한 가지 사건을 언급하겠다. 그 일로 인해 2012년은 내게 결코 잊을 수 없는 한 해로 남았다.

2007년 소송건이 기각된 뒤 나는 의뢰인을 대변해 유타주 대법원에 항소를 제기했고, 대법원은 2008년 여름 의뢰인의 소송 변론을 들어주었다. 그런데 어떤 사정이 있었는지 내가 전혀 알 수 없는 이유로 항소 기록이 몇 달간 사라졌고, 이 소송 의뢰 사건은 사람들의 뇌리에서 잊혀갔다. 같이 일하던 페기와도 연락이 끊겼다. 페기는 자신의 옛 법률회사를 정리하고 갑자기 사라졌다. 솔직히 나는 이때 모든 것을 포기했다.

그러다가 2010년 4월, 사라졌던 페기가 새로운 이메일 주소로 연락을 해왔다. 유타주 대법원이 판결을 내렸고 사건이 뒤집혔다는 내용이었다. 정말 꿈같은 일이었지만, 내게는 이미 지나간 꿈일 뿐이었다. 몇 주 뒤, 페기에게서 다시 이메일이 왔다. 그녀는 자신이 솔트레이크시의 변호사 짐 매글비와 새로운 법률회사를 설립했으며, 그 회사에서 사건을 재판으로 가져갈 것이라고 알렸다. 이제는 더 이상 내 변론이 필요 없다는 뜻이었다. 물론 그녀는 내가 소송건을 변호하면서 투자한 시간을 존중해 회수 금액 중에서 이느 정도는 보상받을 수 있게 하겠다는 말도 덧붙였다.

나는 무척 실망스러웠지만, 거의 3년 동안 사건에서 손을 떼고 있었기 때문에 뭐라고 할 수도 없었다. 그래서 그 제안을 받아들이며 혹시 내가 도울 수 있는 부분이 있으면 돕겠다고 했다. 당시 나는 이 소송건으로 1천 시간 이상(물론 브레이스웰에서 일한 시간은 제외하고 말하는 것이다)을 투자한 터였다. 어쨌든 나의 바람은 우리가 그 사건에서 승소하는 것이었고, 그래서 그 사건에 투여한 나의 열정과 노력과 시간을 조금이나마 보상받는 것이었다.

그 뒤로도 소송사건은 몇 차례 지연되었고, 2011년에 재판이 예정되었다가 그 또한 연기되었다. 그런 다음 2012년 4월 둘째 주로 일정이 다시 잡혔다. 그 무렵 나는 영업비밀 사건에 대해 퍼시피콥사 증인들을 직접 반대 심문하게 된 매글비와 협력 중이었다. (이 재판의 증언 가운데 많은 부분이 내가 2006년 작성한 증언 녹취록으로 구성되었기 때문이다.) 나는 다시 이 사건에 참여하게 돼 매우 들떴고, 언제든 싸움에 뛰어들 수 있도록 완벽한 전투태세를 갖추기 시작했다.

아버지가 돌아가셔서 재판 첫 주에는 어쩔 수 없이 참석하지 못했지만, 그다음 주에는 바로 재판 현장에 복귀했다. 그렇게 나는 그해 봄 6주 동안 계속된 재판에 줄곧 참여했다. 페기와 그녀의 동료들은 정말 훌륭하게 일했다. 그들은 새로운 전력발전소를 개발하려면 영업비밀 정보가 필요했다는 점에 초점을 맞춰 변론하면서 퍼시피콥사가 커런트 크릭 발전소에 5억 4,500만 달러를 투자해 얻은 자기자본이익률을 기준으로 손해배상액을 산정했다. 그 이익률은 여덟 자릿수에 이르는 정말 엄청난 금액이었다.

최종변론은 5월에 이루어졌다. 그날 아침 덜레스공항을 출발해 서둘러 법원에 도착한 나는 재판을 참관하며 변론 과정을 하나도 빠짐없이 경청했다. 그리고 나서 의뢰인, 재판팀과 함께 저녁 식사를 했다. 저녁 식사 후 나는 호텔로 돌아오는 길에 있는 솔트레이크시 중심가의 공원을 혼자 산책했다. 저녁 8시경이었고, 맥주 몇 잔을 마셔 취기가 오른 상태였다. 그때 갑자기 휴대전화 벨이 울렸다.

"챕, 나야, 매글비. 배심원단이 우리에게 돌아왔어."

"곧 가겠습니다."

나는 저녁 식사 때 입었던 셔츠를 새로 갈아입기 위해 허겁지겁 호텔로 돌아갔다. 셔츠를 갈아입은 뒤, 나는 옆방에서 자고 있던 의뢰인 데이브 그레이버의 방문을 두드리고 다급히 말했다.

"데이브, 배심원단이 우리에게 돌아왔어요. 지금 법원으로 가야 합니다."

그런 다음 다시 내 방으로 돌아가던 중 나는 자리에 멈춰 섰다. 급히 나오느라 열쇠를 방에 놓고 나왔기 때문이다. 다행히 신발을 신은 상태였고 지갑도 가지고 있었다.

데이브와 나는 네 블록쯤 떨어져 있는 수 법원을 향해 스테이트 스트리트를 따라 뛰기 시작했다. 그때 휴대전화 벨이 다시 울렸다. 매글비였다. 매글비의 목소리는 담담했다.

"판결 나왔어. 사무실에서 만나자."

피가 마르는 순간이었다. 매글비의 목소리로 보아 좋은 결과는 아닌 듯했다.

단 몇 시간 동안 심의하고 판결을 내렸다고? 우리가 패소했나? 그동안 투자한 시간과 노력과 열정, 그리고 10년의 긴 여정을 생각하니 너무 허탈했다. 그 모든 게 허사로 돌아간 것은 아닌지…….

우리는 사무실로 돌아가 로비에서 기다렸다. 몇 분 뒤, 페기와 짐이 어두운 표정으로 들어섰다. 페기가 외투에서 판결문을 꺼내 탁자 위에 올려놓았다. 나는 테이블 건너편에서 판결문을 바라보았다. 가장 먼저 눈에 띈 것은 영업비밀의 사실인정에 "예"라고 표시되어 있다는 사실이었다. 오, 이럴 수가! 감사합니다! 나는 '드디어 변호사 비용을 보상받겠구나' 하고 생각했다.

그런데 판결문 아래쪽을 쭉 살펴보던 나는 내 눈을 의심했다. 손해배상금이 너무 이상했다. 0이 너무 많아서 셀 수가 없었다. 방 안에 있던 사람들은 동시에 소리를 지르며 하나가 되어 테이블 주위를 돌기 시작했다. 그 바람에 더는 금액을 셀 수 없었다. 배심원단은 피고 측에 총 1억 3,390만 달러에 달하는 손해배상을 명령하는 판결을 내렸다.

아무도 원하지 않았던 이 사건은 역사상 손해배상액이 가장 큰 판결 중 하나로 기록되었다.

Chapter 8

정직한 대기업 만들기

아버지가 돌아가신 뒤 나는 2013년 버지니아 주지사 선거에 출마하지 않기로 결심했고, 그래서인지 내 삶은 훨씬 순탄했다. 주 전역을 관장하는 공직에는 관심이 없었던 나는 나와 같은 해에 주 상원의회에 입성한 동료 의원이자 5인방 멤버인 랄프 노섬의 부지사 선거를 응원하고 지지하는 것에 만족했다. 한편, 나는 상원 재임 기간에 버지니아주 정치에서 쓰이는 표현인 "큰 놈들을 정직하게 만들자Keep the Big Boys Honest"에 걸맞은 사람이라는 평판을 만들고 있었다.

"큰 놈들을 정직하게 만들자"는 1960년대 정치에 큰 영향을 끼치며 버지니아 정치를 지배했던 민주당의 정치 조직 '버드 조직Byrd machine'에 맞서 싸웠던 버지니아주 민주당의 개혁가 헨리 하웰이 공약으로 내세운 문구였다. 하웰은 몇 차례 선거에서 패배를 맛보고 끝내 버지니아주 상원의원과 주 부지사를 지낸 사람이다. (하웰이 1969년 주지사 선거 도중 페어팩스 카운티에서 열린 집회에 참석한 사진은 다음 날 〈워싱턴 포스트〉 1면에 실렸다.)

하웰의 주요 표적은 당시 버지니아 파워로 알려진 회사 '뱁코VEPCO'였다. 뱁코는 버지니아주 인구의 90%가 거주하는 블루리지 동쪽 지역의 가정과 기업에 전력을 공급하는 대주주 소유의 독점 전력회사였다. 내가 상원에 입성했을 당시 이 회사는 '도미니언 에너지'라는 전력회사로 성장해 다양한 자산 포트폴리오를 보유한 다국적 대기업이 되어 있었다. 그리고 기업을 운영하던 초기의 도미니언 회사는 정치인들에게 기부금이나 선물 또는 여러 형태의 후원금을 제공하는 방법으로 버지니아주 입법부의 많은 의원에게 막대한 영향력을 행사하며 정치계에 접근했다. 하웰 의원은 도미니언 회사가 독자적으로 고객에게 요금을 부과하는 식의 기업 독점을 막고 소비자를 위한 의정 활동으로 소비자를 지키겠다고 약속했다.

하웰은 내 스타일에 딱 맞는 사람이었다.

그런데 내게는 도미니언 회사를 상대하기 전에 분노를 쏟아낼 더욱 분명한 표적이 있었다. 바로 공화당 주지사 밥 맥도넬이었다. 버지니아 주지사는 내가 주 하원의원일 때부터 나와 친한 동료였다. 종종 함께 농구도 하고 성경 공부를 같이 하기도 했다. 밥 맥도넬 주지사는 리치먼드에서 흔히 '이글 스카우트Eagle Scout'라 불리는 전형적 모범생이었고, 술이나 여자나 기타 공직 생활에 해가 되는 일반적 유혹을 멀리하는 의원으로 보였다. 하지만 밥에게는 다른 문제가 있었다. 경제적으로 어려운 상황에 있던 그에게 주지사 월급은 턱없이 적었고, 이는 2013년의 버지니아주 뇌물 스캔들로 이어졌다. 당시 대배심원은 주지사가 신고하지 않고 받은 선물이 '정직한 정치윤리' 법률을 위반했는지에 대해 조사를 시작했다. 즉, 주지사가 뇌물을 받았느냐 아니냐가 쟁점이었다.

이 사건의 중심에는 조니 윌리엄스라는 수상한 사업가가 있었다. 그는 특정한 효과가 있다며 한 약품을 홍보하려 했고, 주 성부와 거래하기 위해 맥도넬 주지사 가족에게 롤렉스 시계를 포함한 여러 선물을 준 것은 물론 관저에서 열린 주지사 딸의 결혼식 비용도 대신 지불했다. 그뿐 아니라 맥도넬 주지사가 경제적으로 어려움을 겪던 2011년, 2012년에 대출 자금을 제공하며 도왔다. 부동산시장이 침체된 그 시기에 맥도넬 주지사는 버지니아 주 보건인사부 장관 빌 헤이즐과 조니 윌리엄스의 면담을 주선했다. 빌 헤이즐은 공공의료 및 혁신적 의약품과 관련된 주 계약 진입을 담당하는 인물이었다.

이런 모든 내용이 2013년 봄과 여름 매스컴에 실시간으로 보도되었지만, 리치먼드의 민주당은 이상하리만큼 침묵을 지켰다. 그 이유는 두 가지였다. 첫째는 버니지아주 민주당의 지도부 역시 과거에 비슷한 선물을 받았기 때문이고, 둘째는 민주당의 주지사 후보 테리 맥컬리프가 맥도넬 현 주지사의 인기가 여전히 높다고 판단해 비판을 주저했기 때문이다. 맥컬리프 민주당 후보는 비판을 자제하고 그 대신 공화당 후보 켄 쿠치넬리를 겨냥한 선거 캠페인을 진행했다. 이와 같은 정치적 이유로 2013년 여름 주지사가 기소될 위기에 처한 상황에서도 이 문제에 대해 누구 한 사람 공개적으로 목소리를 내지 않았다.

이런 상황을 그냥 두고 볼 수 없었던 나는 모든 이의 침묵과 공백을 메우기로 결심했다. 2013년 7월 1일, 나는 주 상원의원으로서 주지사에게 서한을 보냈다. 서한에는 윌리엄스에게 받은 선물을 즉시 반환하라는 요구와 만약 그렇게 하지 않을 경우 사임해야 한다는 주장이 담겼다.

그렇다. 내가 서한에 주지사에게 직접적으로 '사임'이라는 용어를 언급하자 큰 논란이 일어났다. 놀랍게도 이 서한이 주요 신문과 방송사의 주목을 많이 받으면서 나는 MSNBC의 유명한 레이첼 매도 기자와 인터뷰도 하게 되었다. 이 일로 나는 진보적 좌파 진영의 민주당 영웅으로 떠올랐다.

맥도넬 주지사 문제는 주요 뉴스로 부상해 일간신문의 1면 헤드라인을 장식했다. 그래도 여전히 민주당 지도부는 침묵을 유지했다. 맥도넬 주지사는 사임하지 않았으나 사실상 정치적 힘을 잃어 그해 가을에 열린 주지사 선거에도 적극적으로 참여할 수 없었다. 그 여파로 민주당 주지사 후보 테리 맥컬리프는 켄 쿠치넬리 공화당 후보를 간신히 꺾고 버지니아 주지사에 당선되었다. 그리고 몇 달 뒤인 2014년 1월, 연방 대배심원은 뇌물수수 혐의로 맥도넬 주지사 부부를 기소했다. 2014년 여름, 버지니아주 리치먼드에서 열린 재판에서 맥도넬 주지사는 여러 혐의에 대해 유죄판결을 받았고, 이 판결의 파장이 버지니아주 전체를 휩쓸면서 주 전체가 발칵 뒤집혔다. 이 사건은 결국 연방대법원에 상고되었고, 대법원은 유죄판결을 뒤집었다. 맥도넬 주지사가 윌리엄스에게 혜택을 받긴 했지만 실제로 그에게 유리하도록 편의를 봐준 것은 아니라고 본 것이다. 말하자면 빌 헤이즐과의 면담은 단순히 형식적 절차에 지나지 않았으며, 약품을 홍보하기 위한 자리가 아니었다는 것이다.

몇 년 뒤, 맥도넬은 리치먼드에서 다시 존경받는 전직 주지사로 자리매김했다. 그는 현재 버지니아 서부 바닷가 근처에 머물며 그곳 대학에서 강의하고 있다. 나와 맥도넬은 여건이 허락될 때 가끔 연락하며 지낸다. 나는 그 친구의 행동이 잘못된 것은 분명하지만 최종 판결은 옳았다고 생각한다. 맥도넬은 범죄자라기보다는 힘들고 어려운 상황에서 어리석고 잘못된 선택을 한 사람일 뿐이라고 판단하기 때문이다.

그로부터 몇 년 뒤, 나는 또 한 번 헨리 하웰과 같은 상황을 경험하게 되었다.

2015년은 상원의원인 내게 매우 의미 있는 해였다. 민주당이 소수당인 상황에서도 나는 두 가지 주요 법안을 통과시키는 데 성공했다. 하나는 '주택 소유자의 권리장전Homeowner Bill of Rights' 법안이었다. 이 법안은 주택 소유자들이 주택소유자협회HOA로부터 위반 혐의를 받을 경우 먼저 서면 통지 공고를 받고 정당한 법 절차를 보장받을 권리를 부여해야 한다는 내용을 담고 있었다. 또한 소송에서 승소한 경우 변호사 비용을 회수할 수 있게 허용해야 한다는 내용도 포함되었다. 만일 변호사 비용을 회수하지 못하면 주택소유자협회와 맞서 싸워 이겨도 아무런 금전적 보상도 받지 못하는 결과가 초래되므로 이것은 매우 중요한 조항이었다.

또 하나는 '선한 사마리아인 법Good Samaritan Law'이었다. 이것은 약물 과다 복용으로 위험에 처한 사람들이 경찰 또는 응급 의료서비스를 호출하더라도 약물 소지 혐의로 기소되지 않도록 보장하는 법안이다. 이 법안은 타인을 돕는 경우에도 동일하게 적용되어 '선한 사마리아인'이라는 이름이 붙었다. 이 법안의 아이디어 제공자는 심리학을 가르치던 고등학교 선생님으로, 그는 중독의 근본 원인을 오랫동안 연구해온 사람이었다. 우리는 공화당이 다수당을 차지한 버지니아주 상원의회를 설득하는 데 성공했고, 이 법안은 모범적 법안으로 소개되면서 다른 주에서도 채택되었다.

그런데 2015년에 있었던 가장 큰 사건은 역시 도미니언 전력 회사와 관련된 주요 법안, 즉 '요금 동결Rate Freeze' 법안과 관련이 있었다. 그 배경을 간단히 설명해보겠다.

2012년 재선에 성공한 오바마 대통령은 공화당 연방의회를 우회하며 미국 환경보호청이 '클린 파워 플랜Clean Power Plan' 정책을 제안하도록 했다. 이는 오래된 석탄발전소를 폐쇄하고 청정에너지로 전환하는 계획으로, 야심 찬 배경의 친환경 에너지 정책이었다.

사업 현장이 변화의 소용돌이에 휩싸일 것으로 판단한 도미니언 회사는 이에 발맞춰 민첩한 대응 전략을 고안해냈다. 그들은 오래된 발전소를 폐쇄하고 새 발전소를 건설한다는 명분 아래 이후 3년 동안 전기요금을 동결하겠다고 나섰다. 그 대신 그에 대한 반대급부로 버지니아 주의회에서 주 공공서비스위원회의 감독 권한을 일시적으로 중단시킬 것을 요구한 것이다. 그들의 요구에는 기존 기본요금을 유지하되 발전소 폐쇄에 따른 비용이나 연료비용과 같은 추가 요금을 부과할 수 있다는 의미가 담겨 있었다. 이를테면 아무런 규제나 감독도 받지 않은 채 이익은 다 챙기겠다는 속셈이었다.

영악하기 그지없는 제안이었다. 보통 의원들이나 언론에서는 '요금 동결'로 일반 대중이 혜택을 보게 되리라고 판단했다. 그러나 그것은 너무 순진한 생각이었다. 도미니언 회사로서는 언제든 추가 비용을 부가할 수 있으니 손해 볼 게 없었던 것이다. 더욱이 천연가스 채굴 기술이 혁신적으로 발전하면서 가스 가격이 하락했고, 따라서 천연가스를 주 에너지원으로 사용하는 도미니언 회사는 버지니아주 법이 허용하는 범위를 넘어 막대한 수익을 얻고 있었다. 이런 상황에서 주 공공서비스위원회의 감독 권한이 유보된다면 그 수익이 몽땅 회사로 들어가게 된다.

도미니언 회사의 강력한 후원자인 프랭크 와그너(버지니아 비치) 공화당 상원의원이 발의한 '요금 동결' 법안은 100페이지에 달하는 난해한 문구로 작성되어 있었다. 그런데 이 난해한 법안이 너무나도 신속히 처리돼 주지사에게 전달되었고, 또한 버지니아주 상공회의소는 물론 심지어 환경단체들도 도미니언 회사를 돕고 나서며 이 법안을 지지했다.

하지만 나는 상원의회 연설에서 이 법안이 지닌 맹점을 강력히 지적하고, 결국에는 전기요금을 내는 주민들만 불리해진다는 점을 더욱 강조했다. 사실 전기요금을 내는 주민들 편에 서서 의견을 내는 사람은 하나도 없었다. 나는 헌법, 성경, 심지어 비틀스의 노래까지 인용하며 문제를 제기했지만, 법안은 결국 33 대 6으로 통과되었다. 나에게 이 사건은 두 번째 상원 임기의 대미를 장식하는 사건이었다. 비록 개혁 정책의 강력한 지지자로 자리매김했지만, 서서히 무력감이 몰려왔다.

나는 3번째 상원의원 선거에 출마할지 결정하진 못했지만, 그래도 도미니언 회사와 계속 싸울 경우를 대비해 각종 서류를 준비해두었다. 2015년 상원의원 선거에서 다행히 공화당의 도전을 받지 않은 나는 무난히 승리할 가능성이 있었지만, 버지니아주 전역의 민주당 정치 상황은 여전히 제자리걸음을 하는 것처럼 보였다. 민주당 주지사와 공화당 의회 집권의 견제적 균형 상태는 이렇게 계속되었다.

2015년 당시 버지니아주의 현실은 내가 상상한 것 이상으로 빠르게 변화되었다. 새로운 세대, 새로운 관점, 그리고 더 많은 다양성이 버지니아주의 정치 구도를 재구성하고 있었다. 나는 이런 변화를 완벽히 이해하지는 못했지만, 어쨌든 2016년 미국 연방의 정치적 대격변의 시기에 그 변화의 물길이 뚜렷이 드러나기 시작했다. 이 시기에 나는 또다시 도미니언 회사와 정치적 도전을 마주하게 되었다. 더 큰 무대에서 더 많은 사람이 나를 주목하고 있었다. 나는 나만의 방식으로 이 싸움을 시작하고 마무리하기로 결심했다.

도미니언 회사와의 대결은 단순히 대기업에 맞서는 것을 넘어 내가 정치적으로 무엇을 이루려 했는지에 대한 성찰의 기회였다. 그것은 스스로에 대한 시험대였다. 또한 그 대결은 대기업에 공정한 시스템을 구축시키고 정당하게 목소리를 낼 수 없는 사람들을 대변함으로써 권력자들이 아닌 평범한 시민들의 이익을 보호하려는 나의 사명과 직결되있다.

도미니언 회사와의 싸움은 계속 진행 중이었지만, 나는 더 큰 그림을 그리며 버지니아주가 어떻게 해야 더 나아질 수 있을지 끊임없이 고민했다.

Chapter 9

워싱턴 레드스킨스에 경의를!
with 도널드 트럼프 이야기

돌이켜 보면 2001년부터 2016년까지 버지니아주에서 정치활동을 하며 보낸 15년은 비교적 단순한 시대였다. 당시 버지니아주 민주당과 공화당은 주의 대부분 지역에서 치열하게 경쟁하며 숫자상으로는 대체적인 균형을 이루고 있었다. 우리의 이웃 주민들이 민주당원이든 공화당원이든 아무 상관이 없었다. 비록 의견 차이는 있어도 상대방의 정당성과 서로의 의견 및 견해를 존중하는 분위기였다.

그런데 도널드 트럼프가 등장했다.

2015년 여름 트럼프가 대선후보로 떠올라 2016년 대통령에 당선된 이후 우리는 그의 행보를 지켜보았다. 미래의 어느 시기에서든 트럼프의 등장은 미국의 몰락을 분석하는 학문적 주제로 다뤄질 것이다. 근현대 정치평론가들은 트럼프가 미국 전역의 공화당에 미친 영향력을 분석, 연구하고 있다. 트럼프에게 충성을 맹세하는 것이 당의 일원이 되는 기준이 되었고, 그 결과 수백만 명의 미국인이 공화당을 떠나 무소속 또는 민주당원이 되었다. 이런 해석은 평론가들 사이에서는 널리 알려져 있었고, 내가 보기에도 그것은 분명한 사실이었다.

그러나 다른 한편 트럼프가 민주당에 어떤 영향을 끼쳤는지에 대해서는 제대로 된 설명이 없었다. 흔히 알려진 대로 트럼프 이전의 민주당은 총기 규제나 낙태 같은 문제에 대해서는 시골과 도시의 유권자들 사이에 의견이 엇갈리기도 했으나, 전반적으로 부의 집중과 권력남용을 반대하고 서민들의 삶을 개선하려는 의지와 신념으로 뭉친 조직으로 평가되었다. 한마디로 '작은 사람

Little People', 즉 힘이 부족한 사람들을 위한 당이었다. 그 당시 민주당은 즐거움이 넘치는 당이었고, 민주당 당대회는 친구들을 만나 맥주 한잔하는 소소한 분위기의 모임이었다. 우리는 우리 자신을 너무 심각하거나 진지한 사람으로 내보이지 않았다.

그런 민주당이었지만 트럼프의 등장으로 분위기가 완전히 바뀌고 말았다. 버지니아주 민주당은 분노로 가득 차 있었고, 서민을 돕는 데 치중할 것이 아니라 우선은 정치 전쟁에서 트럼프와 그를 따르는 지지자를 막아내는 데 집중해야 한다는 주장이 당론화되었다. 그들은 실제로 미국에 위협을 가하고 있었다. (MAGA, 즉 "미국을 다시 위대하게"라는 캠페인 슬로건, 초강경 국수주의 사상, '파시즘'이란 단어를 떠올려보라.) 민주당은 이런 트럼프를 반드시 물리쳐야 한다고 주장했다. 이 당론에 동의하지 않는 민주당원은 '진정한 민주당원'으로 간주되지 않았다.

트럼프에 대한 분노와 경멸은 각종 문화적 이슈에 흘러 들어갔다. 진보적으로 소리치지 않는 이들은 트럼프 지지자로 낙인찍혔다. 트럼프의 시대에 버지니아주에서 민주당으로 살아남기 위해서는 항상 깨어 있어야 했다.

이제는 트럼프 이야기에서 벗어나 미식축구 이야기를 해보자.

워싱턴 레드스킨스 미식축구팀에 대한 사랑

1974년 가을 어느 날, 나는 워싱턴 레드스킨스 미식축구팀의 열렬한 팬이 되었다. 당시 소니 저겐슨이라는 붉은 머리 선수가 쿼터백으로 활약 중이었다. 레드스킨스는 마이애미 돌핀스를 상대로 6점이 뒤져 있었고, 경기 종료까지는 채 1분도 남아 있지 않았다. 나는 레드스킨스가 이기길 간절히 바랐다. 당시 여섯 살이었던 나는 방으로 달려가 기적이 일어나게 해달라고 기도했다. 그런데 정말 기적이 일어났다. 소니가 경기 막바지에 동료 선수들을 이끌고 필드를 돌파해 터치다운을 성공시킨 것이다. 그 순간에 나는 신에 대한 믿음과 레드스킨스팀에 대한 사랑을 동시에 싹틔웠다.

내가 고등학생일 때 레드스킨스는 조 깁스가 감독으로 부임하면서 미국 내셔널 풋볼 리그NFL에서 최고의 팀 중 하나로 떠올랐다. 레드스킨스 선수들은 오로지 팀의 승리를 위해 개인의 욕심을 억누르고 팀을 위해 헌신하는 독특한 스타일로 유명했다. 특히 깁스 감독은 신앙심이 깊은 크리스천이었고, 러닝백 존 리긴스는 캔자스 출신으로 다혈질이었지만 팀을 하나로 묶는 강력한 힘을 보여주었다. 당시 10대의 나에게 레드스킨스 선수들은 영웅이자 중요한 존재였다.

성인이 되어 마주한 희망과 좌절

결혼 후 1999년에 나는 16년간의 기다림 끝에 마침내 레드스킨스 미식축구 시즌 티켓을 받게 되었다. 경기장의 맨 마지막 줄인 섹션 451에 앉을 수 있다는 것 자체만으로도 너무나 큰 행복이었다. 그러나 이후 몇 년간 레드스킨스팀의 성적은 점점 추락했다. 2012년 하이스먼 트로피 수상자인 로버트 그리핀 3세가 팀에 합류하며 레드스킨스는 잠시 빛을 발하는 듯했다. 그러나 그의 부상으로 희망은 산산이 부서졌고, 그 뒤 레드스틴스는 그 이름으로 논란에 휩싸이게 되었다.

변화와 상실의 시간

시대 변화는 모든 것을 바꾸었다. 팀 명칭에 관한 논란은 계속되었고, 팀 소유주 댄 스나이더의 방어 전략도 무너졌다. 2020년 여름, 흑인 조지 플로이드 사망사건과 그로 인한 대규모 전국 시위는 사회문화의 변화를 불러왔고, 팀명을 변경하라는 압박이 더욱 거세진 끝에 결국 '워싱턴 미식축구팀'으로 팀명을 바꾸었다. 그것은 단순한 용어의 변경이 아니라 팀의 역사와 정체성을 구성하던 중요한 한 부분을 빼앗긴 듯했다. 결국 나는 시즌 티켓을 포기했다. 이후에도 팀은 계속 변화를 겪으며 오늘날까지 새로운 정체성을 찾는 과정을 이어가고 있다.

그러나 내 마음속에는 여전히 1974년 가을, 그 기적의 터치다운과 함께 시작된 사랑과 열정이 남아 있다.

영원한 유산

옛 시절의 추억은 여전히 너무도 소중하지만, 이제 레드스킨스는 나에게 과거의 한 장으로 남있다. 하지만 레드스킨스가 가르쳐준 교훈과 레드스킨스팀과 함께한 추억은 지워질 수 없다. 스포츠가 사람들을 어떻게 하나로 묶고, 우리의 삶에 얼마나 박진감을 선사할 수 있는지를 일깨워준 팀이었기 때문이다.

레드스킨스에 대한 나의 사랑은 스포츠 그 이상이었다. 레드스킨스는 공동체의식, 역사, 그리고 더 나은 방향으로 팀을 이끌려는 강한 리더십, 이를 믿고 따르는 믿음과 화합의 상징이었다.

나의 믿음과 사랑은 변치 않을 것이다.

Chapter 10

트럼프가 불러일으킨 폭풍

2006년부터 나는 버지니아 정치를 다루는 온라인 블로그를 운영했다. 블로그 명칭은 〈옥스 로드 사우스Ox Road South〉였다. 옥스 로드는 내가 페어팩스시에서 리치먼드의 주의회로 갈 때 주로 이용한 도로였다. 옥스 로드인 123도로를 따라 I-95 고속도로로 진입해 계속 남쪽으로 가다 보면 리치먼드에 도착한다. 나는 〈옥스 로드 사우스〉에 주 2~3회 정도 글을 올렸고, 때로는 블로그를 통해 네티즌과 공공정책 주제별로 심도 있는 논쟁을 펼치기도 했다. 가끔은 인생과 관련된 이슈, 스포츠 또는 로맨스 이야기를 가볍게 다루기도 했다.

2015년 여름, 나는 "트럼프 폭발하다Trump Blows Up"라는 제목의 글을 올렸다. 이 글에서 나는 도널드 트럼프가 대통령 출마를 선언한 직후의 혼란스러운 버지니아 상황을 다루었다. 트럼프는 미국 국경의 불안정과 범죄에 대해 종종 언급하며 주류 언론사나 TV 매체들을 한순간에 발칵 뒤집어놓았다. (지금 생각하니 꽤 순진한 논란처럼 느껴진다.) 몇 주 뒤, 트럼프는 전쟁 참전용사들을 대상으로 한 연설에서 갑자기 자신의 비판자로 알려진 존 매케인 연방 상원의원을 공개적으로 비난하기 시작했다. 베트남전쟁 당시 포로로 잡혔던 매케인 상원의원을 비꼬면서 "트럼프의 영웅은 절대로 적에게 붙잡히지 않는다"라고 조롱했다. 물론 트럼프 자신은 1960년대에 징병 연기를 신청해 베트남전쟁을 피해 간 사람이었다.

나는 〈옥스 로드 사우스〉에 다음과 같은 글을 남겼다.

트럼프의 발언은 정치적 자살 행위로 귀결되고 있다. 이것으로 그는 스스로 정치적 생명을 끊었다. 공화당의 대통령 후보들, 어느 정도 말실수는 감수할 수 있겠지만 이는 도를 넘었다. 내가 공화당원이라면 미국 전쟁영웅을 조롱한 트럼프를 절대로 용납하지 않을 것이다.

하지만 내가 틀렸다.

트럼프는 2016년 봄 공화당 경선에서 모든 경쟁자를 물리쳤고, 그해 대선에서 힐러리 클린턴 민주당 후보와 불꽃 튀는 접전 끝에 승리를 쟁취했다. 그는 유권자 투표에서는 졌지만, 펜실베이니아주와 미국 중서부 주들을 휩쓸며 '선거인단' 투표에서 승리했다. 민주당의 힐러리 후보가 버락 오바마 대통령의 뒤를 이어 미국 최초의 여성 대통령이 되리라 확신했던 민주당으로서는 정말 믿을 수 없는 충격적 참패였다. 특히 힐러리의 러닝메이트인 부통령 후보가 버지니아주 전 주지사이자 현 미국 상원의원 팀 케인이라는 점에서 대선 패배는 버지니아주 민주당원들에게는 감히 짐작할 수 없는 참담함을 안겨주었다.

트럼프의 예상치 못한 승리와 버지니아주의 정치 변화

트럼프의 예상 밖 승리는 버지니아주 정치 변화의 향방뿐만 아니라 정치질서 전반에 큰 영향을 미쳤다. 9·11테러 이후 정치에 별로 관심이 없던 주민들마저 처음으로 정치 상황을 주시하며 관여하기 시작했다. 2001년에는 9·11테러와의 전쟁 및 그와 관련된 외교정책이 관심의 초점이었다면 트럼프의 대선 승리 후에는 위기에 처한 미국 민주주의를 구해내자는 공감대가 형성되었다. 2017년 1월 19일, 우리 10대 딸들을 포함해 수백만 명의 여성이 워싱턴 D.C.에 집결해 '여성들의 행진'이라는 대규모 집회를 개최하며 내세운 메시지가 바로 그것이었다. 이 행진은 트럼프의 취임식이 열리기 전부터 그의 대통령직에 반대하며 다양한 기본권 보장을 촉구하는 민주적 시위였다.

트럼프 대통령의 임기와 버지니아주 민주당의 반격

'여성들의 행진'은 단지 시작에 불과했다. 트럼프 행정부는 정책 면에서나 도덕적 측면에서 온갖 논쟁을 촉발하며 엄청난 반발을 불러일으켰다. 특히 트럼프의 첫 번째 주요 정책인 '여행금지' 행정명령이 반발의 대상이었다. 이 조치는 아랍 국가나 무슬림계 국가 국민의 미국 입국을 금지하는 것으로 많은 법적 문제를 일으켰다. 당시 연방 항소법원 판사가 트럼프의 행정명령을 일시적으로 중단했는데, 이 판례는 미국 역사상 처음으로 대통령의 결정에 공개적으로 반대 의견을 낸 연방법원 판례 사례 중 하나가 되었다.

버지니아주의 민주당은 이러한 여론의 반발을 정치 전략으로 활용했다. 2017년 버지니아 주지사 선거에서 민주당 후보 랄프 노섬 부지사는 공화당의 에드 길레스피 후보를 상대로 대승을 거두었다. 노섬 주지사는 선거 캠페인을 통해 트럼프가 제기한 논란을 빌미 삼아 버지니아 주민들에게 "트럼프의 정치로부터 이곳 버지니아를 보호하겠다"라고 약속했다. 그런데 노섬 후보의 승리는 단지 민주당의 승리만을 의미하지 않았다. 무엇보다 트럼프 대통령의 극단적 발언과 행동은 버지니아주에 사는 젊은 유권자들, 특히 소수민족과 여성 유권자들의 정치적 참여를 촉구하는 계기가 되었다. 2017년과 2019년의 주의회 선거를 예로 들면, 버지니아주 민주당은 수십 년 만에 처음으로 버지니아주의 하원의석과 상원의석 다수를 되찾았다.

연합의 힘: 버지니아주의 새로운 정치 풍경

21세기에 들어 민주당의 새로운 정치적 위상은 단순히 공화당에 반대하는 사람들이 모여 만들어냈다고 설명하기에는 부족한 면이 있다. 이는 어떻게 보면 지역 공동체가 조직적으로 힘을 모아 그동안 정치에 무관심했던 주민들에게 어떤 것이 바른 정치인지 깨닫게 해서 그들을 선거에 참여하게 이끈 노력의 결과라 할 수 있다. 그중에서도 주목할 만한 큰 변화는 이민자 커뮤니티의 급부상이었다. 한인들을 비롯해 많은 이민자가 거주하는 북버지니아 지역은 특히 트럼프 대통령의 반이민 정책에 직접적으로 큰 영향을 받았다. 한인들과 이민자들에게는 생존과 연결된 문제였다. 그로 인해 이민자 단체들이 주도적으로 선거와 입법 과정에 깊이 관여하기 시작하면서 지역 정치에서 점점 중요한 역할을 하게 되었다. 특정 지역구에서는 이민자 출신 후보가 공화당 후보를 꺾는 일도 생겨났다.

개인적 회고: 나는 이 모든 것을 어떻게 보았는가?

트럼프의 존재는 나의 정치 경로에도 큰 변화를 가져왔다. 트럼프가 대선에 출마했을 당시 나는 이미 정치 블로그를 운영하며 버지니아주에서 불기 시작한 정치적 변화를 나의 시각으로 기록하고 있었다. 무엇보다 트럼프 대통령 당선 이후 사람들은 이전과는 비교할 수 없을 만큼 정치에 높은 관심을 보이기 시작했다. 내가 올린 블로그 글들은 종종 지역사회에서 토론의 중심 주제가 되었고, 때로는 이를 계기로 해서 시민참여운동으로 이어지기도 했다. 내 글이 많은 사람에게 영감을 주고 그들이 자기 목소리를 낼 수 있게 돕는 역할을 했다는 점에서 나는 큰 보람을 느꼈다.

버지니아주 민주당의 성공 요인

버지니아주 민주당의 성공은 단순히 트럼프에 대한 저항과 반대 투쟁 때문만은 아니었다. 오히려 이 성공은 깊고 세심한 전략적 접근 방식에 기초한 결과였다. 다음의 몇 가지 요소를 들어 이를 설명할 수 있다.

첫째, 성공적인 지역 조직화이다.

버지니아주 민주당은 지역사회의 조직화에 막대한 자원을 투입했다. 이는 단지 선거기간에만 이루어진 것이 아니고 상시로 유권자와 소통하며, 주민들이 무엇을 원하고 무엇을 걱정하는지 경청하고, 이를 공공정책에 반영하려 한 노력이었다. 특히 북버지니아의 소수민족, 이민층, 청년층 유권자를 대상으로 한 조직화는 매우 성공적이었다.

둘째, 효과적인 정책 우선 접근이다.

버지니아주 민주당은 트럼프 행정부와의 대조를 강조하며 지역 유권자들에게 실질적으로 영향을 미치는 문제에 집중했다. 교육, 의료, 인프라 경제 투자가 주요 주제로 떠올랐다. 특히 의료 접근성의 확대는 버지니아 주민들에게 중요한 문제였고, 민주당은 이를 효과적으로 공략했다.

셋째, 다양한 후보의 발굴 및 지원이다.

버지니아주 민주당은 배경이 다양한 후보를 발굴, 지원했다. 이는 유색인종과 여성, 젊은 세대를 포함하는 후보들이 점점 더 많은 선거에 출마했다는 것을 뜻한다. 예를 들어 트랜스젠더 후보 대니카 로엠을 포함한 여러 후보가 선거에서 승리를 거두었다.

우리가 나아갈 길

나는 이 책을 통해 단지 과거를 기록하는 것이 아니라 미래에 대한 희망을 이야기하려 한다. 버지니아주 사례는 유권자들의 관심 여부에 따라 정치적 변화가 가능하다는 것을 보여준다. 더 많은 사람이 자기 목소리를 내고, 지역사회를 위해 행동하며, 정치를 통해 더 나은 세상을 만들어나갈 수 있음을 말이다. 트럼프 행정부의 영향을 지금도 여전히 느끼고 있지만, 버지니아주의 경험은 우리에게 희망을 준다. 변화를 이끄는 주체는 한 사람의 리더십이나 한 가지 정책만이 아니다. 그것은 우리의 행동, 우리의 조직화 그리고 공동체를 어떻게 형성하는가에 달려 있다.

Chapter 11

주지사 흑인 분장 스캔들

2019년 2월 1일, 버지니아주의 정치 상황을 완전히 뒤바꿀 사건이 일어났다. 정치적 맥락에서 보면 이 사건은 낙태 문제와 관련된 법안을 두고 벌어진 논쟁에서 비롯되었다.

버지니아주는 정치사적 측면에서 보면 보수적 성향을 유지해 왔지만, 낙태법 관련 정책에 관한 한 전반적으로 진보적 견해를 나타냈다. 나를 비롯한 버지니아주 민주당원들은 대부분 낙태법 개정 법안을 변경하려는 시도에 반대했다. 그런데 2019년 새로 선출되어 입성한 초선의원들은 낙태권의 허용과 확대를 목표로 한 법안을 과감히 제안했다. 이 법안은 임신 3분기의 낙태 절차를 더 쉽게 만드는 것을 목표로 했다.

버지니아주 공화당은 이 법안을 격렬히 반대했다. 특히 낙태를 허용하는 법안을 발의한 민주당 여성 초선 하원의원에 대한 공개 청문회를 열었는데, 그녀가 공화당의 날카로운 질문에 명확히 답변하지 못하면서 논란은 더욱 커졌다. 이 상황은 소아과 의사 출신의 노섬 주지사가 라디오 방송에서 그 여성 의원을 옹호하는 의견을 표명하면서 더욱 심각하게 흘러갔다.

그날 오후, 나는 아들과 차를 타고 집으로 돌아가던 중 정치자문위원으로부터 응급사항 알림 메시지를 받았다. 그는 아마 믿기 어려울 거라면서 인터넷에 떠돌고 있는 1984년 노섬 주지사의 의과대학 시절 졸업앨범 사진을 보내주었다. 흑인 분장을 한 사람과 백인 우월주의 단체 KKK 복장을 한 사람이 나란히 서서 찍은 사진이었다. 인종차별 의상 파티에서 찍은 사진이 아닌가 싶었다. 이 한 장의 사진은 즉시 전국적인 파장을 일으켰다.

토요일 아침, 나는 페어팩스 시청에서 열린 주민들의 타운홀 미팅에 참석해 주민들에게 주지사가 곧 사임할 것 같다고 말했다. 하지만 노섬 주지사는 같은 날 11시에 기자회견을 열고 사진 속의 인물은 자신이 아니라고 주장하며, 예전에 마이클 잭슨으로 분장하려고 블랙 페이스를 한 적은 있다고 인정했다. 그런데도 이 사건은 버지니아와 미국 정치에 큰 파장을 불러일으켰고, 논란은 계속되었다. 나는 내 입장을 밝힐 필요를 느꼈지만, 성급히 판단하는 대신 일단 상황을 좀 더 지켜보기로 했다. 결국 나는 용서와 도덕적 성장을 강조하는 입장을 밝혔는데, 이로 인해 거센 비판을 받을 수밖에 없었다.

그 뒤 몇 주 동안 정치적 긴장감이 계속되었고, 나는 이 사건의 중심에서 벗어날 수 없었다. 나의 입장은 분명했다. 과거의 실수로 사임을 강요해서는 안 되며, 주지사는 자신의 과거 행동을 바로잡고 신뢰를 회복해야 한다는 것이었다. 이런 입장 표명으로 나는 정치적 지지를 얻기보다는 오히려 많은 비난을 한 몸에 받아야 했지만, 그래도 내 신념을 굽히지 않았다.

노섬 주지사는 이미지를 회복하고 논란을 해결하려고 노력했지만, 여전히 사건의 여파가 컸다. 대중의 의견은 분명히 갈렸다. 일부는 주지사의 회복 의지가 진정성 있고 의미도 있다고 보았지만, 일부는 이를 단순히 정치적 피해를 줄이기 위한 행동으로 여겼다. 책임과 용서 사이의 문제는 공적 담론뿐만 아니라 많은 의원 간의 비공식적 논쟁에서도 중요한 초점이 되었다.

이 상황은 내게 깊은 교훈을 남겼다. 나는 리더십의 가치, 속죄의 한계, 역사적 불공정성의 무게를 끊임없이 생각했다. 이 사건은 단순히 한 개인의 과거 행동에 관한 것이 아니라 인종차별과 불평등에 대한 사람들의 인식 및 그 배경과 역사를 어떻게 마주할 것인가에 대한 문제였다. 이러한 고민이 나의 모든 공식 발언과 개인적 결정으로 이어졌다.

그런 와중에 또 다른 사건들이 터졌다. 비교적 젊고 촉망받던 변호사 출신의 버지니아주 저스틴 페어팩스 부지사가 15년 전인 2004년 민주당 전당대회에서 한 여성을 성추행했다고 주장하는 글이 인터넷에 올라온 것이다. 부지사의 성추문 혐의가 일파만파 퍼져 주목을 받기 시작하면서 혼란 상황은 더 걷잡을 수 없게 되었고, 주의회와 주정부는 사실상 마비 상태에 빠졌다. 그 결과 중요한 법안이 뒷전으로 밀려났고, 긴급히 처리해야 할 예산 논의마저 지연되었다.

설상가상으로 주지사와 부지사가 사임하면 그 뒤를 이을 인물로 여겨지던 버지니아주 법무장관 마크 헤링이 버지니아대학교 재학 당시 코미디 쇼의 일환으로 흑인 분장을 한 적이 있다고 인정하는 일까지 벌어졌다. 주 역사상 처음으로 버지니아주 최고 고위공직자인 주지사, 부지사, 법무장관이 제각기 스캔들에 휘말린 것이다. 고위공직자 세 사람의 성격, 책임 그리고 통치 능력에 관해 심각한 의문이 제기되었고, 이로 인한 정치적 공백 상태는 버지니아주의 효율성과 신뢰성을 심각하게 손상시켰다.

나는 당 지도자들과 함께 심야 회의에 참석했는데, 그 순간을 지금도 생생히 기억한다. 감정이 고조된 가운데 일부는 이들을 계속 공직에 두면 주정부에 대한 대중의 신뢰를 무너뜨릴 것이라고 주장했다. 반면 나는 사안의 심각성에 비추어 오히려 공정한 절차와 균형 잡힌 시각으로 사건을 대할 필요성을 강조하며, 충분한 사실 검토 없이 성급히 판단할 경우 더 큰 위험을 초래할 수 있다고 경고했다. 나는 당시 상황이 리더십의 시험대라고 보았다. 따라서 대중에게 모든 것을 투명하게 설명하고, 신뢰 회복을 위해 노력해야 하며, 정치를 개인의 욕심보다 공동체의 이익을 위해 사용해야 한다는 점을 누누이 강조할 수밖에 없었다. 이는 선출직 공무원으로서 나의 원칙과 맞닿아 있었다.

언론의 광풍은 더욱 거세졌다. 다수의 정치 활동가들과 시민단체가 각자의 입장을 내세우며 주 의사당 밖에서 시위를 벌였다. 시위대는 해당 공직자의 사임과 주정부의 개혁을 요구하는 목소리를 높였다. 몇 주 동안 주 전체가 숨죽인 가운데 마치 또 다른 위기 사태를 기다리는 듯한 분위기가 감돌았다. 결국 스캔들은 버지니아주의 역사적 기록을 되돌아보며 현재의 불편한 진실과 마주해야 한다는 주장으로 이어졌다. 논란의 중심에 놓인 체계적 인종차별과 성차별, 정치적 책임에 관한 대화는 피할 수 없게 되었다.

이후 몇 달 동안 주지사는 공식적 사과와 더불어 인종차별 해소를 위한 정책을 발표하며 위상을 재정립하려 노력했다. 그는 흑인 커뮤니티 지도자들과 만나 사회적 불평등을 해소하기 위한 새로운 예산 할당 계획을 내놓기도 했다. 이러한 노력이 일정 부분 긍정적 평가를 받기는 했지만, 과거 행동에 대한 논란은 완전히 가라앉지 않았다. 부지사의 상황도 점점 복잡해졌다. 성추문 조사에는 많은 시간이 소요되었고, 책임 여부에 대한 결론이 명확히 날 때까지는 상당한 논쟁과 의견 대립이 있었다. 나는 이러한 혼란 속에서 주정부가 앞으로 나아가려면 시급히 해결책을 찾아야 한다고 생각했다.

결국 이 사건은 우리에게 다음과 같은 중요한 질문을 던졌다.

> 리더십이란 무엇인가?
> 우리는 과거의 실수를 어떻게 다루어야 하는가?
> 우리 사회는 정의와 용서를 어떻게 균형 있게 실현시킬 것인가?

이와 같은 질문은 단순히 버지니아주에 국한되지 않고 전국적으로 더 큰 논쟁을 폭발시켰다. 시간이 흐르면서 사건이 점차 수면 아래로 가라앉았지만, 그 여파는 여전히 남아 있다. 이 경험을 통해 나는 공직자로서의 책임과 윤리에 대해 더 많은 생각을 하게 되었다. 정치적 논란 속에서도 나는 항상 지역사회를 위해 최선의 결정을 내리려고 노력했다. 이 사건은 나를 더 강하고, 더 단호하며, 더 공정한 리더로 만들어주었다.

마지막으로, 나는 이 모든 과정에서 중요한 교훈을 얻었다. 과거의 실수는 지울 수 없지만, 그것을 어떻게 마주하고 극복하느냐가 진정한 리더십으로 정의된다는 것이다. 이는 정치인뿐 아니라 모든 사람에게 적용될 것이다. 이 사건은 내 정치 인생의 가치관에 변화를 일으켰다. 정치적 위기 속에서 나 자신을 항상 시험하고 올바른 결단을 했는지 확인하는 동시에 공평함과 정의를 지키려는 의지를 더욱 굳건히 다져야겠다고 결심한 것이다. 그리고 그 뒤 몇 달 동안 나는 지역사회의 신뢰를 회복하고 불평등과 분열의 근본 원인을 해결하는 정책을 추진하기 위해 쉼 없이 노력했다.

Chapter 12

2020년의 혁명
- part 1 총기 규제

2020년에 버지니아주 민주당은 1990년대 초 이후 최초로 주 의회 주도권을 완전히 장악했다. 그런데 이 시기 민주당 의원들은 1990년대 초 온건한 성향의 민주당 의원들과는 달랐다. 달리 말하면, 2020년 민주당 의원들은 공교육, 법집행, 총기 규제 문제 등 모든 논쟁적 사안에서 민주당 특유의 '진보적' 색채를 분명히 드러냈다.

2020년 의회 첫날부터 버지니아주 공화당은 사실상 무의미한 존재가 되었다. 공화당은 하원 45석, 상원 19석을 차지했으면서도 의회에서 어떤 영향력도 발휘하지 못했다. 그해 의회에서 50건의 주요 법안이 통과되었는데, 극히 일부를 제외하고는 모든 법안이 당론에 따라 표결되었기 때문이다.

2020년 버지니아주의 사회·정치 상황은 많은 면에서 프랑스 혁명과 유사했다. 민주당 의원들은 각자 나름대로 어느 정도 혁명가적 성향을 지니고 있었다. 다만 차이가 있다면 하원에는 극단주의적 몽테뉴파라 할 만한 의원들이 많았고, 상원에는 그보다 온건하고 타협적인 지롱드파 성향의 의원들이 많았다는 점이다. 반면에 공화당 의원들은 마치 혁명가들이 서로를 물어뜯으며 분열되기만을 기다리는 왕당파와 비슷했다. 그러나 그들은 그리 오래 기다릴 필요가 없었다.

정치에서는 거리로 나선 군중이 그 나름대로 중요한 역할을 하는 게 일반적인데, 그것이 곧 현실로 나타났던 것이다.

총기 규제 이슈

2020년 주의회가 다룬 첫 번째 이슈는 총기 규제 문제였다. 사실 이 문제를 우선적으로 다룬 것은 2019년 6월 버지니아 비치 시청 근처 중심가에서 끔찍한 총기 난사 사건이 발생해 20명이 목숨을 잃은 데 따른 충격의 여파가 컸기 때문이다. 당시 버지니아 주지사는 사건 이후 특별의회를 소집해 7개 법안을 일괄 제안했으나 공화당은 표결 전 의회를 종료시키는 방식으로 이를 완전히 무산시켰다. 공화당의 입장으로 보면 단기적으로 현명하게 일을 처리한 효과적 전략이었을지 모른다. 그러나 장기적으로 보면 중요한 공공안전 문제를 해결할 의지가 전혀 없다는 인식을 심어주기에 충분했다. 그 결과 그해 가을 선거에서 공화당은 큰 타격을 입었다.

2019년 11월 민주당이 다수당으로 의회 주도권을 쥐게 된 이후, 민주당 의원들은 수년간 부결되었던 총기 규제 법안을 '사전 제출'하며 신속히 움직였다. 2020년 의회에서는 총 54건의 총기 규제 법안이 제출되었는데, 대부분의 법안이 총기를 단 한 번도 사용해본 적 없는 의원들에 의해서 발의되었다. 그 가운데 일부는 온건한 개혁안이었지만, 나머지 다른 법안들은 이미 법적 허가를 받아 소유 중인 총기까지 전면 몰수하는 극단적 조치를 담고 있었다. 이에 대응해 주로 농촌지역에 자리한 50여 개의 지방 행정 자치단체들은 각자의 카운티를 "헌법적 권리를 지닌 지역 또는 피난처"로 선언하는 결의안을 통과시켰다. 이는 예전에 이민자를 보호하기 위해 '피난처의 도시'를 자처했던 진보적 도시들을 염두에 두고 붙인 명칭으로 총기 몰수 법안을 집행하지 않 겠다는 의지를 담고 있었다.

버지니아주는 서로 갈라지며 분열했다. 총기 규제 문제를 둘 러싼 대립은 시한폭탄과도 같았다.

총기 문제를 둘러싼 논쟁과 갈등

상원의회에서는 총기 규제 법안을 논의했다. 결과적으로 우리는 다음 세 가지의 주요 개혁 사항을 정리했다.

> 첫째, 범죄 기록 조회를 의무화할 것.
> 둘째, 총기 구매를 한 달에 한 번으로 제한할 것.
> 셋째, 경찰이 위험한 행동을 하는 사람에게서 총기를 압수할 수 있도록 하는 '레드 플래그' 법안을 제정할 것.

우리는 진보적인 민주당 하원의원들의 압력으로 여기에 넷째 항목을 추가했다. 그것은 공공지역에서의 무기 사용 금지를 그 지역 자치단체가 허용할 수 있도록 하는 조항이었다.

개혁안은 신중히 검토된 것이었지만, 54건의 총기 규제 법안이 통과되기를 기대했던 이들에게는 불만족스러운 결과였다.

총기 규제 문제만으로도 2020년 의회에는 팽팽한 긴장감이 감돌았다. 버지니아주는 예전부터 총기 소지를 찬성하고 이를 지지해온 주였다. 이는 권총에서 AR-15 반자동 소총에 이르기까지 다양한 종류의 총기를 이미 소유한 붙박이 유권자들과 주민들이 많다는 의미였다. 반면에 교외 지역에는 "엄마들은 행동을 요구한다Moms Demand Action"와 같은 구호를 외치며 총기 규제를 옹호하는 측, 즉 총기를 반대하는 단체들도 있었다.

그들은 합법적 총기 소유를 보장하는 헌법적 권리나 총기 소유와 관련된 적법 절차 따위는 아랑곳하지 않고 총기 소유를 규제하는 '행동'을 요구하고 나섰다. 때때로 단체를 상징하는 빨간색 티셔츠를 입고 타운홀 미팅 시간에 나타나 자신들의 입장을 지지하지 않는 사람들을 거세게 비난하고 야유를 퍼부으며 분노를 표출하기도 했다.

이에 맞서 총기를 옹호하는 단체들은 흑인 인권운동가 마틴 루터 킹 2세를 기리는 연방공휴일인 1월 셋째 주 월요일에 '마틴 루터 킹 데이' 연례 집회를 개최하고 수정헌법 2조 "총기 휴대 및 소유의 권리"를 지지하며 의회 앞으로 결집했다. 또한 2020년 2월에는 각종 총기로 무장한 2만여 명의 인파가 총기 소유 권리를 지지하며 버지니아주 의사당에 집결했다.

총기 규제 법안을 둘러싸고 이렇게 여러 이익단체가 팽팽하게 대립했다. 의회가 시작되기 전날, 의회 경비를 맡은 경찰은 의원들에게 안전 주의 사항을 알렸다. 사실 여러 해 동안 의정활동을 해온 의원들에게는 총기를 휴대한 군중집회가 새삼스러운 일은 아니었다. 하지만 새로 선출된 진보적 성향의 의원들은 보수적 성향의 무장 군중이 하루 종일 의회를 점거할 수 있을지도 모른다는 사실에 무척 놀랐을 것이다. (프랑스혁명과는 달리 미국 진보주의자들은 거리의 폭력에 의존하지 않았다.)

2020년 1월 20일 월요일 아침, 나는 새벽 6시에 나와 의사당 주차장으로 차를 몰았다. 거리는 벌써 "미국을 위대하게Make America Great"라는 문구가 남긴 스티커나 총기 소유를 옹호하는 다양한 문구를 부착한 픽업트럭과 차량으로 붐볐다. 나는 차에서 내려 의사당 광장으로 향했다. 이미 수백 명의 시위대가 어둠 속에서 여기저기 모여 있었고, 시간이 지나면서 더 많은 사람이 몰려들었다. 나는 그 광경을 지켜보며 뮤지컬 〈레미제라블〉의 삽입곡 '내일로One Day More'가 들리는 것 같은 느낌을 받았다.

의사당 건물의 문을 열고 5층에 있는 의회 사무실로 올라갔다. 건물 내부 여기저기에 총기 소유를 옹호하는 활동가들이 모여 있었다. 대부분이 청사 건물에 처음 들어왔는지 지나가는 사람들에게 조용히 이런저런 질문을 던지고 있었다. 야구 모자를 쓴 긴 수염의 남성들, 하얀 운동화와 청바지를 입은 여성들은 모두 "총이 우리 목숨을 구해준다Guns Save Lives"라고 적힌 스티커를 부착하고 있었다. 권력의 중심부에 들어선 전형적 아웃사이더 집단. 그들이 바로 그랬다.

나는 사무실에서 이메일을 확인한 뒤 복도로 다시 나왔다. 여전히 불은 꺼져 있었고, 창문을 통해 아침 햇살이 희미하게 스며들었다. 한 여성이 나를 바라보며 미소를 지었다. 갑자기 나는 아무 이유 없이 미국의 대표 하드록 밴드 저니Journey의 노래를 부르기 시작했다.

그저 작은 시골 동네 소녀였지

홀로 외로운 세계에 살고 있었던 그녀는

야간 기차를 타고, 어디론가 떠나고 싶어 했지

그저 도시 소년이었지

남디트로이트에서 나고 자란 그 아이는

야간 기차를 타고, 어디론가 떠나고 싶어 했지

내가 한 소절을 채 마치기도 전에 5층에 있던 사람들이 모두 노래를 따라 부르기 시작했다. 주 상원의원과 그날 의사당을 찾아온 방문객들이 한목소리로 노래를 부른 것이다.

담배 연기로 가득한 방에서 그들을 보았네

와인과 싸구려 향수 냄새가 나는 그곳에서

미소 지으며 밤을 지새울 수 있는 그들

계속되어야 해, 그 순간은 계속되어야 해

잊을 수 없는 2020년의 멋진 기억 중 하나다. 오전 7시, 텅 빈 의사당 건물에서 총기 옹호 활동가들과 함께 부른 저니의 '믿음을 멈추지 마Don't Stop Believin''라는 노래. 그 순간은 아주 오랜만에 느낀 화합의 순간이었다.

상원에서의 총기 법안 처리

상원 법사위원회는 2020년 1월 20일까지 개혁안 4개를 통과시켰고, 나머지 법안 중 적어도 총기와 관련된 법안들은 어떻게

든 처리한다는 전략을 세웠다. 실제로 우리는 그렇게 했다. 제출된 법안은 다수 수정되었지만 대부분 그대로 처리되었다.

가장 논란이 된 법안은 '공격용 총기'에 관한 것이었다. 사실 이 법안에서 지칭하는 '공격용 총기'를 어떻게 정의하느냐가 관건이었다. 어떤 총기든지 해석에 따라 공격용 총기가 될 수 있었기 때문에 무엇을 공격용 총기로 할 것인지 정의가 불가능했다. 더 심각한 문제는 범죄 방지법으로 공격용 총기를 소유하는 것을 금지, 규제하는 이 법안은 이미 AR-15 소총과 같은 여러 총기를 소유한 5만 명 이상 버지니아 주민들의 의사와 상충한다는 것이었다. 이 말은 곧 그 주민들과의 충돌이 불가피하다는 것을 의미하는 것이기도 했다.

공격용 총기 금지 법안 논란

진보주의자들은 공격용 총기를 금지할 수 있었지만, 이미 합법적으로 구매된 총기를 몰수하거나 총기 소유자에게 재구매 Buy back해서 거두어드릴 실질적 방법은 없었기 때문에 실행 여부가 불투명했다. 또한 헌법에 위배될 가능성도 있었다. 그런데도 버지니아주의 민주당 하원의원들은 당론에 따라 다수결로 공격용 총기 금지 법안을 통과시켰다. 그것은 '마틴 루터 킹 데이' 집회의 주요 표적이 된 법안이었다.

상원 법사위원장인 민주당의 존 에드워즈(로어노크 출신) 상원의원에게는 해당 총기 법안을 심의 일정에서 빼는 것이 최선이었다. 하지만 에드워즈 의원은 모든 법안은 심의를 거쳐야 한다고

1969년 6월, 민주당 주지사 후보 헨리 하웰(Henry Howell)의 유세 현장에서. 훗날 그는 버지니아 정치계에서 내가 존경하는 롤모델이 되었다.

1991년 10월에 있었던 버지니아 주립대학교의 럭비 경기. 나는 중앙에 한쪽 무릎을 꿇고 앉아 있으며, 왼쪽 첫 번째 인물이 나중에 버지니아 주립대학교 총장이 되는 제임스 라이언이다.

2001년 10월, 페어팩스시 가을 축제에서 하원의원 선거운동 모습. 9·11테러가 발생한 지 불과 몇 주 지나지 않았을 때다.

2001년 선거 승리의 밤. 공화당 현역 의원을 꺾고 승리해서 딸 에바를 안고 봉사자와 후원자들에게 감사 인사를 하는 모습. 페어팩스 카운티 의장 케이트 핸리가 나를 가리키고 있다.

2003년 하원의원 재선에 성공한 뒤 페어팩스시 자택 현관에서 아내 샤론과 딸 에바(5세), 메리 월튼(1세)과 함께 찍은 기념사진.

2007년 선거 당일 밤. 내 왼쪽 어깨 너머에는 아내 샤론이, 오른쪽에는 고(故) 짐 리델 페어팩스 카운티 경찰 노조위원장이 자리하고 있다. 선거운동을 할 때 신었던 운동화를 양손에 들고 있는 모습.

2014년 상원 농구팀. 민주당 루이즈 루카스(포츠머스) 의원과 공화당 브라이스 리브스(스팟실베니아) 의원, 그리고 워싱턴 레드스킨스의 데이비드 아머스, 디안젤로 홀, 조시 모건과 함께한 모습. 2014년은 하원을 이긴 드문 한 해였다.

2016년 애리조나 카디널스와 워싱턴 레드스킨스의 경기를 관람하러 피닉스를 방문했을 때 나바호족 '505 레드스킨스' 팬클럽과 함께 찍은 사진. 아내 에바도 함께했다(앞줄 오른쪽에서 네 번째).

2017년 비엔나타운에서 열린 랄프 노섬 주지사 후보 후원 행사에서 찍은 기념사진. 나는 그의 선거운동을 처음부터 끝까지 지원했다.

2020년 3월 상원 본회의에서 긴 하루를 보낸 뒤 친구이자 전 법률 파트너인 민주당 스콧 수로벨(페어팩스) 상원의원과 함께. 그해의 상원의회는 영원히 끝나지 않을 것 같았다.

2020년 4월 부활절의 피터슨 가족. 당시 우리는 이미 30일째 자택 대기 봉쇄 상태였는데, 몇 주 안에 이 모든 게 끝날 줄로만 알았다.

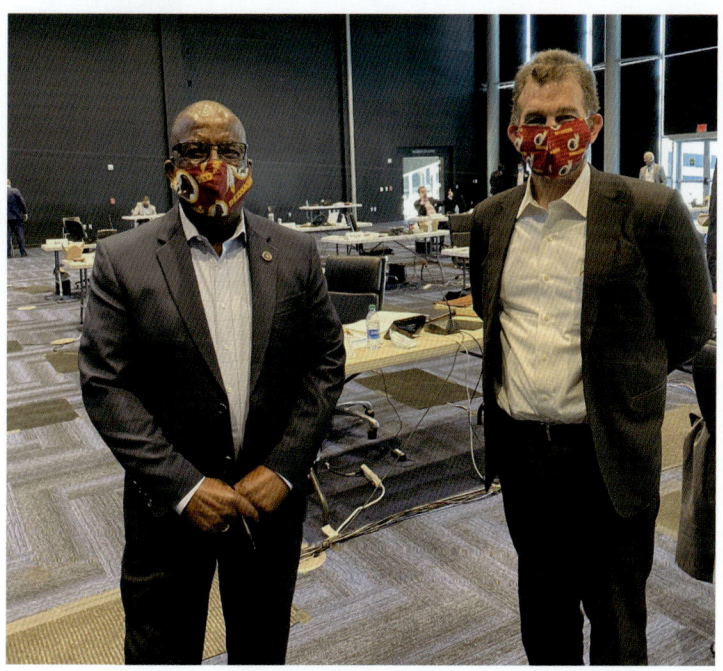

2020년 4월 리치먼드 과학박물관에서 열린 거부권 상원의회에서 라이오넬 스프루일 민주당 상원의원(체서피크)과 함께 레드스킨스 마스크를 착용한 모습. (내가 마스크를 거꾸로 착용한 것에 주목! 그땐 모든 게 처음이라 그랬습니다.)

2020년 6월 9일, 리치먼드에 있는 버지니아 대법원 앞. 우리는 이날 봉쇄 해제를 위한 청원서를 제출하고 주 재개방을 요청했다.

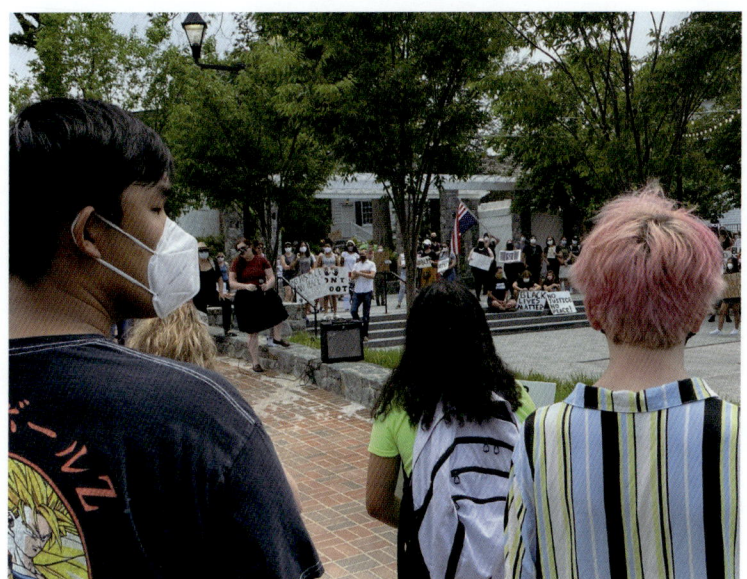

2020년 6월 13일, 페어팩스시 다운타운에서 열린 인종 정의를 위한 집회. 피켓과 거꾸로 걸린 미국 국기를 확인할 수 있다.

1861년 7월 1일에 있었던 남북전쟁의 첫 전투를 기념해 페어팩스 법원 앞에 설치된 그 당시의 대포와 비석. 2020년 9월, 카운티 의회는 이 대포와 비석을 '남부연합 기념물'로 간주해 철거하게 했다.

2020년 12월, 과달카날 해병대 참전용사 제임스 "호스" 스미스의 100세 생일을 축하하기 위해 모인 페어팩스시 관계자들. 마스크를 쓰지 않은 사람을 주목하세요.

2021년 1월 13일, 버지니아 학교 재개방 법안을 발표하는 기자회견에서 공화당 시오반 던나반트 상원의원(헨리코)과 함께.

THE SENATE OF VIRGINIA
S.B. 1303. (Dunnavant) pg 13
Local school divisions; availability of virtual and in-person learning to all students.

YEAS: 26   NAYS: 13   R36: 0

NAY	Barker	NAY	Favola	NAY	McClellan	YEA	Reeves
YEA	Bell	YEA	Hanger	NAY	McDougle	YEA	Ruff
YEA	Boysko	NAY	Hashmi	NAY	McPike	YEA	Saslaw
YEA	Chase	YEA	Howell	YEA	Morrissey	NAY	Spruill
YEA	Cosgrove	YEA	Kiggans	YEA	Newman	YEA	Stanley
NAY	Deeds	YEA	Lewis	YEA	Norment	YEA	Stuart
YEA	DeSteph	NAY	Locke	YEA	Obenshain	YEA	Suetterlein
YEA	Dunnavant	NAY	Lucas	YEA	Peake	YEA	Surovell
NAY	Ebbin	YEA	Marsden	YEA	Petersen	YEA	Vogel
NAY	Edwards	NAY	Mason	YEA	Pillion		

2021년 2월 2일, "상원법안 1303"에 대한 본회의 투표. 민주당 상원의원 6명과 모든 공화당 의원이 찬성표를 던져 저항자들을 무너뜨렸다.

2021년 9월, 딸 아이다가 개학 첫날 등교 버스를 타는 모습. 당시 주지사의 행정명령에 따라 모든 학생이 마스크를 착용하고 있다.

2021년 10월 27일, 비엔나 핼러윈 퍼레이드에서 아이다, 샤론과 함께한 모습.

2022년 2월 2일, 공립학교 아동 마스크 의무 종료 법안인 "SB 739"가 통과된 직후 상원 본회의장에서 시오반 던나반트 상원의원과 찍은 사진. 뒤에 보이는 유리 칸막이는 2주 뒤에야 철거되었다.

2022년 11월 26일, 페어팩스 고등학교에서 열린 지역 챔피언십 우승을 축하하는 자리에서 그날 최고의 태클을 기록한 선수와 함께. 아이들을 다시 운동장으로 돌려보내는 것이 나의 중요한 과제였다.

2022년 12월 크리스마스에 찍은 피터슨 가족의 기념사진. 왼쪽부터 아이다(11세), 메리 월튼(20세), 토머스(17세), 에바의 약혼자 앤드류 스텀프(오하이오 애슐랜드 출신), 그리고 에바(24세).

2023년 마지막 회기 때 상원팀의 리셉션 담당 모린 설리번, 정치 디렉터 타니아 호세인, 비서실장 캐시 닐슨과 함께한 모습. 우리는 최고의 팀이었다

2023년, 페어팩스시의 7월 4일 독립기념일 퍼레이드.

페어팩스시의 어느 주택 앞마당에 설치된 나의 "챕" 선거 표지판.

주장했고, 솔직히 말해서 나는 그를 비난할 수 없었다. 좋은 법안이든 나쁜 법안이든 표결해야 하는 것이 우리의 역할이기 때문이다.

2020년 2월의 어느 월요일 아침, 상원 법사위원회 민주당 의원들은 간단히 회의를 했다. 나를 포함해 크리 디즈, 제니퍼 보이스코, 제니퍼 매클렐런, 스콧 수로벨이었다. 우리는 공격용 총기 법안을 다음 해인 2021년 회기로 미루자고 이미 합의했지만, 몇몇 의원이 해당 법안에 반대표를 던질 경우 과연 우리의 정치생명을 계속 유지할 수 있을지를 두고 고민했다. 즉, 미래의 정치생존 가능성을 저울질하며 걱정할 수밖에 없었다.

주지사의 전화

회의를 끝내고 사무실로 돌아가는 길에 나는 전화를 한 통 받았다. 나의 오랜 지지자이자 친구인 노섬 주지사에게서 걸려온 전화였다. 그는 총기 법안에 찬성표를 던지라며 나를 은근히 압박했다.

"나는 지금까지 많은 정치적 죽음의 문턱을 넘었어, 챕."

나중에야 나는 그의 전화가 공격용 총기 법안의 세부 사항 때문이 아니라 다른 사람들, 즉 총기 규제 운동가들과 하원의장 에일린 필러콘 같은 강경파에게 보여주기 위한 행동이었다는 것을 알게 되었다.

나는 화가 나서 법안 내용에 따라 투표하겠다고 답했다. 분명한 건 노섬 주지사가 그 법안을 자세히 읽어보지도 않았고, 내용도 잘 모른다는 점이었다.

법안 처리

그날 아침, 법사위원회는 8시에 회의를 시작했다. 예정대로 공격용 총기 금지 법안이 상정되었고, 길고 긴 토론이 이어졌다. 디즈 의원이 "법안을 무기한 연기하고 주 범죄위원회로 다시 회부한다"라는 내용의 안건을 발의했다. 이는 시간을 벌어 민주당이 계속 다수당을 유지한 뒤 2021년 다시 검토할 방안을 마련하기 위한 것이었다. 디즈 의원의 발의는 11 대 4로 통과되었다. 디즈, 에드워즈, 수로벨과 내가 시간 벌기에 찬성표를 던졌고 나머지 민주당 의원들은 반대표를 던졌다.

주위의 반응

총기와 관련된 논란이 불거질 때면 늘 그렇듯 사람들의 즉각적 반응이 뒤따랐다. 어떤 사람은 내 개인 법률사무소의 음성 사서함에 "꺼져, 챕"이라는 짧고 거친 말을 남겼다. 반면에 어떤 사람들은 미국 연방 수정헌법 2조를 지킨 나에게 찬사를 보냈다. 2023년, 보안관협회의 연례 회의에서 내가 '올해의 입법자' 상을 받았을 때 한 보안관이 의미심장한 말을 했다.

"챕, 공격용 총기에 대한 표결로 당신이 비판을 많이 받은 걸 잘 알고 있습니다. 하지만 그 결정은 옳았습니다. 만약 2020년에 그 총기 금지안이 통과되었다면 우리 카운티에서는 벌써 내전이 벌어졌을 겁니다. 우리 지역 사람들은 싸우는 한이 있어도 절대

총을 포기하지 않을 테니까요."

충고가 담긴 감사의 표현이었다.

그런데 법사위원회의 표결은 시간이 지나면서 더 큰 파장을 일으켰고, 2023년 재선거에서도 수없이 거론되었다. 나는 그 문제를 단지 1년만 연기했다고 생각했지만, 이후에 불어닥친 코로나19 팬데믹으로 총기 금지 문제는 더 이상 긴급한 사안이 되지 못했다.

결국 2023년 상원의회에서 AR-15 판매를 금지하는 법안을 통과시켰지만, 공화당이 다시 다수당을 차지한 까닭에 이 법안은 하원의회에서 폐지되었다.

총기 법안 그 이후

2020년의 총기 문제는 충격적 이슈였지만, 과거 한때 버지니아주가 남부연합 수도였던 역사와 관련된 문제에 비하면 상대적으로 덜 중요한 문제이기도 했다. 버지니아 역사와 관련된 문제 역시 2020년에 고통스러운 논란 과정을 거치게 되었다.

Chapter 13

2020년의 혁명
- part 2 남부연합

몇 년 전만 해도 보통 미국인에게 버지니아주가 다른 주와 구별되는 점이 뭐냐고 물으면 아마 이런 식으로 대답했을 것이다.

"미국 남북전쟁의 중심지이자 남부연합군의 수도였고, 또한 로버트 E. 리 장군의 고향이다."

남북전쟁이 끝나고 150년이 지난 지금도 버지니아주를 여행하다 보면 가장 눈에 띄는 것이 남부연합군 장군들의 이름을 딴 고속도로와 학교들, 남북전쟁의 흔적으로 남아 있는 전투 유적지와 동상일 것이다. 버지니아는 남북전쟁 때 남부연합군의 심장부이자 고향이었다.

실제로 버지니아주는 미국 역사의 중심 현장으로 자리 잡고 있다. 문화적 측면이나 지리적 면에서는 앨라배마나 조지아 같은 주가 더 남부적 성향이 강하다고 할 수 있을지 모르지만, 남북전쟁이 일어났을 때의 사정은 달랐다. 남부의 모든 주에서 버지니아주가 전쟁을 이끌고 선도하기를 기대했던 것이다. 버지니아주는 남부의 군사적 중추였으며, 미국 전체의 전쟁 역사에서 로버트 E. 리 장군의 북버지니아 군대만큼 유명한 군대는 없었다.

어린 시절, 나는 아버지와 함께 남북전쟁의 발자취가 남아 있는 전투 유적지를 자주 돌아다녔다. 초등학교 1학년 무렵부터 특히 역사책을 좋아했던 나는 여덟 살 때쯤에는 모든 장군의 이름과 전투지를 외워 줄줄 꿸 정도였다. 물론 나의 영웅은 단연 로버트 E. 리 장군과 스톤월 잭슨 장군이었다.

한편, 어릴 적부터 나는 흑인에 대한 인종차별 같은 미국의 어두운 역사도 알게 되었다. 〈뿌리Roots〉라는 TV 시리즈를 시청하며 노예제도의 어두운 면을 실감 나게 그린 장면에 큰 충격을 받았다. 남부연합군을 멋지고 좋게만 보았던 생각도 변하기 시작했다. 그때부터 한동안 남부연합군은 내게 더 이상 좋고 멋진 사람들이 아니었다. 당시 우리 지역 고등학교에서는 남부의 상징인 남부연합군 깃발을 여전히 학교에 간직하며 교훈으로 삼고 있었다. 나는 이에 대해 강한 도덕적 반감을 느꼈다. 한번은 어머니가 차 뒤에 붙여놓은 스티커 속의 남부연합군 깃발 부분을 손톱으로 긁어내기까지 했다. 그것이 1979년의 일이다.

1982년 페어팩스 고등학교에 입학한 나는 학교를 대표하는 클럽 '페어팩스 저항자'의 일원이 되었다. 그 무렵 사회에서는 이미 저항의 상징인 시민인권운동이 역사적 승리를 쟁취하고 있었고, 대부분의 미국인은 시민의 저항을 침묵으로 인정하고 있었다. 미국에서 노예제도는 치욕스러운 과거의 일부였다. 그런 의미에서 남북전쟁과 남부의 패배는 현재의 미국을 만드는 데 필요한 과정이었다.

그러나 남부연합군과 영웅들 또한 그 자체로 기억하고 기념할 미국 역사의 일부였다. 또한 링컨 대통령이 두 번째 취임식 연설에서 복음서에 영감을 받아 언급한 구절, 즉 "우리가 심판받지 않도록"은 남북전쟁 과정을 돌아보며 심판보다는 화해가 우선돼야 한다는 뜻을 우리에게 각인시키는 말이었다. 또한 그 말은 향후 벌어질 일을 예고하는 경고이기도 했다.

물론 1865년 3월 링컨의 연설 이후에도 비참하고 수치스러운 역사가 이어졌다. 링컨 대통령 암살 사건, 그 뒤에 이어진 불운

한 재건 시대와 "짐크로법Jim Crow Laws"(공공시설에서 백인과 유색인종을 분리시키기 위해 만든 법)의 등장 등으로 흑인 시민들, 적어도 남부지역에 살던 흑인 시민들이 헌법적 권리를 완전히 보장받기까지는 무려 백 년이 넘게 걸렸던 것이다. 특히 버지니아에 뿌리를 둔 우리 가족에게는 인종차별에 대한 사고와 개념이 중요한 의미가 있었다. 대부분의 자유주의자는 통합과 평등권을 지지했고, 특히 제2차 세계대전 이후 민주주의가 세계 곳곳에 등장하면서 "짐크로법"은 매우 치욕스러운 것이 되었다. (나의 외할머니는 1950년대 알렉산드리아시에서 학교의 인종통합에 적극적으로 참여했으며, 미국 최대의 흑인 인권운동 단체인 NAACP, 즉 '흑인유색인종 지위향상협회'로부터 감사의 찬사를 받기도 했다.)

내가 주 하원의원으로 버지니아주 리치먼드에 들어섰을 때인 2001년 말에도 남북전쟁이 남긴 문화적 불협화음이 의회에 여전히 존재했다. 우리는 매일 미국 국기에 대한 맹세를 낭독했고, 마틴 루터 킹과 다른 아프리카계 미국인 영웅들 그리고 버지니아주에서 인권운동의 선두에 서서 변화를 이끌어낸 사람들을 찬양했다. 그러나 동시에 우리는 남부연합군의 로버트 E. 리와 스톤월 잭슨 장군의 생일도 기념하고, 그들을 버지니아주의 위대한 군사 지도자이자 명예로운 인물로도 인정했다.

어찌 보면 이율배반적일 수도 있는 그러한 태도에 대해 큰 반발은 없었다. 실제로 2005년 로버트 E. 리 장군 탄생 200주년을 기념하는 결의안이 하원과 상원을 통과했으며, 반대는 단 한 표도 없었다. 노예제도는 잘못되었지만, 로버트 E. 리 장군은 여전히 누구에게나 역사적 영웅이었다.

2010년 버지니아 주의회는 남북전쟁 150주년을 기념하는 위원회를 설립해 다양한 인종과 정치적 배경을 지닌 사람들을 참여시켰다. 2011년 남북전쟁 기념위원회는 버지니아주의 남북전쟁과 관련된 역사를 미래의 세대에게 어떻게 보고할지에 대한 종합 보고서를 작성했다.

주목할 점은 버지니아주 남북전쟁 기념위원회에 최초의 흑인 위원장이 선출된 지 3년이 지났는데도 남부연합군의 동상을 철거하거나 남부연합군 명칭이 붙은 학교 또는 거리 이름을 바꿔야 한다는 제안이 없었다는 사실이다. 더욱이 위원회에서는 급속히 도시화가 진행되는 북버지니아 지역에 추가로 역사 표지판을 설치할 것을 추천했고, 그중 하나가 바로 2011년 페어팩스 법원에 세워진 남부연합군 사망자를 추념하는 표지판이었다.

그런데 2017년 샬러츠빌시에서 일어난 폭력 사건은 버지니아주 남북전쟁의 문화유산 관련 논란을 다시 한번 수면 위로 떠올렸다. 이 사건은 남부연합군의 동상을 유지하자는 사람들과 철거를 요구하는 사람들 간의 충돌로 이어졌고, 샬러츠빌 시장이 동상을 철거하자는 주장을 받아들이는 결과를 낳게 했다. 이 사건의 여파가 미국 전역으로 퍼지면서 결과적으로 남부연합군 동상 철거 운동의 불씨를 지피는 계기가 되었다. 그에 따라 여러 곳에서 남부연합군의 상징물에 대한 논란이 더욱 뜨거워져 많은 지역에서 남부연합군의 동상을 철거하거나 재조명하려는 작업이 이루어졌다. 이후 버지니아주에서도 많은 도시와 마을에서 동상을 철거할지, 아니면 해당 상징물들을 문화재로 취급해 보존할지, 또는 어두운 과거 역사를 명확히 밝히는 상징물로 전시할지에 대한 논의가 계속 이루어졌다.

이제 버지니아주의 문화와 역사는 단순히 남부연합군의 고향이라는 식으로 정의되지 않으며, 남북전쟁의 많은 유적지가 역사적 교훈과 복잡한 과거를 되새기며 과거와 현재를 이어주는 장소로 변화했다. 말하자면 버지니아주는 어두운 과거에서 벗어나 과거의 유산을 다채로운 문화적 상징으로 발전시키고 있다. 이는 남북전쟁의 문화유산을 인정하는 동시에 그 유산에 현대적 가치관을 반영하는 방식으로 바뀌어가고 있다. 남부연합군의 동상과 상징물을 둘러싼 논쟁은 단순히 과거의 문제를 넘어 오늘날 사회적·정치적 대화의 중요한 부분으로 자리하게 되었다.

어쩌면 문제의 시발은, 모든 것이 그러했듯 공화당 후보 도널드 트럼프의 대통령 당선이었다. 그 일로 말미암아 그동안 유지되었던 사회, 정치, 문화의 균형이 깨진 것이다. 2017년 1월, 트럼프 대통령 당선 이후 버지니아 민주당이 내세운 가치는 '저항'이었다. 백인우월주의와 연관된 모든 것은 철거되어야 한다는 입장이었다. 그에 따라 특히 샬러츠빌 같은 지역에서는 로버트 리와 스톤월 잭슨의 동상이 주요 표적이 되었다. 처음으로 일부 민주당 정치인들이 남부연합군의 동상을 옮기거나 거리와 학교의 이름을 바꾸는 문제를 공개적으로 이야기하기 시작했다.

민주당이 다수당이 된 2020년, 주의회는 리치먼드시에 있던 남부연합군의 동상, 특히 도시 중심부에 있는 '기념비 거리 Monument Avenue'의 동상들을 어떻게 처리할지 결정해야 했다. 그 기념비 거리에는 1890년대부터 세워진 스톤월 잭슨, JEB 스튜어트, 제퍼슨 데이비스 그리고 리 장군의 웅장한 동상이 있었다. 그 동상들은 여러 세대를 거치며 도시를 대표하는 상징물이 되어왔다.

사실 논란이 많은 역사적 상징물의 처리는 아무리 좋은 시절이라 해도 해결이 쉽지 않은 정서적 논란거리가 될 수밖에 없다. 2020년 의회에서 그 문제는 다른 많은 이슈와 얽히면서 더욱 복잡해질 수밖에 없었다. 동상을 철거하기 전에 주민투표를 실시하자거나 역사적 연구를 통해 검증하자는 요구도 있었지만, 결국 상징물이 있는 거리가 속한 도시에서 결정 권한을 갖고 처리하자는 쪽으로 의견이 수렴되었다. 따라서 민주당이 통제하는 도시에서는 동상 철거라는 한 방향으로 갈 수밖에 없었다.

기념물 처리에 관한 법안이 상원 본회의로 넘어왔을 때 나는 그 법안에 찬성해야 한다고 생각했다. 역사적 의미가 있는 동상들을 전면적으로 철거하는 데 개인적으로 동의하든 동의하지 않든 각 지역의 자기결정권을 지지할 수밖에 없었던 것이다.

물론 거기에는 하나의 예외가 있어야 했다. 나의 고향이자 조상들이 자리 잡은 페어팩스시의 묘역은 남북전쟁 때 페어팩스 법원에서 벌어진 첫 교전 때 존 마 대위가 전사한 초원에 자리하고 있었다. 묘지 중심에는 페어팩스 카운티를 대표하는 남부연합 제17 버지니아 보병대대의 전사자들을 기리는 오벨리스크가 세워져 있다. 그리고 그 오벨리스크의 그림자가 드리우는 곳 아주 가까이에 우리 조상인 토머스 무어와 그의 후손들이 묻혀 있다. 그렇다. 나에게는 그 무엇보다 조상을 지키는 것이 중요했다. 나는 묘지를 '공공장소'라는 정의에서 제외하는 수정안을 마련했고, 이에 따라 전쟁기념물을 철거할 수 없게 했다. "죽은 자는 건드리지 말라"라는 취지였다. 다행히 그 수정안이 채택되어 '기념물' 법안의 일부로 남게 되었다.

미국 연방의회에서도 의회 기념홀에 있는 로버트 리 장군의 동상을 철거하고 새로운 동상을 설치하자는 법안이 큰 주목을 받았다. (나는 연방의회에 설치된 리 장군의 동상을 철거하고 그 자리에 어떤 동상을 세울지를 결정하는 위원회에 소속되어 있었다.) 단 몇 달 만에 150년 동안 이어져온 버지니아 남부의 역사가 한 번에 지워지는 일이 벌어진 것이다.

2020년 3월 회기가 끝날 무렵, 의회는 새로운 균형 상태에 도달한 듯했다. 각 지역 정부는 자체적으로 동상의 보존과 철거 여부를 투표에 부칠 수 있게 되었다. 그러나 그 타협안은 90일도 지나지 않아 의미를 잃고 말았다.

2020년 5월 말, 또 하나의 사건이 터지면서 모든 것이 뒤바뀌었다. 2020년 당시 버지니아주는 코로나19 봉쇄로 거의 모든 활동이 중단돼 마비 상태였다. 나는 아무 계획 없이 조용한 주말을 보내기 위해 버지니아주 서부 바닷가로 향하던 중 미니애폴리스에서 시작된 시위가 전국적으로 확산 중이라는 뉴스를 들었다.

백인 경찰의 과잉 진압으로 흑인 조지 플로이드가 비극적으로 숨진 사건이었다.

페어팩스시에서도 시위가 일어났다. 나는 이동 경로를 바꿔 다시 페어팩스시로 향했다. 그날 오후, 약 300명이 마스크를 쓰고 페어팩스시 공원에 모였다. 많은 사람이 흑인 인권운동 구호인 "흑인의 생명도 중요하다Black Lives Matter"라는 문구가 적힌 팻말을 들고 있었고, 거꾸로 된 미국 국기도 눈에 띄었다. 누군가가 선두에 서서 구호를 선창하며 군중을 이끌었는데, 어느 순간 모두 90초 동안 무릎을 꿇으라는 지시가 떨어졌다. 90초는 플로이드가 질식사하는 데 걸린 시간이었다. 나도 다른 사람들과 마찬가지로 무릎을 꿇었다. 고개를 돌려보니 바로 내 옆에 〈워싱턴 포스트〉 기자 톰 잭맨이 있었다. 모두가 마스크를 쓰고 있어서 아무도 우리를 알아보지는 못했다.

다음 날은 일요일이었다. 리치먼드시 곳곳에서 폭동이 일어났다. 수천 명이 몰려다니며 시 전체를 난장판으로 만들고 있었다. 시위대는 시 중앙로인 브로드 스트리트를 오르내리며 가게를 부수고 약탈까지 했다. 그러더니 남부연합군의 영웅들을 기리는 기념비가 있는 모뉴먼트 애비뉴로 이동했다. 아마도 남부연합군 기념비를 훼손하려는 의도가 아닌가 싶었다.

여기서 주목할 점은 주요 선동자들이 지역 주민이 아니었다는 사실이다. 아무튼 시위는 1주일간 이어졌고, 리치먼드 시내의 거의 모든 상점과 정부 건물이 훼손되었다. 그러나 주지사는 별다른 조치를 하지 않았다. 어느 날, 주지사는 리 장군 동상 앞에서 자신이 리의 '증손자'라고 주장하는 사람과 기자회견을 열었다 (물론, 그는 가짜였다). 한편에서는 당시 리치먼드 시장이었던 레바르 스토니가 직접 시위대를 만나 협상하고 분노를 진정시켜서 결국 평화가 회복되었다.

그러나 도시는 이미 큰 피해를 입은 상태였으며, 브로드 스트리트 상업 지구는 사건 이후 예전 상태를 완전히 회복하지 못했다. 모뉴먼트 애비뉴에 있던 기념비들은 며칠 뒤 시장의 지시로 모두 철거되었다. (남부연합군의 흔적을 지우는 데 동원된 자치 지구의 '현지 선택권'은 버지니아주 대법원에서 민간인이 이를 집행할 권한이 없다고 판결함에 따라 효력을 잃었다.)

남북전쟁이 끝난 지 155년이 지나도록 이어져온 남부연합 중심지의 기념비와 로버트 리 장군과 관련된 모든 흔적은 약 3주 만에 완전히 사라졌다.

페어팩스 카운티도 예외가 아니었다. 이 지역에는 남부연합군의 동상은 없었지만 카운티 법원 앞마당에 남북전쟁 당시 첫 남부연합의 병사가 사망한 장소를 기념하는 비석이 있었다. 그리고 그 비석 양쪽에는 남북전쟁 당시의 대포 두 문이 자리하고 있었다. 1890년대에 기념비가 먼저 설치되고, 그 뒤에 추가로 설치된 대포였다. (1920년대의 우리 가족사진에는 '엉클 월튼'으로 불리던 연방 하원의원 월튼 무어가 캘빈 쿨리지 대통령을 수행해 그 기념비와 대포가 있는 곳으로 안내하는 모습이 담겨 있었다.) 시간이 흐르면서 대포는 페어팩스 법원의 상징적 존재가 되었고, 페어팩스 경찰의 유소년 클럽은 대포를 로고로 사용할 정도였다.

역사의 상징물인 그 대포나 기념비가 백인 우월주의의 상징이라며 문제를 제기한 사람은 한 명도 없었다. 사실 그것들은 단지 남북전쟁의 첫 전투를 기념하는 역사적 표지에 불과했다. 하지만 조지 플로이드 사건으로 인한 시위 이후 모든 것이 논쟁의 대상이 되었다. 예상대로 2020년 여름, 존 마 기념비와 법원의 대포는 논쟁의 중심으로 떠올라 사회 전반에서 지속적으로 자행되는 인종차별의 리트머스 시험대가 되었다.

페어팩스 카운티의 지역 자치구 및 이사회는 사회적 양심의 문제라며 공개적으로 의견을 개진하고 문제를 제기했다. '진보적인' 카운티에서 남부연합과 관련된 기념물이 과연 어떤 기능과 역할을 하는지에 대해 의문을 제기한 것이다. 카운티 공무원들은 기념물에 내포된 인종차별의 증거를 조사하라는 지시를 받았다. 설사 명확한 증거를 찾을 수 없더라도 남북전쟁 자체가 인종차별을 근거로 발생한 전쟁이니 그것만으로도 남부연합군과 연관된 모든 기념물은 백인 우월주의를 상징한다고 간주할 근거가 충분하다는 주장이 대세였다. 공청회가 열렸고, 예상대로 '흑인유색인종 지위향상협회' 대표자들(주로 백인 자유주의자들)은 기념물이 인종차별의 증거라고 주장했다. 이미 결과는 정해져 있었다. 민주당 위원 전원이 기념비와 대포를 철거하는 데 찬성표를 던졌고, 안건은 9 대 1로 통과되었다.

나는 페어팩스 시의회를 설득해 대포를 법원 건물 건너편으로 옮겨 공원을 조성하자고 제안했지만, 이 시도 또한 실패했다. 내 머릿속은 건물 옥상에 대포를 배치해놓고 법원을 향해 포구를 겨누고 싶다는 생각으로 가득 찼다. "카운티 이사회, 한 방 먹어라!"라는 심정이었다. 물론 그것은 단지 헛된 생각에 불과했다. 결국 그해 말까지 표지물과 대포는 제거되었고, 페어팩스 카운티 법원 앞마당에는 1865년 이후 처음으로 남북전쟁과 관련된 어떤 흔적도 남지 않게 되었다.

오늘날 법원의 잔디밭은 텅 비어 있다. 오직 돌로 된 기본 초석만 남아 있을 뿐이다. 표지판도 사라져서 몇 년이 지나면 사람들은 페어팩스 카운티 법원 앞마당에서 남북전쟁이 시작되었다는 사실조차 모를 것이다.

역사는 분명히 순환한다. 2020년에는 꼭 필요한 많은 개혁이 이루어졌다. 그 결과에 동의하지 않더라도 지방자치체의 자기결정권 원칙은 꼭 인정되어야 한다고 나는 생각했다. 그러나 내가 가장 안타깝게 여기는 점은 우리가 남북전쟁의 역사적 증거들을 대규모로 삭제하고 지워버렸다는 사실이다.

미국의 남북전쟁은 버지니아와 미국 그리고 전 세계 민주주의를 변화와 혁신의 길로 이끈 역사적 사건이었다. 처음 노예제도를 시작한 이곳, 이 나라에서 인권을 위해 자발적으로 노예제를 폐지하고 인간의 권리와 평등을 위해 벌인 방대한 전쟁이 바로 남북전쟁이었다. 물론 많은 아프리카계 미국인도 적극적으로 함께했다. 그들은 자신들만의 군대를 결성해 용감히 싸웠고, 그 역사가 오늘날까지 이어져 오늘날의 미국 군대와 강력한 유대감을 형성했다. 이러한 이야기는 고립된 개별 주제가 아니라 역사의 큰 흐름 가운데 한 부분, 한 부분을 차지하는 이야기로 반드시 전해져야 한다.

현시대 일부 역사가들의 의견과는 달리 북버지니아 군대의 병사들이 중립지역을 침략하고 대량 학살을 자행한 것은 아니었다. 젊은 군인들은 단지 자신들의 영토와 제도를 방어해야 한다고 믿었다. 농부와 상인으로 이루어진 그 군대는 짧은 기간이긴 하지만 세상에서 가장 유명한 군사 집단이었다. 물론 당시의 병사들이 그토록 지켜내려 했던 삶의 방식은 현대 세계에서는 더 이상 유지될 수 없는, 아니 당연히 없어져야 하는 삶의 방식이다. 결국 남부 군대는 무너졌고, 남북전쟁에서 패배한 남부도 이제는 사라지고 없는 남부다.

하지만 그들이 목숨 걸고 싸웠던 전투가 중요하지 않거나 무의미한 것은 아니다. 북버지니아 군대가 전투에서 거둔 승리는 남북전쟁의 성패가 얼마나 중요한가를 일깨우는 계기가 되었고, 그로 인해 결국 노예해방선언으로 이어졌다고 볼 수 있다. 전쟁 이후 화해를 위한 양측 병사들의 노력과 용기는 미국 군인 정신의 훌륭한 면모를 보여주었다. 비록 노예제도는 어둡고 치욕스러운 미국의 과거지만, 전쟁 자체는 그렇지 않았다. 그런데 이 모든 것이 2020년에 상실되고 말았다. 남부연합군과 관련된 어떠한 언급이나 이야기에도 도덕적 비난이 뒤따랐기 때문이다.

2020년에 또 하나 주목할 점은 항상 '반항자'라는 이름으로 불렸던 페어팩스 고등학교 스포츠팀이 2020년 7월에 '라이온스 Lions'로 이름을 변경했으며, 이후 몇 년 동안 새로운 팀명을 내세우며 주에서 개최한 여러 대회에 참가했다는 사실이다. 이것도 내가 보기에는 그 나름대로 의미 있는 일이었다.

2020년 이후에는 남과 북, 진보와 보수 간의 대립 문제가 수면 아래로 밀려났지만, 갈등이 완전히 사라진 것은 아니었다. 단순히 정치적 수단에 머물던 '저항'이 이제는 문화적 차원의 형태로 변하면서 문화적 투쟁으로 발전하기 시작했다. 그리고 우리는 여전히 역사 속에 갇혀 있는 것 같았으며, 남북 간의 역사적 갈등과 문화적 차이는 더 깊어진 듯했다. 남부연합군의 역사적 문화유산이 지워지면서 일부에서는 자신들의 정체성과 조상들의 유산이 훼손되고 있다고 느꼈다. 이로 인해 문화적 반발이 일어났고, 이러한 움직임은 단순히 역사를 보존하자는 운동에 그치지 않고 새로운 문화적 투쟁으로 이어졌다.

이는 단순히 동상이나 이름을 둘러싼 논쟁이 아니라 역사적 서사를 어떻게 기억하고 기념할 것인지에 대한 더 큰 질문으로 이어졌다. 과거를 부끄러워하지 않으면서 배우고 성장하는 방법은 무엇일까? 또한 역사적 사건을 완전히 지우는 것이 정말 현재와 미래를 위한 최선의 선택일까?

이 질문을 둘러싼 대립, 역사와 문화 그리고 정치적 차이로 인한 갈등은 오늘날까지 계속되고 있다.

Chapter 14

2020년의 혁명
- part 3 그린뉴딜정책

2020년 초, 코로나19 팬데믹이 전 세계에 퍼지기 시작했다. 버지니아주도 예외는 아니었다. 코로나바이러스의 확산을 막기 위해 방역 조치를 해야 했고, 코로나의 여파는 버지니아주의 경제와 사회 전 분야에 큰 타격을 입혔다. 사람들은 집에 갇혀 있었고, 학교는 문을 닫았으며, 많은 기업이 운영을 중단하거나 원격 근무로 전환했다. 병원과 보건 시스템은 극심한 압박을 받았으며, 정치·사회·경제·고용시장 등 모든 분야에서 불안감이 조성되었다. 더욱 놀라운 점은 코로나19 팬데믹이 정치와 정책의 우선순위에도 영향을 미쳤다는 사실이다.

앞에서도 살펴보았지만, 2020년 버지니아 주의회는 혁명 가운데 놓여 있었다고 해도 과언이 아니다. 그런 상황 속에서도 우리는 위기를 새로운 기회로 바꾸기 위해 적극적으로 노력했다. 팬데믹의 불황 속에서 우리는 더 나은 미래를 건설하기 위한 청정에너지 법안을 추진했다. 또한 전 세계에서 발생한 기후변화와 싸우기 위해 에너지정책을 펼치며 계속 노력했다. 하지만 이것은 단기적 해결책이 아니라 장기적 비전을 바탕으로 한 긴 여정의 시작일 뿐이었다. 그리고 청정에너지와 환경정책에 대한 논의를 과거와는 다른 방식으로 전개해야 했다. 특히 전염병이 불러온 경제적 충격 속에서 지속 가능한 발전에 대한 투자가 점차 주요 주제로 떠오르며 환경과 관련된 다양한 법안이 더 많이 다루어졌다.

2021년, 우리는 코로나19 팬데믹이 남긴 상처를 치유하려는 노력 속에서도 전기차 의무화와 같은 긴급하고 복잡한 문제를 논의해야 했다. 하지만 여전히 많은 문제가 남아 있었다. 전기차와 관련된 법안은 사실상 불완전했고, 현실적으로는 전기차 판매율을 높이려면 긴급히 인프라 구축에 집중해야 한다는 과제를 안고 있었다. 여기에 더해서 우리는 지속 가능한 에너지 개발과 매연 없는 교통수단으로 이끄는 전환 정책도 멈추지 말아야 했다. 우리는 이러한 과정을 통해 환경을 위한 큰 변화를 이끌어낼 수 있었다. 전기차 의무화와 같은 정책을 통해 청정에너지와 친환경적 기업모델을 향한 중요한 걸음을 내디딜 수 있었다.

하지만 이러한 변화가 초래할 부작용을 충분히 예측하지 못한 점은 아쉬움이 남는다. 2021년 전기차 의무화와 관련된 법안은 여러 논란과 갈등을 일으켰다. 특히 차량 연비 효율성을 높이려는 노력에도 불구하고 소비자들에게는 선택의 자유를 제한하는 결과를 낳았다. 그리고 자동차 회사 측에서 보면 전기차 판매가 증가해도 여전히 이익률이 낮았으므로 전통적인 대형차들이 계속해서 시장에서 우위를 지켰다. 또한 하이브리드 차량이 생산에서 제외되면서 대부분의 소비자는 전기차를 원하지 않아도 어쩔 수 없이 선택해야만 했다. 사실상 자동차 연비 효율성 목표를 달성하기 위해 전체 자동차 시장의 다양성을 축소하는 결과를 낳은 셈이다. 나는 2021년 전기차 법안을 통과시키는 것에 대해, 특히 자동차 선택권을 제한하는 내용에 대해 깊이 고민했지만 당시에는 다른 문제들에 밀려 이를 충분히 반영하지 못했다.

그렇다고 해도 2020년의 혁명적 변화들, 특히 청정에너지와 환경정책을 향한 우리의 노력은 여전히 중요한 이정표로 남아 있다. 버지니아주에서 "그린뉴딜법안"이 채택되면서 우리는 청정에너지 경제로 전환하기 위한 발판을 마련했으며, 그 영향은 현재도 지속되고 있다. "버지니아 청정 경제법VCEA"은 단지 시작에 불과했고, 이후 환경보호와 지속 가능한 발전을 위해 더욱 강력한 정책을 추진해야 했다. 우리는 변화의 길에 나섰고, 그 길이 쉽지는 않았지만 여전히 환경을 위해 큰 목표를 세우고 그것을 향해 나아가고 있다. 버지니아주의 '그린뉴딜'과 관련된 법안들은 국가적 차원에서 청정에너지로의 전환을 목표로 하는 중요한 정책들이었고, 앞으로도 계속 효과를 나타낼 것이다.

결국 2020년에 거둔 혁명적 변화는 우리가 현재보다 앞으로 벌어질 일을 예측할 수 없는 미래 환경을 위해 싸운 결과였다. 이제 우리는 이 변화를 더욱 효율적이고 실용적인 방식으로 실현해나가기 위해 열심히 노력해야 한다.

한편, 2020년의 환경 혁명은 단지 법안 통과에 그치지 않았다. 우리는 단순히 환경을 보호하는 데 그치지 않고 경제적 이득도 동시에 이루는 도전을 했다. 사실 청정에너지로 전환하는 과정에서는 농업이나 산림업 같은 전통적 산업과의 충돌이 일어나기 마련이다. 태양광 패널을 자신의 땅에 설치하고 거기에서 발생한 전기를 판매하게 되면 경제적으로 많은 농업인에게 수입 창출의 기회가 생기지만, 다른 한편 농지를 시설물 설치 공간으로 전환해야 하는 문제가 있다. 이러한 문제를 해결하기 위해 농업인, 환경단체, 태양광 개발업체가 2022년 협상 테이블에 앉았다. 그 결과 농촌의 태양광 설치는 사실상 유예가 결정되었고, "버지니아 청정 경제법"은 잠시 유보 상태에 놓였다. 이것은 결국 전통적 산업과 새로운 산업 간의 균형을 맞추려는 노력의 일환이었다.

청정에너지와 관련된 또 하나의 중요한 이슈는 버지니아 해안 지역에 근접한 도시의 피해 복구와 회복력에 관한 문제였다. 해수면 이하에 자리한 포츠머스, 노퍽, 버지니아 비치의 중심가들로 구성된 버지니아 동남부의 '757' 지역은 기후변화에 따른 홍수와 열대성 폭풍 등 자연재해에 항상 노출되는 지역이다. 그래서 자연재해로 인한 피해를 어떻게 줄일 수 있을지 문제 해결을 위한 노력이 꾸준히 이어져왔다. 사실 과학과 관련된 문제라고 쉽게 말할 수는 없지만, 기후변화를 촉진하는 주요 원인이 탄소 배출인 것은 부인할 수 없는 사실이다. 그렇다고 자동차 배기가스나 일상생활에서의 탄소 배출을 줄이는 것만으로는 충분하지 않다는 사실이 과학적으로 입증되었다. 문제는 산업시설과 발전소에서 발생하는 탄소 배출이 기후변화의 주요 촉진제로 작용한다는 점이다.

2020년 의회에서는 "버지니아 청정 경제법"에서 탄소 배출세 문제를 따로 분리해서 나중에 다루기로 했다. 그런데 2021년 의회에서는 민주당이 "지역 온실가스 배출권 거래제RGGI"라는 법안을 통과시키면서 버지니아 주지사가 탄소 배출에 세금을 부과시킬 수 있도록 기업들이 지역 협약에 가입하게 했다. 이것은 단순히 탄소 배출에만 세금을 부과하는 데 그치지 않고 장기적으로 기후변화에 대응하기 위해 필수적인 법안이었다.

2020년에 나온 또 하나의 중요한 법안은 플라스틱 쓰레기 세금 법안이었다. 이것은 사실 오래전부터 내가 추진해온 법안이라 할 수 있다. 10년 전 나는 걸스카우트 그룹으로부터 쓰레기 문제를 해결해달라는 요청을 받았다. 우리는 포토맥강을 따라 쓰레기 줍기 봉사를 했고, 나는 그 과정에서 비닐봉지에 세금을 부과하면 이 문제를 해결할 수 있겠다고 생각한 적이 있었다. 그래서 비닐봉지에 각각 5센트의 세금을 부과하고, 이 수익금을 버지니아 체서피크만 바닷가를 청소하는 데 사용하도록 하는 것을 골자로 한 새로운 법안을 기획한 것이다.

나는 이 법안을 공화당이 다수인 상황에서 수년 동안 상원의회에 제출했지만 매번 당파적 이유로 부결되었다. 하지만 나는 이에 굴하지 않고 2020년에 다시 법안을 제출했다. 그해에는 반드시 통과되리라는 믿음이 있었다. 그런데 내가 제안한 이 법안은 오랜 친구이자 동료인 아담 에빈 상원의원이 이미 제출한 동일 내용의 법안과 합쳐지게 되었고, 결국 공식적으로는 그 친구가 법안을 통과시킨 주인공으로 인정받았다. 아이디어를 낸 사람은 나인데, 못내 아쉬웠다.

2020년에 나는 환경과 관련된 의정활동에 무척 자부심을 느꼈지만, 한편으로는 생각만큼 많이 앞서나가지 못하는 게 아닌가 하는 불안감에 휩싸이기도 했다. 이러한 감정은 2021년 전기차 의무화 문제를 다룰 때 더욱 뚜렷이 나타났다.

잠시 자동차 이야기를 하자면, 나는 나와 비슷한 나이대의 남성들과는 달리 자동차에 대해 잘 알지 못했고, 그것은 지금도 마찬가지다. 대체로 차에 신경을 쓰지 않고 살기 때문이다. 차를 스스로 고칠 줄도 모르고 세차도 하지 않는 등 관리가 엉망이다. 그래도 차를 몰고 다닌 이유는 도시를 여기저기 돌아다니려면 시간상 걷는 것보다는 차가 더 효율적이기 때문이다.

페어팩스 시의원으로 일할 때 나는 많은 자동차 딜러와 친분을 쌓았다. 모두 오래된 친구들이었다. 그리고 내가 의회에 들어갔을 땐 자동차 딜러업계의 목소리를 대변하는 주요 인물이 되었다. 그들의 문제는 곧 내 문제였고, 우리는 서로 긴밀히 협력했다. 당시 농업과 자연 자원을 담당하는 상업위원회 위원장이었던 나는 차량을 두 대 소유하고 있었다. 하나는 도심을 빠르게 다닐 수 있는 소형 하이브리드인 포드 퓨전으로 환경단체와 만날 때 주로 탔다. 다른 하나는 농업 단체들과의 회의에 참석하거나 가을 미식축구 경기를 보러 경기장에 갈 때 편하게 몰 수 있는 포드 F-150 트럭이었다.

잠시 옆길로 샜는데, 다시 본래 이야기로 돌아가자.

자동차 산업은 2020년에 크게 변화하기 시작했다. 하이브리드 차량과 친환경 전기차가 급속도로 시장에 등장했고, 그 차량들의 자동차 시장 점유율도 점점 더 높아졌다. 그에 따라 버지니아주에서는 전기차를 운행하면 고속도로 차선 우대와 편리한 주차 공간을 혜택으로 제공했는데, 문제가 없지 않았다. 전기차 충전을 지원할 인프라 시설이 부족했던 것이다. 전기차는 배터리가 나가면 어디에서든 멈출 수 있었고, 우리는 이 문제를 해결해야 했다.

드디어 2021년 의회는 전기차 문제를 해결하기 위해 "청정차량법Clean Cars Act"을 통과시켰고, 친환경 단체들은 이 법안을 적극적으로 지지하고 지원했다. 또한 이 법안은 전기차의 인프라 시설을 마련하는 방안과 지침에 도움을 줬고, 버지니아주에서 야심에 찬 전기차 판매 목표를 설정하는 데 중요한 역할을 했다. (하지만 3년이 지난 지금까지도 목표는 달성되지 않았다.)

그런데 이 법안에는 많은 사람이 보지 못한 일종의 '독소조항'이 포함되어 있었다. 2021년 법안의 부칙에 포함된 이 조항은 버지니아주에 있는 차량의 배기가스 배출기준을 저 멀리 떨어진 캘리포니아주가 연방법에 따라 자체적으로 설정한 배출기준과 연계시킨다는 내용인데, 이는 크나큰 잘못이었다. 하지만 이 법안은 다수당의 강력한 힘으로 통과되었다. 1년 뒤, 캘리포니아주가 2035년까지 내연기관 차량 판매를 금지하는 법안을 통과시키면서 버지니아주도 전기차만 판매해야 하는 상황에 놓이게 되었다. 캘리포니아주의 배출기준과 연계시킨 2021년 법안의 조항 때문에 어쩔 수 없었다.

큰 실수였다. 2021년 이후 전기차 판매량은 크게 증가한 반면, 자동차 딜러들의 수익률은 형편없이 떨어지게 되었다. 따라서 딜러들은 전통적인 대형 차량을 판매해 수익을 올릴 수밖에 없었고, 이에 따라 자동차 제조업자들이 큰 수익을 기대할 수 없는 소형 하이브리드 차량을 생산하지 않는 상황이 벌어졌다. 결국 소비자들은 대형차를 타거나 전기차를 타는 것 외에 다른 선택을 할 수 없었다. 비유적으로 말하면, 차 연료의 효율성을 높여 우리가 사는 마을을 살리자는 의회의 명분이 오히려 우리 마을을 통째로 죽이는 꼴이 된 셈이다.

2021년으로 되돌아간다면 나는 물론 주민의 선택권을 제한하는 조항이 포함된 그 법안에 찬성하지 않았을 것이다. 하지만 당시 나는 다른 문제에 온통 신경을 빼앗기는 바람에 그 법안에 별로 신경을 쓰지 못했다.

2020년 3월, 코로나19 팬데믹으로 세상이 완전히 바뀌었기 때문이다.

Chapter 15

"바이러스 확산 곡선을 평평하게"
- 코로나19 봉쇄 시작

버지니아 주의회의 2020년 회기는 여러 측면에서 매우 혁신적이었다. 민주당이 다수당이 되면서 지난 10년 동안 통과된 법안을 합한 것보다 더 많은 법안이 통과되었다. 특히 투표권, 노동 조직화, 최저임금 및 차별방지 보호에 큰 성과를 보였다. 그 법안들은 빠르게 변화하는 버지니아주를 상징하는 대표적 법안이었다.

그런데도 이러한 변화가 일부에게는 만족스러운 것이 아니었다.

3월 첫째 주에는 아직 해결되지 않은 두 가지 문제가 남아 있었다.

첫째는 '초당파적' 선거구의 재조정이었다. 선거구 재조정은 공화당이 집권한 시기에는 많은 민주당원에게 훌륭한 아이디어로 보였으나, 2020년 민주당이 다수당이 되어 새 선거구의 조정 관리를 책임지게 되자 그만큼 부담감이 커지면서 썩 내키지 않은 일이 되었다.

둘째는 모든 피고용인에게 의무적으로 '유급병가' 혜택을 제공하는 문제였다. 이 문제는 조직화된 노동단체가 쟁취하고자 하는 주요 목표였지만, 개인 자영업자 또는 중소기업 등의 고용주에게는 행정적 부담을 지운다는 측면에서 논란이 있었다.

이 두 가지 논쟁은 상원의회 마지막 날까지 이어졌다. 결국 선거구 재조정에 관한 문제는 민주당 하원의원들이 일부 양보하면서 해결되었다. 하지만 그 일은 단기적으로는 즉각적 영향이 없었지만 향후 2023년 의회에서 중요한 결과를 초래하게 된다. 한편, 유급병가 문제는 타협이 이루어지지 않았다. 진보적 성향의 의원들이 시간제 근무자와 원격 근무자를 포함한 모든 피고용인에게까지 혜택 범위를 넓혀야 한다고 요구했기 때문이다.

유급병가 관련 법안은 시간제 근무자에 대한 혜택과 관련해 버지니아주 법이 보여주는 유연함에 의존하는 개인 자영업자 또는 중소기업 소유자들에게는 큰 부담이 되었다. 이 법이 실행되면 그에 따른 손실과 부작용도 만만치 않을 것이었다. 분명한 타협안은 있었다. 대면 근무를 하는 정규직 피고용인들에게는 예외 없이 유급병가를 보장할 것을 요구하는 선에서 합의하면 되었다. 그러나 이런 식의 타협안은 거부되었고, 결국 법안 자체가 부결되고 말았다.

나는 의회 회기 막바지에 모든 자유주의 종교를 대표하는 성직자들을 내세운 '종교 간 연합'이라는 단체로부터 이 문제와 관련해 문의와 항의를 받았다. 아직도 그때의 기억이 생생하다. 그때 그들은 이런 식의 질문을 던졌다.

"예수님이라면 사업자들에게 모든 직원의 유급병가를 제공하라고 요구하지 않았을까? 아니면 필요에 따라 병든 자를 치유하는 것이 더 간단하고 단순한 일인가?"

어쨌든 며칠 후면 회기가 중단되어 당시 벌어지던 모든 상황이 곧 종료될 예정이었다. 그런데 또 다른 문제가 발생했다. 세계보건기구가 중국에서 새로운 질병이 출현했다고 발표한 것이다. 코로나 신종 바이러스에 의한 이 질병은 '코비드19 COVID19'라고 불리게 되었는데, 이는 '2019년 신종 코로나바이러스감염증

Coronavirus Disease of 2019'을 줄인 말이다.

2월 중순, 트럼프 대통령은 이 질병을 대놓고 '차이나 바이러스'라고 부르며 중국에서 출현한 바이러스가 미국 땅에 들어오는 중국인을 통해 전파될 것이라고 국민을 부추겼다. 그러면서 중국에서 오는 모든 여행자의 입국을 금지하는 조치를 취했는데, 의회의 민주당 의원들은 이에 대해 '인종차별'이라고 비판했다. (그러나 그런 비판도 몇 달 뒤에는 조용히 잊히게 되었다.) 코로나 감염증은 2월 말 미국 서부 해안에서부터 서서히 나타나기 시작했으며, 중국 여행을 한 사람들과 연관성이 있었다. 그러나 대부분의 버지니아 주민들은 여전히 무관심했고, 나 역시 가족들과 함께 그해 4월 한국 여행을 계획하기도 했다. 그러나 3월 초 한국에서 방역 조치의 일환으로 강력하게 실시하기 시작한 여행객 격리 방침으로 우리의 가족여행 계획은 물거품이 되었다.

2020년 3월 4일, 버지니아주 입법의회가 휴회하기 며칠 전이었던 그날, 주 보건위원이 의회를 방문해 신종 바이러스가 동부 해안에 상륙하기 시작했다고 보고했다. 그러면서 그가 우리에게 들려준 조언은 다분히 실용적이었다. 손을 씻고, 아프면 외출하지 말고, 위험하다고 느끼면 사람들이 많이 모이는 곳은 피하라는 내용이었다. 나는 그 조언을 블로그에 남겼고, 주민들에게 과도한 걱정은 하지 말라는 당부도 덧붙였다. 그때까지도 상황은 정상적으로 보였다.

2020년 3월 8일, 일요일. 통상적으로 60일간의 입법의회가 종료되어야 했지만 하원과 상원의 민주당 의원들은 아직 처리되지 않고 남은 법안을 마무리하려고 대기 중이었고, 회기를 하루 더 연장하는 데 합의했다. (물론 소수당인 공화당 의원들은 격분했다.) 그래서 그날 나는 페어팩스시를 떠나 리치먼드로 향했다.

리치먼드에 도착할 무렵, 버지니아주에서 첫 번째 코로나바이러스감염증 사례가 보고되었다는 사실을 알게 되었다. 첫 감염자는 이집트 여행에서 돌아온 페어팩스시 주민이었다. 긴장감이 감돌기 시작했지만, 그때까지는 아무도 공황 상태에 빠지지 않았다. 일요일이었던 그날 밤에는 큰딸 에바가 워싱턴의 덜레스 공항에서 코펜하겐으로 가는 비행기를 탈 예정이었다. 나는 불길한 예감이 들었다.

월요일인 2020년 3월 9일, 나는 페어팩스시의 사무실로 향했다. 일상적인 내 삶은 계속 진행형이었다. 실제로 우리 모두는 각자의 본업에 충실했고, 나 역시 법률회사 일에 몰두했다. 게다가 3월의 광란이라 불리는 대학 농구 경기가 다음 주말에 열릴 예정이었고, 버지니아 주립대학교가 우승 타이틀을 방어하리라는 기대로 분위기가 고조되고 있었다.

3월 12일 목요일, 2년마다 열리는 주 예산안 투표를 위해 나는 리치먼드로 돌아갔다. 코로나바이러스의 확산으로 주식시장은 하향세를 보이기 시작했고, 다우지수가 20,000 이하로 떨어졌다. 이때 우리는 주 예산안 지출을 대규모로 변경할 준비가 되어 있지 않았다. 모든 것이 불확실했다. 몇 시간 동안 긴 논의가 이어졌다. 모든 의원이 각자의 주장을 펼쳤고, 결국 예산안은 당론 투표로 채택되었다.

그날 밤, 나는 아내와 함께 아이스하키팀 워싱턴 캐피털스의 경기를 보기 위해 표를 샀다. 우리는 그 겨울 내내 하키 경기를 보지 못했다. 알렉스 오베치킨 선수가 한 시즌에 50골을 넣는 기록을 또 한 번 세울 것 같아 경기에 대한 기대감이 컸다. 그런데 오후 3시경, 리치먼드를 떠나는 길에 경기가 취소되었다는 문자를 받았다. 충격이었다. 프로스포츠팀은 응급 대치 상황이나 아주 특별한 상황을 제외하고는 경기를 취소하는 일이 없다. 도대체 무슨 일이 벌어지고 있는 걸까?

사실 그날, 3월 12일 목요일은 폭풍 전야였다. 미국 대부분의 기관이 아무런 실질적 이유 없이 전면적인 공황 상태로 전환된 날이었기 때문이다.

그날까지 아이들은 여전히 학교에 다니고 있었다. 하지만 목요일 밤을 시작으로 대부분의 학부모가 학교 문을 닫으라고 요구했다. 학부모들과 활동가들은 소셜미디어를 통해 휴교를 주장하며 항의 시위에 나섰다. 결국 오후 10시경 페어팩스 카운티의 공립학교는 봄방학을 일찍 시작한다면서 3월 14일 금요일부터 2주 동안 학교 문을 닫는다고 발표했다. 1950년대 이후 처음으로 버지니아주 학교 시스템이 대규모로 폐쇄되고 있었다.

같은 날, 대학 스포츠 컨퍼런스ACC는 농구 토너먼트를 개최하지 않겠다고 발표했다. 전미 대학체육협회NCAA는 처음엔 팬 없이도 토너먼트를 계속 추진하겠다고 했지만, 다음 날 토너먼트가 무산되었다고 다시 발표했다. 제2차 세계대전 중에도 대학 농구 챔피언십 경기가 열렸는데 2020년에는 경기가 열리지 못한 것이다.

전국적 봉쇄 상황이 일어나고 있었다. 3월의 남은 날들은 말 그대로 모든 것이 정지된 채 흐릿하게 이어지고 있었다. 우리 아이 셋도 학교에 가지 않고 온종일 집에서 빈둥거리며 지냈다. 큰딸 에바는 코펜하겐에서 미국으로 들어오지 못하고 있었다. 트럼프 행정부가 코로나19의 확산을 막기 위해 미국으로 오는 모든 외국 항공편을 취소시켰기 때문이다. 다행히 에바는 암스테르담을 경유해 여러 번 비행기 표를 바꾼 뒤 간신히 집으로 돌아올 수 있었다.

버지니아주 법원은 3월 중순까지 모든 업무를 중단했지만, 연방법원은 그래도 운영되고 있었다. 3월 16일 월요일, 나는 워싱턴 D.C. 미연방 지방법원에서 기각 신청에 대한 심리를 하기 위해 동료들과 함께 법원으로 향했다. 도로에 차가 거의 없어 시내에서 법원까지 불과 18분밖에 걸리지 않았다. 나는 판사 앞에서 심리를 마쳤고, 2020년 4월 말 조정을 예약했다. 그 당시 논의된 내용은 팬데믹이 "지나갈 것"이며, 다시 정상적인 생활로 돌아가리라는 것이었다.

이 시기에 몇몇 표현과 어휘가 대중 사이에서 통용되기 시작했다. 첫째는 "곡선을 평평하게 하자"라는 말로, 이는 출근하지 않고 재택근무를 하거나 공공장소를 피하는 것 같은 특정한 조치를 통해 코로나 감염증의 확산을 늦추자는 의미였다. 둘째는 "사회적 거리두기"로, 신체 접촉을 통한 바이러스 전파를 막기 위해 다른 사람들과 가까이 접촉하는 것을 피해야 한다는 의미에서 나온 표현이었다.

이러한 표현들은 2020년 3월 중순까지 학교뿐만 아니라 레스토랑, 바, 소매점을 봉쇄하고 폐쇄하는 비상명령으로 전환되었다. 첫 번째로 그런 명령을 내린 사람 중 하나가 메릴랜드의 공화당 주지사 래리 호건이었다. 그 뒤를 이어 곧장 다른 주지사들도 봉쇄명령을 내렸다. 가장 극단적이고 가장 비헌법적인 조치는 3월 19일 캘리포니아 주지사 개빈 뉴섬이 발령한 '자택 대기' 명령이었다. 이것은 4천만 명을 사실상 가택 연금 상태로 만들었고, 남북전쟁 이후 가장 광범위한 자유의 박탈이었다. 대중의 공포 속에 시민권이 정지된 것이다.

뉴섬의 명령은 겉보기에는 "곡선을 완만하게 하기" 위한 것이었다. 그것이 무엇을 의미하는지에 상관없이 일단은 "바이러스 확산을 방지"하자는 것이었다. 주목할 것은 그런 명령이 과학적 연구를 기반으로 한 것이 아니었다는 점이다. 아무런 과학적 근거가 없었다. 갑작스러운 봉쇄와 이에 따른 고립의 대가는 아이들과 노인들에게 파괴적 영향을 미쳤다. 사람들이 갑자기 일상적인 지원 네트워크에서 소외되기 시작한 것이다.

랄프 노섬 버지니아 주지사는 3월 초에 코로나 사태에 대해 이미 비상명령을 발령했다. 대부분의 행정관과 마찬가지로 그는 3월 12일에 학교를 일시적으로 폐쇄하는 조치를 취했다. 그런데 의학적 배경 때문인지는 모르지만, 어쨌든 노섬 주지사는 명확한 증거가 없는 상태에서 서둘러 행동에 나서지는 않았다. 다른 주에 비하면 모든 조치가 느슨했다.

그런 가운데 3월 17일에 소문이 돌기 시작했다. 메릴랜드 주지사 호건의 행정명령으로 술집에 갈 수 없게 된 메릴랜드 주민들이 레스토랑과 바가 여전히 열려 있는 버지니아주로 몰려온다는 것이었다. 결국 버지니아주에 전면적 봉쇄명령을 내리라는 압박이 점점 커져갔고, 노섬 주지사는 그 압박에 굴복하고 말았다.

노섬 주지사의 결정은 수백만 명의 삶을 바꾼 항복이었지 결코 긍정적 조치는 아니었다.

2020년 3월 23일 늦은 시각, 노섬 주지사는 비상조치의 일환으로 '필수'로 지정된 기관을 제외한 모든 학교와 사업체를 폐쇄한다는 "행정명령 53Executive Order 53"을 발표했다. 한순간에 나를 포함한 버지니아주의 모든 사업주가 갑자기 직원 급여와 임대료를 걱정해야 하는 현실에 직면하고 말았다. 소상공인에게는 그야말로 파국적인 상황이었다.

이 명령은 또한 '필수사업'을 제외하고 사람들이 집에서 나가는 것을 금지했으며, 10명 이상의 모임을 막았다. 다시 말해 소매상점에 들어가는 것조차 금지된 셈이다. 하룻밤 사이에 온라인 소매업체 사업이 폭발적으로 증가했다. 예를 들어, 아마존의 소유주이자 〈워싱턴 포스트〉의 소유주이기도 한 제프 베조스의 경우, 회사 수익이 수십억 달러로 증가했다. 〈워싱턴 포스트〉의 칼럼과 사실은 '봉쇄' 조치를 칭찬했고, 그 조치에 따르지 않는 공화당 주지사들에게 가차 없이 혹평을 퍼부었다.

표면상으로 노섬 주지사의 "행정명령 53"은 버지니아주 법에 따른 주지사의 비상 권한과 버지니아주 헌법의 일반 권한을 인용한 명령이었다. 그러나 그 명령에는 언론이나 공화당원들조차 눈치채지 못한 중대한 결함이 있었다.

그 행정명령은 2020년 6월 15일까지 유효하다고 명시되어 있었다. 주지사의 특별 비상사태 권한, 즉 모든 비상조치의 발동 및 통제 권한은 의회가 회기를 열지 못해 상황을 다룰 수 없는 동안만 지속되어야 했다. 하지만 노섬 주지사는 비상선언을 거의 3개월이나 연장함으로써 2020년 4월 22일 새 법안과 비상명령에 대한 투표를 거쳐 '거부권'을 행사할 수 있는 의회 회의를 무력화했다. 주지사는 또한 의회가 2020년 봄이나 여름에 바이러스와 관련된 모든 문제를 다룰 수 있도록 재소집될 수 있다는 점도 완전히 무시했다.

노섬 주지사는 그 대신 스스로를 독재자로 만드는 선택을 했다. 그리고 아무도 그를 막으려 하지 않았다.

"행정명령 53"에서 가장 최악은 우리 아이들이 위험에 처해 있다는 그 어떤 증거도 제시하지 않고 일방적으로 학교를 폐쇄했다는 사실이다. 2020년 3월 12일 버지니아주의 공립학교가 폐쇄되었을 때, 120만 명 이상의 학생들이 수업을 받고 있었다. 아이들은 그날 이후 2020년 6월까지 학교로 돌아가지 못했다. 전례 없이 비합리적인 조치였다. 실제로 버지니아주 아이들은 대부분 2021년 가을까지 학교로 돌아갈 수 없었으며, 아울러 마스크를 착용해야 한다는 조건까지 붙었다.

가장 가혹한 점은 2020년 6월에 졸업해야 할 고등학교 졸업생들에게 미친 영향이었다. 우리 둘째 메리 월튼은 키가 크고 활기찬 고교 졸업생으로 소프트볼과 의상디자인을 좋아하고 친구들과도 잘 어울렸다. 메리 월튼은 고등학교에서 여왕과도 같은 존재였다. 딸은 학교에서 추억을 쌓으며 많은 시간을 보내고, 친구도 많이 사귀었다. 하지만 속상하게도 졸업 파티도 없이, 서로 축하하며 작별 인사를 나누는 시간도 갖지 못한 채 졸업을 맞아야 했다. 2020년 6월, 메리 월튼의 '졸업식'은 학교 주차장을 지나가며 졸업장을 받는 것으로 대체되었다.

이 모든 상황은 과학적 근거에 따라 추진된 것이 아니었다. 이는 단순히 우리 사회에서 교육을 받은 전문가들에 의해 (어처구니없게) 조장된 비이성적 두려움이 반영된 결과였다.

이 얼마나 수치스러운 일인가!

Chapter 16 　맞서 싸우기

2020년 4월 중순 무렵, 코로나19나 그에 따른 봉쇄정책이 가져다준 초기의 충격이 가라앉으면서 우리는 "새로운 일상"에 적응하고 있었다. 아이들은 모두 집에 있었고, 식료품점과 대형마트 외에는 모든 상점이 문을 닫았다. 학교는 존재하지 않았다. (페어팩스 카운티 공립학교는 2020년 봄 온라인으로 원격교육을 시작했지만, 교육은 매우 빠르게 무너졌다. 학교 자체에서 소프트웨어 작동 실패가 거듭되었다.) 일요일 교회 예배 역시 온라인으로 원격 운영되었다. 우리는 19세기 개척자들과 같은 고립된 삶을 살고 있었다.

나는 매일 출근했다. 급여를 지급하고 임대료를 내기 위해 매달 최소 10만 달러를 벌어야 했다. 법원 폐쇄로 소송업무가 거의 없어졌기 때문에 나는 앞으로 있을 심리를 위한 서류와 사건 요약을 중점적으로 살펴보며 시간을 보냈다. 법률회사를 운영한 이래 처음으로 계약에 따른 임대료를 지불하지 못하는 상황을 상상하며 앞으로 어떤 일이 발생할지 온갖 걱정에 휩싸였다. 더욱이 얼마 전 사무실 공간을 두 배로 확장하는 바람에 고민은 더 컸다.

짧은 시간 동안은 버틸 수 있었다. 5월이 되자 법률 사건 진행을 온라인으로 하게 되었다. 법정에서 꼭 해야 하는 것은 대체되지 않았지만, 그래도 보수를 받을 수 있는 상황이었다. 샤론과 나는 연방정부의 급여 보호 프로그램PPP을 통해 대출을 신청할 수 있었다. 2020년 4~5월의 기본 지출 비용을 지원해주는 지원금이었다. 법률회사 직원들은 업무에 따라 자율적으로 사무실에 출근하거나 재택근무를 했다. 그러다 여름이 되자 모든 직원이 아무 일 없다는 듯 예전처럼 다시 출근해 사무실에서 일했다. 코로나바이러스 검사에서 몇 번 양성반응이 나오는 사례가 있었지만 다행히 사무실을 유지할 수 있었다. 하지만 정말 두려운 시기였다.

나는 정치에서 무력감을 느꼈다. 개인적으로 나는 봉쇄명령은 지나치다고 생각했다. 하지만 아무도 이의를 제기하지 않았다. 버지니아 언론은 주지사 사무실의 일일 기자회견에서 나온 발언을 반복하며 코로나바이러스 사례의 확산 증가를 '증거'로 삼아 봉쇄 조치가 지속되어야 한다고 보도했다. 4월에 나는 "버지니아는 조용하다"라는 제목의 칼럼을 작성했고, 그 칼럼이 〈로어노크 타임스〉에 실리게 되었다. 지금 같은 형식의 봉쇄정책이 3개월 이상 지속될 수는 없으며, 사람들은 다시 일하고 생계를 유지해야 한다고 주장하는 내용이었다. 그러나 대중은 아무런 반응을 보이지 않았다.

한편, 트럼프 대통령은 봉쇄명령에 대해 대단히 이중적인 태도를 보였다. 언론이나 인터넷 메시지를 통해 봉쇄를 지지한다고 했다가 바로 불필요하다고 내뱉는 식으로 아무 생각 없이 양극단을 오가며 혼란스러운 태도를 보였다. 그뿐만 아니라 사람들이 열심히 기도하면 2020년 4월 12일 부활절에는 바이러스가 사라질 것이라고 장담까지 했다. 예측은 실현되지 않았고, 감염 사례가 날마다 계속해서 폭증했다. 대통령의 변덕스러운 행동은 시민에게 신뢰감을 주지 못했다, 민주당원들은 트럼프를 비난했고, 많은 시민도 그를 신뢰하지 않게 되었다.

4월 22일 입법의회에서 주지사가 거부했던 법안을 처리하기 위한 '비토 회기'에 참석하기 위해 나는 리치먼드로 돌아갈 계획이었다. 의회에서 우리는 주지사가 수정안을 내게 하는 방안을 논의할 예정이었다. 바쁜 하루가 될 게 분명했다. 2020년 3월 8일 의회가 통과시킨 예산안이 이제는 정반대 상황이 되었기 때문이다. 주지사 측은 주 공무원 및 교사의 급여 인상을 포함한 모든 예산 증가를 받아들이지 않기로 결정했다. 이 부분은 상원 제정소위원회 의장으로서 내가 직원 보상에 관해 명시적으로 포함시킨 내용이었다. 봉쇄정책으로 인한 상황을 감안하면 이러한 조치는 당연했다

　용납할 수 없었던 것은 주지사가 코로나바이러스를 핑계로 지역 선거를 봄에서 가을로 변경하려고 예산 수정안을 우회적으로 사용하기로 한 점이다. 페어팩스시와 비엔나 타운을 포함해 버지니아주의 많은 지역 자치 정부는 지역 선거를 봄에 실시해왔다. 이유는 간단하다. 초당적으로 실시되는 봄 선거의 경우 연방 공무원들도 시의회에 출마할 수 있고 시민들에게 봉사할 수 있기 때문이다. 선거 시기를 가을로 변경하면 지역 선거는 당파적 정치로 흡수될 가능성이 높고, 지역 자치 정부의 '독립성'이 상실될 수도 있다. 더욱 중요한 점은 봄 선거를 위한 우편투표가 이미 시작되었고, 벌써 투표된 수천 장의 투표지를 무효화할 합리적 근거가 없다는 것이었다.

　'비토 회기'가 끝나기 전날인 일요일 밤, 주지사 측 직원들과 열띤 전화회의를 진행했다. 나는 모든 쟁점에 대해 의견을 제시

했다. 주지사 측이 선거 날짜를 변경하려는 데는 두 가지 분명한 이유가 있었다. 첫째는 5월 초에 지역 선거를 진행하는 것은 "행정명령 53"에 따른 봉쇄와 상충된다는 것이고, 둘째는 민주당이 다음 대선에서 트럼프를 상대로 압승을 거두기 위해 전력을 다할 가을에 선거를 치르면 민주당 후보들이 많은 지역에서 승리할 가능성이 훨씬 높았기 때문이다.

특히 둘째 이유는 페어팩스 카운티 민주당 위원장이 전화로 내게 분명히 확인시킨 내용이었다. 그에게는 가을로 선거 시기를 바꿔 지역구 공화당원을 제거하고 민주당 공직자 수를 늘리는 것이 중요한 문제였다. 하지만 나는 흔들리지 않았다. 페어팩스시와 비엔나에는 초당적인 봄 선거를 요구하는 지역자치헌장이 있었다. 결코 민주당이 모든 자리를 독점할 수는 없다. 이것은 60년 전으로 거슬러 올라가 내 아버지 존 피터슨이 연방 공무원으로 페어팩스시 의회에 출마한 역사에서도 찾아볼 수 있는 분명한 사실이었다. 비록 코로나 스트레스 때문에 지쳐가고 있었지만, 우리에게는 봄 선거를 관리할 능력이 있었다.

의원들은 다시 모여 리치먼드 시내 메리어트호텔에 머물렀다. 그곳은 마치 유령도시 같았다. 호텔 바는 닫혀 있었고, 직원들은 거의 보이지 않았다. 다음 날 아침, 의사당 건물의 사무실로 가는데 바로 아래 메인 스트리트에서 시끄러운 소리가 들려왔다. 도로를 따라 지나가는 자동차 행렬이 경적을 울리며 봉쇄 조치에 항의하고 있었다. 몇 명의 용감한 시민들이었다. 예상은 했지만, 언론은 그날 시민들의 외침을 거의 보도하지 않았을뿐더러 주지사는 시위자들을 '이기적'이라고 비난하며 비아냥거리는 발언을 했다. 마치 정부 지원금을 받는 것보다 일하러 가는 것이 비도덕적이라고 비난하는 것 같았다.

상원은 브로드 스트리트에 있는 과학박물관에서 회의를 열었다. 상원의원들이 향후 2년 동안(2020년의 남은 기간과 2021년 내내) 서로 만나 의정활동을 하게 될 곳이었다. 나는 블로그에 2020년의 비토 회기를 '초현실적'이라고 묘사했다. 비록 그런 분위기는 곧 일상적인 것으로 되돌아갈 것이었지만, 아무튼 모든 상원의원이 마스크를 착용해야 했고, 넥타이는 맬 수 없었으며, 회의장 입장 전에는 항상 체온 검사를 받았다. 의원들의 책상은 최소 3m 이상 떨어져 배치되었고, 그 앞에는 손세정제가 놓여 있었다. 보좌관들은 의사당에 출입할 수 없었고, 로비스트나 기자들도 건물 안에 없었다. 다른 회기 때와는 달리 갖가지 화려한 푯말을 들고 흔들어대는 지지자들도 없었다. 오로지 40명의 상원의원만 있었을 뿐이다.

의사당 건물에 들어섰을 때 나는 폴스 처치 지역구의 마커스 사이먼 하원의원이 올린 기사를 보게 되었다. 초진보적 성향의 사이먼 의원은 봄 선거를 가을로 미루지 않으면 수천 건의 불필요한 바이러스 감염 사례가 발생해 사망자가 증가할 것이라고 주장했다. 이는 향후 2년 동안 좌파 진영에서 엄청난 인기를 끌게 될 두려움을 표현한 발언이었다. 이러한 배경에서 하원 민주당 의원들은 주지사가 추진하는 버지니아주 봄 선거 취소에 찬성표를 던졌다. 모든 예산 수정안과 마찬가지로 이 문제는 과학박물관에 있는 상원으로 넘어왔다.

그 문제가 상원의회에 올라왔을 때 나는 만반의 준비가 되어 있었다. 나는 자리에서 일어나 모두가 내 얼굴을 볼 수 있게 마스크를 벗었다. 그리고 수정안에 대해 '의결 연기'를 제안했다. 그 배경을 설명하기 위해 페어팩스시와 비엔나 타운의 지역자치 헌장을 인용하며 초당적인 봉사 전통에 대해 이야기했다. 또한 2020년 우편투표는 지난 선거들의 일반 투표율을 초과할 것으로 보인다는 사실도 말했다. 다시 말해, 유권자들은 새로운 현실에 이미 적응했으므로 기존 시스템을 변경할 필요가 없다는 주장이었다. "선거를 취소하지 않으면 사람들이 죽는다"라는 식의 반대 의견이 있었지만, 내 제안은 공화당 의원들의 지지와 몇몇 민주당 의원의 도움 덕분에 통과되었고, 표결은 요청되지 않았다. 그리고 우리는 다음 주제로 넘어갔다.

그날 밤늦게 페어팩스로 돌아오니 이메일에는 몇몇 부정적인 글이 달려 있었다. (내가 좌파 블로그를 읽지 않기로 약속했기에 '민주당'의 입장을 지지하지 않았다는 오해로 비난을 받았다.) 하지만 이 논란은 곧 잊혔다. 지역 선거는 5월 2일에 아무 문제 없이 진행되었고, 나를 비롯해 많은 사람이 직접 투표했다.

아무도 죽지 않았고, 민주주의는 계속 앞으로 나아갔다.

지역 선거에 대한 비토 회기에서의 대립은 소수 지역에만 영향을 미치는 아주 작은 문제였지만, 또 하나의 선례를 남겼다. 코로나바이러스의 봉쇄에 맞서 싸우고 승리를 거둘 수 있음을 보여준 것이다. 적어도 입법적인 차원에서는 그렇다. 그러나 다음 단계의 싸움은 법정에서 벌어질 게 분명했다. "행정명령 53"의 봉쇄에 이의를 제기한 원고들이 줄을 서고 있었기 때문이다.

이를 위해 나는 4월 중순부터 소송을 준비 중인 잠재적 원고들 그리고 다른 변호사들과 이야기를 나누고 있었다. 이 시점에서 주지사의 명령은 몇 주간 더 시행 중이었고 종료될 기미가 보이지 않았다. 들리는 말에 따르면, 주지사(더 정확히는 그의 비서실장)가 기업이나 학교의 문을 계속 닫을 것인지 개방할 것인지 곧 결정할 것이라고 했다. 결정을 내리기 전까지는 제한 조치가 무기한 지속될 것이고, 적어도 "행정명령 53"이 만료되는 시점인 6월 중순까지는 계속될 것이 분명했다. 물론 주지사가 새로운 봉쇄명령을 발령하는 것을 누구도 막을 수 없었다.

우리의 아름다운 버지니아주가 곧 파멸의 순간에 접어드는 게 아닌가 싶었다.

5월 초에 이르러 나는 봉쇄 조치를 해제하고 재개방을 요구하는 소송이 제기될 게 분명하다고 보았다. 그러지 않으면 버지니아주의 소기업들이 그대로 질식사당할 게 뻔했다. 나는 변호사로서 주로 이민 1세대 주민들이 소유한 수천 개의 소기업을 대표해왔다. 적어도 3월 23일부터 모두 폐쇄당한 소상공인 업체들이었다. 그중에는 연방정부 급여 보호 프로그램 대출을 받은 사람들도 있었지만, 너무 늦게 신청했거나 필요한 서류를 제출하지 못해 혜택을 받지 못한 사람들도 있었다. 그들 대다수는 아무런 수익 없이 임대료를 내야 했고, 주요 직원을 유지하기 위해 또는 대출금을 갚기 위해 허둥대고 있었다. 이것은 미친 짓이었다.

나의 중요한 고객 가운데 한 사람은 서부 라우던 카운티에서 와인 농장을 하고 있었다. 그 농장은 정상적인 상황에서는 인기 많은 결혼식 장소였다. 공군 퇴역군인이자 와인 농장의 소유주인 존 티게스는 "행정명령 53"에 따라 4~5월 결혼 성수기의 예약을 모두 취소해야 했다. 그는 단지 6월 예약만 간신히 유지하면서 어느 정도 수익을 기대하고 있었다. 농장 운영을 위해 대출받은 대출금 만기가 눈앞으로 다가오고 있었고, 그는 큰 절망감에 빠졌다.

나는 5월의 몇 주 동안 소기업 소유자와 학생들을 위해 법적인 구제 방안이 없는지 버지니아주 헌법을 비롯해 여러 법률서적을 살펴보았다. 가장 뚜렷한 문제는 버지니아주 헌법 제8조에서 보장한 '적절한 공교육'이 등교 금지로 인해 제대로 제공되지 못한다는 사실이었다. 5월 초 버지니아에서는 백만 명이 넘는 학생이 온종일 집에서 힘들어하는 상황이었고, 이는 현대 버지니아 역사에서 유례가 없는 일이었다. 교육부나 학교에서 온라인 커리큘럼을 조정하려는 시도는 거의 즉시 무너졌고, 학교 시스템은 전체 학생의 1%만을 위해 설정된 네트워크에 모든 학생을 집어넣으려 했다. 나는 이 문제와 관련된 내용을 주지사에게 편지로 보냈지만 무시당했다. 전체 상황은 완전히 엉망이었다.

이러한 현실을 바탕으로 나는 주헌법 제8조에서 보장하는 학생들의 권리, 즉 공교육을 받을 권리가 침해되었다는 이유로 버지니아주를 상대로 소송 초안을 작성했다. 처음에는 우리 아이 중 한 명을 원고로 하려 했으나 아내의 반대로 포기하고, 그 대신 페어팩스 카운티 공립학교에 다니는 아이를 둔 다른 학부모에게 의뢰했다. 2020년 5월 중순쯤 소송에 제출할 여러 준비 서류 초안이 마무리되었다. 하지만 먼저 정치적 상황을 살펴볼 필요가 있었다.

2020년 5월 16일, 나는 그전에 〈로어노크 타임스〉에 실린 정치 칼럼의 연장선상에서 유권자들에게 보내는 뉴스레터를 준비했다. 대규모 봉쇄 조치는 헌법에 위배되며, 특히 우리 자유 사회에서는 용납될 수 없다는 내용을 골자로 한 뉴스레터였다. 사람들에게는 일터로 나가고 쇼핑하는 것 등을 스스로 선택해서 결정할 권리가 있다. 건강한 사람들과 우리 아이들을 무작정 집 안에 가두는 것은 말도 안 되는 일이었다.

뉴스레터를 이메일로 발송하자마자 부정적 반응이 쏟아져 왔다. 시의회에서 함께 일한 한 친구는 "챕이 사람들이 죽기를 바란다"라고 나를 비난했다. 당시 봉쇄정책은 '인기'가 있었고, 노섬 주지사의 지지율은 90%에 달했다. 소규모 사업체가 문을 닫는 상황이 벌어져도 어쩔 수 없다는 분위기가 대세였다.

그 주말에 나는 아내 샤론과 함께 버지니아 비치에 구입해둔 콘도로 내려갔다. 공립학교에 대한 청원서를 제출하는 것은 이미 포기한 상태였다. 학기가 6월에 종료될 예정이어서 청원서를 제출해가며 심리를 진행하기에는 시간이 부족했다. 그 대신 주말 내내 와인 농장을 소유한 의뢰인의 청원서를 작성했다. 청원서에는 정부의 자의적 사업 폐쇄 결정으로 의뢰인이 파산에 이르게 되었고, 미국의 시민이자 버지니아 주민으로서 가져야 할 권리를 침해당했다는 내용이 담겼다. 주정부의 결정은 절차적 정당성을 침해한 것으로 전형적인 정부의 '재산 강탈' 사례였다.

일요일 오후, 우리는 페어팩스로 돌아가는 길이었다. 그날은 피크닉이 어울리는, 참으로 아름다운 봄날이었다. 사실 2020년 봄에 이미 페어팩스 카운티 감독위원회는 코로나 확산을 막기 위해 모든 카운티의 공원을 '폐쇄'하는 황당한 결정을 내린 바 있었다. 하지만 청량한 봄날의 도로는 공원을 찾는 사람들의 차로 붐볐다.

내가 차를 몰아 옥스 로드 길을 따라 버크 호수 공원의 폐쇄된 입구를 지나갈 때 수백 대의 차량이 도로변에 주차돼 있었고, 많은 가족이 피크닉 바구니와 담요를 들고 공원으로 들어가고 있었다. 그것은 정부에 복종하지 않겠다는 뜻을 보여준 시민들의 놀라운 항쟁 장면이었다. 부모들은 합리적 결정을 내려 아이들과 함께 공원으로 향하고 있었다. 정말 감사하게도 이러한 일반적 상식이 아직 살아 있었던 것이다.

2020년 5월 말까지 나는 버지니아주 대법원에 제출할 청원서를 마무리했다. 버지니아주는 여전히 제한된 예외만 허용한 채 전면 폐쇄 상태였다. 5월 26일, 주지사는 실내 공공장소에서 마스크 착용을 의무화하는 정책을 내놓았다. 그러나 이 정책은 그것을 뒷받침할 만한 과학적 근거도 없었고 의회의 찬성투표도 없었다. 코로나 봉쇄가 시작된 지 두 달이 되어가는 동안 우리 모두는 주지사의 결정에 따라 마스크를 착용해야 하는 답답한 상황에 놓여 있었다.

대법원에 제출할 서류를 준비하던 어느 날 아침, 다급한 전화가 왔다. 리치먼드 지역에서 여러 식당을 잘 운영해온 한국계 이민자 린다 박이었다. 오래전부터 내 의뢰인이었던 린다와 그녀의 남편은 프레더릭스버그 외곽 쇼핑몰에서 일본식 레스토랑 히바치를 운영 중이었다. 린다는 식당 영업이 제한된 상태로라도 운영을 재개할 수 있다는 기대감에 소셜미디어에 크게 광고를 올렸다. 그런데 보건당국이 그녀의 레스토랑에 들이닥쳐 "행정명령 53" 봉쇄 조치에는 히바치 스타일의 식당 운영이 명시적으로 허용되지 않는다는 이유로 음식점 사업을 불법이라고 통보했다.

모든 상황이 마치 소련식 관료주의의 패러디처럼 보였다. 히바치 금지! 왜? 우리가 불법이라고 했으니까 안 돼! 린다는 몹시 화가 나 있었다. 많은 식당 주인과 마찬가지로 그녀의 레스토랑은 개인 보증으로 장기 임대차 계약에 묶여 있었다. 나는 이 사건을 내가 진행 중인 대법원 소송의 완벽한 모델이라 생각했고, 린다는 자신이 원고가 되겠다고 동의했다.

그렇게 해서 '린다 박 대 노섬 주지사' 법률 소송 사건은 버지니아주의 법률 역사에 기록될 소송이 되었다.

2020년 6월 6일, 소송 준비가 완료되었다. 소장 서문에는 1776년 버지니아주의 권리장전과 자유에 대한 기본 권리를 기술한 내용을 담았다. (학교 재개를 위한 이전 소송에서 차용한 부분이다.) 그 다음에는 주지사의 행정명령 조치의 역사와 행정 항소를 위한 다양한 절차를 상세히 설명하고, 이 모든 것이 행정명령으로 무시되었음을 강조했다. 마지막으로는 버지니아주의 '격리' 법령에 초점을 맞췄다.

역설적이게도 언론이 전혀 주목하지 않은 점은 버지니아주의 격리 법령에 따르면 의사가 객관적 기준에 따라 다른 사람에게 잠재적 해를 끼칠 가능성을 입증해야만 법원이 사람을 집에 격리할 수 있다는 것이었다. 또한 법원은 자택 격리가 공공안전 목표를 달성하기 위한 "가장 제한적인 수단"임을 확인해야 했다. 해당 명령은 순회법원 판사에 의해 발부되었음을 전제로 하며, 격리된 사람은 언제든 항소할 수 있었다.

다시 말해, 버지니아주의 법은 사람을 집에 격리하려면 엄격한 증거를 요구하고 격리된 사람에게 자동적인 항소 권리를 부여하는데, 주지사에게는 의학적 필요성이나 제한적 대안에 대한 어떠한 증거도 없이 800만 명이 넘는 건강한 사람들을 격리할 수 있도록 허용되었다는 점이다. 사정이 이런데 어떻게 더 이상 봉쇄 조치를 방어하겠는가?

그다음 문제는 어디에 소송을 제기할 것인가였다.

나는 순회법원 판사들을 존중했지만, 그들이 이 문제를 올바르게 판단할 수 있으리라고는 믿지 않았다. 민주당이 다수인 주에서 자칫 잘못 판단했다가는 법조 경력이 끝장날 수도 있기 때문이다. 코로나19는 그렇게 모두를 긴장시키고 있었다. 아니, 나는 곧장 최상위로 가야 했다. 그렇다. 버지니아주 대법원으로 향해야 했다. 대법원은 우리의 견제와 균형 시스템에서 주지사의 명령을 무효화할 수 있는 권한이 있었다. 이는 2016년 테리 맥컬리프 주지사 시절 그가 내린 대규모 사면을 대법원이 무효화했을 때 입증된 바 있었다.

따라서 우리는 대법원에 제출할 청원을 준비해야 했으며, 이를 위한 전략도 완벽히 세우고 있었다. 버지니아주에서는 개인을 격리하는 조건을 엄격히 제한했을 뿐만 아니라 버지니아주 헌법 제1조 제11항은 '적법 절차'에 대해 폭넓게 정의하고 있어 개인의 자유와 사유재산을 모두 방어할 수 있었다. 이것은 내 의뢰인들의 상황과 정확히 일치했다. 그래서 우리는 정부 공무원들에게 특정 행동을 취하도록(이 경우에는 특정 행동을 중단하도록) 명령하는 '직무집행명령 Writ of Mandamus'을 준비했다. 주요 원고는 린다 박, 피고는 랄프 노섬 주지사였다.

직무집행명령 외에도 우리는 버지니아주 리치먼드시에 있는 미국 동부 지방법원에 동일한 당사자와 동일한 사실을 바탕으로 동일한 구제를 요청하는 '금지명령 Injunctive Relie' 소송도 준비했다. 여기서는 연방법, 특히 "42 U.S.C. Section 1983"에 따라 소송을 제기했다. 이 법은 정부 공무원이 헌법적 권리를 침해했을 때 개인과 시민이 소송을 제기할 수 있는 권리를 부여하는 법안이다. 이 경우 침해된 권리는 린다와 존이 사업을 운영하고 생계를 유지할 수 있는 권리로, 거의 90일 동안 중단된 상태였다.

2020년 6월 9일 화요일, 우리는 리치먼드시에 서류를 제출할 준비를 마쳤다. 대법원은 3개월 동안 문을 닫았지만, 여전히 접수를 담당하는 직원이 있는 것으로 보였다. 전날, 나의 상원 사무실에서는 법원 앞에서 정오에 기자회견이 열린다는 보도 자료도 배포했다.

전날 밤 우리는 모든 사본을 준비했고, 오전 9시가 조금 지나 페어팩스 주차장을 떠났다. 차를 타고 떠나면서 내 머릿속에는 한 가지 생각뿐이었다.

'이번 소송으로 민주당에서의 내 정치 인생은 끝이다.'

하지만 나는 전혀 망설이지 않았다. 코로나19 봉쇄를 끝내기 위해 소송을 제기하는 것이 옳은 일이라는 것을 잘 알았기 때문이다. 그동안 나는 자유를 지키기 위해 내가 중요한 일을 할 수 있는 기회를 기다려왔다. 이때가 바로 그 기회였다.

리치먼드에 도착했을 때, 도시는 말 그대로 사람이 전혀 보이지 않는 황량한 벌판 같았다. 시내에는 사람들의 흔적이 전혀 없었다. 대법원 외벽에는 "인종차별 돼지들", "이름을 말하라" 같은 페인트 낙서가 되어 있었다.

우리는 건물 안으로 들어가 엘리베이터를 타고 대법원 서기 사무실로 갔다. 좁고 어두운 복도 끝에서 소송서류를 접수하고 '제출 완료' 도장을 찍었다. 드디어 되돌릴 수 없는 지점에 도달한 셈이었다. 우리가 서류를 제출한 뒤 아래층으로 내려왔을 때, 주변을 서성이는 린다와 존의 모습이 보였다.

기자회견은 소규모로 이루어졌다. 〈리치먼드 타임스 - 디스패치〉 기자 한 명, 몇몇 뉴스 채널, 진보적인 블로그인 〈블루 버지니아〉의 또 다른 기자가 참석했다. 기자들은 이 소송이 심각한 것인지 또는 법원이 이것을 심리할 것인지에 대해 회의적이었다. 나는 우리 의뢰인들을 보호하기 위해 가능한 한 모든 것을 하고 있다고 말했다. 당연히 변호사가 해야 할 일이었다.

　내 마음속에는 자유가 승리할 것이라는 확신(어쩌면 나만의 과신)이 있었는지도 모른다. 결국 이 상황을 언젠가는 끝내야 했다. 그렇지 않은가?

Chapter 17　역풍

노섬 주지사에 대한 소송을 제기한 직후 가장 시급한 문제는 이 소송건을 주지사에게 어떻게 전달하느냐였다. 버지니아주 법에 따르면 피고는 소송이 사신에게 전달되기 진까지는 답변할 의무가 없다. 우리는 주지사에게 소송을 전달할 수 있는 방법을 주 법무장관실에 문의했다. 그러나 그들은 소송 전달을 거부하고 받아들일 수 없다고 했다. 나는 주지사 저택에 소송을 전달하려면 반드시 소송 송달 업무 담당관이 직접 방문해야 한다는 것을 알았지만, 청사 경찰이 출입을 막을 게 뻔했다. 결국 주지사의 행정 변호사 리타 데이비스가 소송 송달을 수락했다. 흥미롭게도 리타는 주지사의 흑인 분장 사건 이후 주지사가 직접 고용한 인물인데, 기본적으로 '인간 평등' 논리에 맞춰 주지사가 이미지를 잃지 않게 관리하는 역할을 맡고 있었다. 그런 리타가 우리의 시민권 소송 서류 전달을 받아들인 것이다.

한편, 우리의 소송은 언론에 크게 보도되었다. 어떤 사람들은 조용히 전화를 걸어 "감사합니다. 드디어 누군가가 그 일을 해냈군요"라고 말했다. 그 밖의 사람들은 아마 내가 미쳤다고 생각했을 것이다. 주지사는 독재자로 여겨졌고, 대부분의 사람들은 이에 도전하기를 꺼렸기 때문이다.

다수당인 민주당의 딕 새슬로 상원 원내대표가 전화를 걸어 걱정이 된다고 말했다. 딕은 내가 매우 존경하는 사람이었다. 딕은 나를 심하게 질책하지는 않았지만, 주지사가 이 소송을 매우 불쾌하게 생각한다고 전했다. 나로서는 정말 기가 막힌 말이었다. 첫째로, 주지사의 감정 따위는 이 사건의 본질과 아무런 상관이 없었다. 둘째로, 주지사는 나에게 어떤 도움도 준 적이 없었다.

나는 딕 상원 원내대표에게 이 사건은 내 의뢰인을 돕기 위한 것이고, 만약 이런 제한된 규정이 풀리지 않으면 내 의뢰인은 사업을 접어야 할 것이라고 설명했다. 딕은 내 말을 수긍했고, 우리의 대화는 거의 긍정적으로 끝났다. 이미 나의 승부수는 던져졌고, 되돌릴 수는 없었다.

우리가 제시한 법적 주장은 확고했다.

첫째, 시민은 자유롭게 모일 권리와 생계를 추구할 권리가 있다.

둘째, 주지사의 행정명령과 '비상'명령은 의회가 소집될 때까지만 지속될 수 있다.

셋째, 버지니아주 800만 명의 건강한 사람들은 법률이 정한 사람으로부터 격리나 폐쇄명령을 받아야 한다.

이와 함께 폐쇄명령은 실제로 과학적 증거를 바탕으로 해야 하며, 목표를 달성하기 위해 "최소한의 제한적인 방법"으로 실시되어야 한다고 주장했다. 그동안은 폐쇄명령을 뒷받침할 과학적 증거가 어디에도 제시되지 않았다.

나는 우리 팀의 작업에 자부심을 느꼈다. 법정에서 이 사건을 다툴 기회만 주어진다면 승리할 것이라고 확신했다. 여름이 다 가오고 사람들이 밖으로 나가고 있는 상황이었지만, 이때 나는 봉쇄정책의 '성공'에 투자한 사람들을 과소평가하고 있었다. 나를 저지하려는 사람들이 많았고, 나는 많은 논란에 휘말렸다.

6월 11일 목요일, 나는 〈존 프레더릭 쇼〉의 정치평론 라디오 프로그램에 출연했다. 이 프로그램은 버지니아주 정치를 다루는 전국 방송이었다. 내 친구이자 정치평론가로 오랫동안 활약해온 존은 종종 우리 법률사무소에서 쇼를 진행하곤 했다. 그는 보수적인 편이었고, 도널드 트럼프를 지지했다. 오락과 쇼 비즈니스에 뛰어난 존과 나는 항상 친근한 분위기에서 대화를 나누었다.

그날 아침, 존은 최근 리치먼드에서 일어난 폭동과 나의 소송건에 대해 물었다. 나는 이에 대해 꽤 솔직하게 답변했다. 폭동으로 아름다운 도시가 몹시 황폐해진 것은 매우 슬픈 일이라고 말한 다음, 나는 친숙한 청중에게 내 논거를 설명했다. 봉쇄가 너무 오래 지속되었으므로 즉시 끝내야 한다는 내용이었다. 나는 사람들이 헌법에 위배되는 불합리한 금지나 제한 없이 자유롭게 돌아다니며 자기 삶을 영위해야 한다고 말했다.

우리의 대화는 결국 아이들 이야기로 넘어갔다. 2019년 아들 토머스는 페어팩스 고등학교 신입생으로 미식축구팀에서 뛰었다. 곧 새로운 미식축구 시즌이 다가오고 있었다. 나는 토머스가 필드에서 자유롭게 뛰며 다시 경기에 출전하게 되기를 원했다. 나는 그저 모든 아이가 학교로 돌아가기를 원했다. 보통 아빠들처럼 토머스가 돌아오는 가을에 학교 팀에서 라인배커로 뛸 수 있게 하는 것이 나의 목표였다. 그때까지는 모든 것이 순조로웠다.

이어서 나는 한 단계 더 앞서 나갔다. 우리가 학교를 재개할 수 없는 것이 참 부끄럽다고 말했다. 심지어 "짐크로법"이 시행되던 때와 대규모 저항 시절에도 버지니아주에는 교육을 계속하는 학교 시스템이 있었다고 했다. 존은 이에 동의했고, 우리는 약 5초간 잠시 멈췄다가 계속 이야기를 이어갔다. 그때 순간적으로 '아차! 내가 비유를 잘못 들었구나' 하는 사실을 깨달았다. 하지만 좌파는 존 프레데릭스의 프로그램을 듣지 않을 테니 "숲에서 나무 쓰러지는 소리"를 아무도 듣지 못하듯 아무 일 없으리라 생각했다.

그날 오후, 법률사무소에서 일하고 있는데 상원 보좌관 사무실에서 다급한 전화가 왔다. 지역의 '흑인유색인종 지위향상협회'에서 2020년의 학교 폐쇄를 조직적 인종차별과 비교했다며 내가 한 발언을 비난하고 나섰다는 것이다. 나는 이 문제를 빨리 해결해야 했다. 특히 인종차별과 관련된 많은 문젯거리가 여전히 제기되고 그 문제와 관련해서는 긴장감이 감도는 시기에는 더욱 그랬다. 몇몇 친구와 상의한 뒤, 나는 페이스북에 성급한 발언에 대해 사과하며, 인종차별의 악행은 그 무엇과도 비교할 수 없는 치욕적 행위라고 밝히는 성명을 올렸다.

정상적인 시기였다면 문제는 이것으로 끝났을 것이다. 그러나 여러모로 민감한 시기에 내 발언에 대한 논란을 잠재울 수는 없었고, 오히려 불에 기름을 붓는 격이었다. 그날 저녁부터 나는 공격을 받기 시작했다. 친구들이 괜찮냐는 문자메시지를 보내왔고, 한 친구는 페이스북에 날 돕는 글을 올리겠다고 했다. 친구의 위로는 고마웠지만, 나는 이 어려움과 혼자 맞설 생각이었다.

다음 날, 나는 상원의원직을 사퇴하라는 청원이 돌고 있다는 것을 알게 되었다. 솔직히 말하자면, 나 역시 사퇴를 고려하지 않은 것은 아니었다. 그동안 나는 정치가 의미 있는 일이라고 생각했는데, 이제는 내가 〈트루먼 쇼〉 같은 상황에 갇힌 듯했다. 하지만 나는 멈추지 않았다. 봉쇄정책과 싸워야 했고, 승리할 것이라고 생각했다.

금요일 오후, 페이스북에 새로운 성명을 올렸다. 그 실수에 대해서는 완전히 책임질 것이며, 더 이상 이에 대해 언급하지 않겠다고 했다. 또한 나는 사퇴하거나 물러서지 않겠다는 입장을 분명히 밝혔다. 그리고 내가 제기한 소송은 계속될 것이라고 알렸다. 이것이 옳은 일이기 때문이다. 그 뒤 1년간 나는 소셜미디어를 전혀 사용하지 않았다. (이후 내가 페이스북에 올린 첫 게시물은 2021년 5월에 있었던 딸의 버지니아 주립대학교 졸업식 사진이었다.)

그것이 내가 내린 최후의 결정이었다. 앞으로 나는 오로지 봉쇄를 반대하는 프로젝트에 집중하리라 다짐했다. 빨리 봉쇄를 끝내고 학교를 재개하게 하는 것이 나의 목표였다.

소송은 진전이 없었다. 대법원에 청원서를 제출했지만 몇 주가 지나도 아무 소식이 없었다. 법무장관이 제출한 주지사 측의 답변서에는 "비상상황에 대한 주지사의 신속한 대응이 필요했다"라는 내용이 담겨 있었다. 마치 학교 시스템을 무기한 폐쇄하고 수천 개의 소규모 사업장을 파괴하겠다는 것처럼 보였다.

며칠 뒤, 주지사는 사회적 모임 인원수 제한을 50명에서 250명으로 완화했다. 이는 처음으로 결혼식을 비롯한 그 밖의 이벤트가 '정상적인' 인원수로 열리게 되었다는 것을 의미했다. 나의 주요 고객인 와인 농장주 존도 자신의 사업을 유지할 수 있었다. 주지사는 또한 린다의 히바치 사업에 대한 금지를 완화하는 수정명령을 내렸고, 일부 레스토랑에 대한 부조리한 제한도 없앴다.

법무장관 측은 우리의 청원에 대한 답변에서 그런 변화 분위기를 이용해 "위기는 지나갔다"라고 주장했다. 내 고객의 사업이 이젠 더 이상 위태롭지 않으니 사건이 의미를 상실했다는 것, 즉 더 이상 논의할 필요가 없다는 것이었다. 이에 대해 우리는 법리학적 측면에서 헌법을 해석하는 핵심적 문제를 제기하며 대응했다. 대법원이 향후에 주지사가 똑같은 봉쇄명령을 내리지 않게 차단해야 한다는 것이었다.

사건의 의미 상실과 관련된 사례에서 사용되는 정확한 용어가 그 사건이 "반복될 수 있으며 심사를 피할 수 있는" 것인지 여부인데, 여기서 사건을 종결하면 앞으로도 주지사가 반복해서 비슷한 행정명령을 내릴 수 있게 된다. 나는 이것을 도저히 받아들일 수 없었다. 이 문제에 관해서는 법원이 차단하고 나서야 했다. 그러나 많은 우여곡절 끝에 버지니아 대법원은 "주지사가 무기한의 행정명령을 내릴 수 있는가"라는 본질적 문제는 회피하고, 최근의 명령으로 소상공인 사업장의 폐쇄가 철회되었으니 그것으로 문제가 종결되었다고 판단하고 말았다. 나로서는 몹시 실망스러운 결과였다.

그런데 2020년 7월 말은 더 최악의 순간이었다.

여름 내내 나는 아들 토머스와 함께 지하실에서 운동을 했다.

아들은 조금 왜소한 체격의 신입생에서 튼튼한 고등학교 2학년으로 성장하고 있었다. 나는 아들에게 축구 시즌이 "정상으로 돌아가는 때"에 자유가 찾아올 거라고 말했다. 노동절이 지날 때까지 학교 시즌이 열리지 않는 것은 있을 수 없는 일이었다. 그것은 완전히 미친 짓이었다. 더욱이 이제는 수천 명이 밖으로 나가고 레스토랑과 모든 상점이 사람들로 북적거리고 있었다. 다시 말해 고등학교 미식축구를 비롯한 야외 스포츠가 다시 시작될 수 있다는 뜻이기도 했다. 우리의 삶이 정상으로 돌아오기 시작했기 때문이다.

하지만 그해 7월 마지막 토요일, 끔찍한 소식이 들려왔다. 나는 비엔나 타운에서 새로 개업한 와와슈퍼마켓 매장에 들렀다가 집으로 돌아가는 길이었다. 그때 오랫동안 알고 지내는 친구에게서 전화가 왔다. 친구의 아들도 고등학교에서 미식축구를 하고 있었다. 그는 "소식 들었나?"라고 물었고, 나는 듣지 못했다고 대답했다. 그러자 그는 버지니아주 고등학교 스포츠리그VHSL가 가을에 열리는 모든 스포츠 경기를 취소한다고 발표했다고 알려주었다. 미식축구, 필드하키, 크로스컨트리, 골프 등 모든 스포츠 활동이 취소된다는 것이었다.

엄청난 충격이었다. 나는 아내에게 전화해 그 이야기를 하며 화를 주체할 수 없었다. 우리 아이들이 근거 없는 두려움 때문에 피해를 봐야 한다고 생각하니 화가 치밀었다. 나는 미국 질병통제예방센터를 저주했고, 아무 위험이 없는데도 아이들에게 두려움의 짐을 지게 한 사람들도 저주했다. 나는 울먹이면서 전화를 끊었다. 우리 아이들만은 정상적인 삶을 살기를 바랐다. 모든 스포츠 행사를 취소한다는 결정은 우리 아이들의 정체성, 즉 청소년기에 누려야 할 소중한 시간을 빼앗는 것이었다. 그것은 "목숨을 구하는" 일이 아니라 두려움과 겁쟁이들에게 굴복한 것이었다.

2020년 7월의 그 순간은 내 존재가 바닥을 친 인생의 최저점이었다. 몇 년이 지난 지금도 그 순간을 생각하면 여전히 화를 참을 수 없다.

Chapter 18

정의의 계절

2020년 여름, 가을은 미국 역사에서 특별한 순간이었다. 경제는 역사적 롤러코스터를 타고 있었다. 봄에는 봉쇄명령이 내려지면서 수천 개의 중소기업이 문을 닫았고, 그 뒤 여름과 가을에는 "코로나바이러스 지원, 구호 및 경제안정법CARES Act"을 통해 1조 달러의 '무료지원금'이 주입되면서 경제가 급격히 반등했다.

8월경에는 버지니아주 사업체 대부분이 다시 문을 열었다. 물론 문제가 없었던 것은 아니다. 연방 지원책 보조로 인해 일하지 않고 집에 머물러도 연방정부로부터 주당 최소 400달러의 지원금을 받을 수 있어 일할 사람이 부족했다. 한편, 학교는 계속 문을 닫은 상태였고 봉쇄의 끝은 보이지 않았다. 법과 질서를 지키는 문제는 여전히 큰 골칫거리였다. 리치먼드와 대부분의 주요 도시에서는 폭동이 일어나 큰 피해가 발생했다. 범죄는 급격히 증가했으며, 갱단은 경찰이 개입하지 않으리라는 확신을 가지고 소매점을 급습했다. 여러 면에서 이 시대의 끝이 가까워 보였다.

4개월의 혼란이 지난 7월 말, 주지사는 마침내 특별회의를 소집했다. 그러나 이는 중소기업의 위기나 학교 시스템이 제대로 작동되지 않는 문제를 해결하기 위한 회의가 아니었다. 특별회의를 열게 만든 '위기'는 형사사법 개혁과 정의 시스템을 '개선'해야 하는 필요성이었다. 우리에게 맡겨진 임무는 "버지니아주를 재개방"하거나 마스크를 쓰고 다녀야 하는 시민들의 "자유를 회복"하는 것이 아니었다. 우리의 법률 시스템에서 '형평성'을 이루는 것이 우리가 맡은 일이었다.

이 시점에서 주지사와 그의 팀은 코로나19와 관련된 봉쇄정책에 대해 주의회의 승인을 구하지 않았다. 그들에게는 입법부의 승인이 필요하지 않은 것이 분명했다. 2020년에서 2021년까지 주지사가 추진한 거의 모든 법안은 진보적 내용을 담고 있었지만, 반면에 100만 명의 아이들은 아무것도 하지 못한 채 집에 머무르고 있었다.

그들은 인종차별이나 정의 문제 등 정치적 이슈나 사회적 문제와 도덕성을 앞세우는 민주당 하원의원들과 직접 만나서 의회를 진행하는 것은 너무 '위험한' 일이라며 대면 회의를 거부했다. 그 대신 2020년 3월 이전에는 알려지지 않았지만 그 이후에는 보편화된 온라인 기술인 줌Zoom을 통해 원격으로 의회 활동을 하겠다고 선언했다. 하원의장은 여전히 민주당의 필러콘이었다. 하원의회는 원격으로 진행되었고, 상원의회와는 최소한의 연락만 유지했다. 그 결과 전통적 입법의회의 정상적인 상호작용은 사실상 사라졌고, 우리는 소셜미디어를 통해 소통하며 상대방을 공격했다.

그리고 이 상황을 더 이상하게 만든 사건이 발생했다. 2020년 7월, 나는 3일간 자가 격리를 해야 했다. 그 일은 조지메이슨대학교에서 열린 그레고리 워싱턴 신임 총장의 취임식에서 시작되었다. 내가 마스크를 착용하고 대학 이사회와 대화를 나누고 있을 때, "안녕 챕!"이라고 외치는 소리가 들렸다. 주지사가 나를 향해 걸어오고 있었다. 공적인 자리여서 우리는 아무런 감정 없이 악수했고, 주지사는 곧 자리를 떠났다.

그다음 날은 특별의회가 열리는 첫날이었고, 나는 리치먼드에 있었다. 그때 상원 서기가 나를 향해 빠르게 다가와서 주지사가 코로나바이러스 검사에서 양성반응을 보였고, '접촉 추적' 결과 내 이름이 등장했다고 알려주었다.

나는 과학박물관을 떠나 버지니아커먼웰스대학교 병원 주차장으로 향했고, 그곳에서 검사를 받았다. 이후 결과가 음성으로 나올 때까지 (자비로) 호텔에서 3일간 자가 격리를 해야 했다. 생각만 해도 너무나 웃기는 일이다. 나를 바이러스에 직접 노출되게 만든 단 한 사람이 바로 주지사였기 때문이다.

찰스 디킨스의 말을 인용하자면, 2020년 여름은 버지니아주 최악의 시기였다.

비록 내가 조금 냉소적인 태도를 보이긴 했지만, 2020년 특별 의회는 어쨌든 형사사법 개혁 분야에서 훌륭하게 일을 처리하며 좋은 법안을 내놓았다. 특히 "상원법안 5303"은 치명적인 무력 사용, 경찰의 권력남용에 대한 신고, 영장 없는 수색 등을 다루는 명확한 규칙을 정립한 법안이었다. 우리는 처음으로 평범한 상황이나 위험한 상황에서 경찰들이 어떻게 행동할지에 대한 규칙을 명확히 설정했다.

몇 주간의 논의 끝에 이 법안은 상원에서 각 당의 의견에 따라 표결에 부쳐 통과되었다. 다만 아쉬운 점은, 이 법안은 하원과 상원 양당의 협력으로 이루어져야 했는데 그러지 못했다는 것이다. 나는 이 법안을 추진한 스콧 수로벨 상원의원(나의 옛 법률 파트너)에게 공을 돌렸다. 스콧은 법 집행기관과 지역사회 활동가들과 여러 차례의 청취 담화를 마련했다. 또한 이 법안의 주요 발의자 마미 로크 의원에게도 공을 돌리지 않을 수 없다. 나는 이 법안이 내가 상원에서 활동할 때 나온 법안 가운데 가장 좋은 법안의 하나라고 생각했다.

특별의회 기간에 우리는 상원에서 진보적인 요구 사항을 모두 승인하지는 않았다. 상원에서 우리가 선을 그은 유일한 부분은 경찰관이 법 집행 준수사항을 지킬 경우 민사소송에서 면책될 수 있게 허용하는 '자격 면책Qualified Immunity' 법안이었다. 그해 여름 '경찰 예산 삭감' 운동에 더 깊이 관여한 하원 쪽은 경찰의 자격 면책 권리를 취소해 경찰관들이 어떤 유형의 폭력을 사용하거나 용의자를 체포할 때마다 민사소송을 당할 수 있게 하는 법안을 통과시켰다. 법 집행 기관에 있는 친구들의 이야기를 들어보니 이런 법안은 사실상 경찰 본연의 업무를 정지시키고, 그 결과 헌법에 구속되지 않는 사설 경비회사가 더 많이 생겨나게 만드는 법안일 수 있었다.

그것은 우리가 원하는 결과가 아니었다.

'자격 면책' 법안은 여름이 끝나갈 때쯤 하원에서 통과돼 상원 사법위원회로 송부되었다. 우리는 그날 저녁 과학박물관에서 의회를 열었다. 긴장된 분위기였다. 법안 발의자는 젊은 아프리카계 미국인 하원의원으로 그의 발언은 열정적이었다. 모든 진보적 목소리가 이 법안을 지지하고 있었다. 만약 이 법안에 반대한다면 '법과 질서'에 어긋난 주장을 하는 인종차별자로 몰릴 게 뻔했다.

법안이 넘어오자 내가 소속돼 있는 소위원회인 민사위원회로 바로 송부되었다. 이번에는 피할 수 없었다. 나는 입장을 분명히 해야 했다. 많은 사람이 시대에 뒤떨어진 과도한 경찰의 관행에 불만을 가시는 것은 이해하지만, 답은 분명했다. 경찰관들을 민사적 책임에서 보호하는 법을 완전 폐기하는 것이 아니라 "상원법안 5303"처럼 이 법을 바꿔서 경찰의 관행을 개선하는 방향으로 나가야 했다.

보통 때와는 달리 하원의 법안 발의자는 직접 오지 않고 인터넷을 이용한 줌 원격 미팅을 통해서 증언했다. 나는 긴급한 상황에 대응해서 무력을 사용한 경찰관을 법적으로 어떻게 보호할 수 있는지에 대해 물었다. 그리고 배심원이 경찰관을 다른 시민처럼 대할 수 있는지, 배지를 달고 다니는 것이 무슨 가치가 있는지 하나하나 물어보았다. 매번 같은 답변이 돌아왔다. 이것은 모두 인종차별의 정의를 이루기 위한 순간이라며 세부사항은 나중에 해결하자고 했다.

몇 분 뒤, 우리는 법안 의결을 무기한 연기하기로 결정했다. 좌파 성향 블로그의 비난이 있었지만 대부분의 의원은 안도하는 분위기였다. 특히 2020년 선거를 통해 유권자들이 '경찰예산 삭감' 운동을 지지하지 않는다는 사실이 드러났기 때문에 더욱 그랬다. 2021년에는 이 법안이 다시 제출되지 않았다.

우리는 경찰의 적절한 행동을 규정한 것 외에도 양형 개혁에 대해 첫걸음을 내디뎠다. 다년간의 중범죄에 대해 '최대 복역 기간'을 85%에서 75%로 낮춘 것은 우리가 할 수 있는 최선이었다. 그런데 한 가지 특별한 사실은 내가 장기 복역 문제에 관심을 가지게 되었다는 점이다. 내 어린 시절 친구들이 상원의원인 나에게 도움을 청했기 때문이다.

여기서 잠깐 그 일에 대해 설명해볼까 한다.

1980년대에 나는 피트라는 한 젊은이와 함께 자랐다. 그의 가족은 나와 같은 교회에 다녔다. 피트는 1984년경 페어팩스시의 전형적인 아이였다. 키도 크고 몸집도 단단해 운동을 즐기고, 파티에서는 항상 중심이 되는 그런 아이였다. 그는 고등학교를 졸업하고 대학 생활을 한 뒤 (대부분의 우리처럼) 북버지니아로 돌아와 여러 종류의 일을 했다. 불행히도 그는 마약에 손을 대서 중독되었고, 이로 인해 미성년자를 자기 차로 끌고 가 성추행하는 범죄를 저지르고 말았다. 결국 그는 유괴와 미성년자 성폭행으로 유죄가 인정돼 26년형을 선고받았다. (이 이야기를 전하기에 좋은 방법은 없겠지만, 사실 그대로 말하는 것이 최선이라고 생각한다.)

여러 해가 지난 뒤, 나는 다른 친구를 통해 피트와 연결이 되었다. 예전에 페어팩스 고등학교에서 미식축구와 레슬링 코치로 있었던 그 친구는 내가 피트를 도와줄 수 있는지 물었다. 피트는 26년의 형기 중 15년을 마친 상태였다. 그는 마약을 끊고 모범적인 수감생활을 하며 대학에서 배운 지식을 활용해 다른 이들을 가르치고 있었다. 외부에 여자 친구도 있었는데, 그녀 역시 고등학교 시절 친구였다. 문제는 피트가 형기를 다 마치지 않고 석방될 수 있을지 여부였다.

피트를 알게 된 뒤 나는 사면 신청을 지원하기 위해 편지를 썼다. 2020년 내내 이것이 내 머릿속에 있었고, 이후 '재심사Second Look' 법안을 제출해 장기형에 대한 재심 기회가 주어질 수 있도록 노력했다. 하시만 피트의 석방을 이끌어낼 수는 없었다. 나는 지금도 그를 돕기 위해 노력하고 있다.

다시 특별의회 이야기로 돌아가자.

2020년 여름, 상원의회의 표면적 중심 문제는 형사사법 개혁이었다. 그러나 우리가 다루어야 할 중요한 문제가 더 있었다. 뒤집힌 미국 경제를 바로 세우는 문제로, 바로 재정과 관련된 사안이었다.

구체적으로 우리는 2020년 2분기의 대규모 봉쇄 조치로 인한 손실을 처리하기 위해 각 주에 수십억 달러를 할당하는 것을 내용으로 하는 "연방보조지원책 법안"에 따라 주에 할당된 막대한 자금을 배분해야 했다. 연방 자금 지출의 긍정적인 면은 지원금이 아무런 구분 없이 지급되었고, 그 덕분에 경제가 회복돼 2020년 3분기에는 물건 구매와 소비자 지출이 기록적 수준으로 증가하며 경제불황에서 빠르게 벗어날 수 있었다는 점이다. 하지만 연방 지출이 가져다준 부정적인 면도 있었다. 돈이 무차별적으로 퍼져나가면서 미국 달러의 가치가 하락하고 사람들이 다시 일터로 돌아가는 것을 방해했다는 점이다.

2020년 여름, 우리는 연방 자금을 거부할 합리적 이유가 없었기에 그대로 받아들였다. 그러나 이것은 국내 경제에서 몇 가지 특이한 결과를 초래했다. 식당에서 쓰레기 처리 회사에 이르기까지 점점 더 많은 민간 기업이 직원을 구하지 못하는 현상이 벌어졌다. 급여를 급격히 인상했는데도 인력을 구할 수 없었다.

이것은 경제에 연방정부가 개입함으로써 불러온 특이한 부산물이었다.

"연방보조지원책 법안"은 일하지 않고 집에서 머무르는 사람들에게도 지원금을 제공하는 한편, 세입자가 임대료를 지불하지 않아도 임대인에게 무제한의 자금을 제공함으로써 임대인이 세입자를 퇴거시키지 않도록 유도하는 주에 인센티브를 부여했다. 그 덕분에 세입자들은 거주하던 집에 계속 머물 수 있었지만, 한편으로는 코로나19 이전에 임대료를 지불하지 못했던 사람들까지 퇴거시키지 못하는 결과를 낳았다. 실업급여와 마찬가지로 이런 방침은 정직하게 임대료를 지불한 세입자에게 불리하게 작용했으며, 어찌 보면 그들은 임대료를 내지 않아도 법적 처벌이 면제된다는 된다는 사실을 모른 채 피해를 입은 꼴이 되었다.

그 문제에 대해 내가 던진 질문은 간단했다. "이와 같은 임대료 지원이 언제 끝날 것이며, 언제 임대인들이 자신의 개인 재산을 관리하게 될 수 있을까?"였다. 물론 코로나19 봉쇄를 긴급 상황으로 보고 한정된 기간 동안 정부가 잠시 그 권한을 행사하는 것은 이해할 수 있다. 그러나 버지니아주의 임대인-세입자 법을 코로나19가 아니라 체계적 인종차별이나 불평등을 이유로 퇴거를 중단시키는 것과 동일하게 취급하는 것은 또 다른 문제였다. 2020년 여름에 이르러서는 그 경계가 분명하지 않았고, 그런 상황은 2021년까지 계속되었다.

연방지출로 인해 주 예산이 수십억 달러로 팽창하자 상원은 새로 들어온 자금의 균형을 맞춰야 했다. 나는 '책임 기한'을 요청했는데, 이는 어느 시점에서 세입자들이 다시 임대료를 내야 하는지를 결정해야 한다는 것이었다. 기나긴 협상 끝에 그 기한을 새로운 예산안이 채택되는 2021년 4월 1일로 결정했다.

역사를 기록한다는 의미에서 이것이 의미하는 바를 설명해보겠다.

2020년 3월 1일 당시 세입자라면 임대료 지불 여부에 관계없이 13개월 동안 임대료를 지불하지 않고도 그 주택에 살 수 있었다. 그 뒤에는 임대인이 퇴거 절차를 진행할 수 있는데, 그런 절차를 끝내는 데도 추가로 90일이 걸렸다. 이 법은 연방정부 자금을 쉽게 받아낼 수 있는 대형 기관의 임대인들에게는 크게 영향을 미치지 않았다. 그러나 자금 신청 방법을 잘 모르는 소규모 임대인들과 많은 이민자 가정에는 혼란만 야기시킬 뿐이었다.

2020년 여름 동안 연방정부는 30억 달러 이상을 우리 주의 국고에 투입했다. 이 돈은 세금 인하에 사용해서는 안 되고 새로운 지출, 즉 실업급여 지급이나 소기업의 대출 탕감(빠르게 면제됨) 또는 농촌의 광대역 서비스나 고속도로 건설 같은 주요 공공사업 프로젝트에 사용되어야 했다.

몇 달 만에 경제는 회복되었지만, 이것은 실제 경제가 아니었다. 서비스 제공이나 제품 창출에 기반을 둔 경제가 아니라 신청서를 작성하거나 정부에 제품(예를 들어 '개인보호장비')을 제공하는 경제에 불과했다.

그다음 해에는 사람들이 무엇을 해야 할지 모를 만큼 많은 돈이 움직였다. 부동산시장은 갑작스러운 유동성 증가와 역사적인 저금리에 힘입어 급등했다. 갑자기 모든 사람이 재산을 모으거나 기존 대출을 상환하기 위해 새로 대출받는 일이 벌어졌다.

결국, 2020년 말과 2021년 초의 경제 붐은 '가짜 경제'였다. 내가 이렇게 부르는 이유는 그 경제라는 것이 생산성에 의한 것이 아니라 지원금 신청에 따른 자금 융통이었기 때문이다. 나는 사람들의 혜택을 비난하지 않았다. 아내와 나는 우리의 비즈니스를 위해 연방 보조 대출을 받았지만, 그런 다음에는 뒤돌아보지 않았다. 당시 경제는 장기계획에 따른 경제가 아니었고, 따라서 2021~2022년에 급격한 인플레이션이 도래한 것은 당연한 결과였다.

어쨌든 2020년 여름에 우리는 새로운 현실을 받아들여야 했다. 상원에서 우리는 그 돈을 배분하고 연방자금을 반영한 새롭게 '개정된' 예산안을 통과시켰고, 2020년 가을 마침내 의회를 마무리했다. 이제 집으로 돌아갈 시간이었다.

그런데 더 큰 문제가 있었다. 주지사가 학생들을 원격교육으로 집에 가둔 지 6개월이 지나 있었다. 나는 아이들을 다시 학교에 보내기 위해 노력했으나 학교는 여전히 문을 닫고 있었고, 끝이 보이지 않았다.

다음 18개월 동안 내 삶의 초점은 학교를 재개하고 "아이들을 정상 상황으로 되돌려놓는 것"에 맞춰졌다. 그것이 내가 정치인으로서 해결할 가장 큰 문제이자 내 인생에서 가장 큰 문제였다.

Chapter 19

아이들의 고통

2020년 여름, 52세에 접어들면서 나는 부모의 역할이 얼마나 중요한지 다시 한번 깨닫게 되었다. 샤론과 나는 네 명의 자녀를 두고 있다. 1998년에 첫째 아이 에바가 태어났고, 이어서 2002년에 메리 월튼, 2005년에 토머스 그리고 2011년에 막내 아이다가 태어났다. 네 아이는 각자 삶의 여정을 걸어갔고, 우리 부부는 아이들과 그 여정을 함께했다.

2020년 봄 학교가 폐쇄되었을 때 가장 큰 피해를 본 사람은 고등학교 졸업식을 기다리던 둘째 딸 메리 월튼이었다. 메리는 폐쇄 조치로 청소년기와 성인기 사이의 소중한 순간을 잃게 되었다.

첫째 에바는 2019년 가을 프라하에서 유학하다 돌아와 버지니아대학교에서 봄 학기를 보내던 중 수업이 중단되었다. 에바는 여름을 집에서 보내고 다시 학교로 돌아갔지만, '정상적인' 대학생활을 보내려던 계획은 코로나19 사태로 불가능해졌다. 대학 캠퍼스는 원격수업을 강요했고, 학생들은 대부분 부모와 함께 집 또는 기숙사 방에 고립되었다.

물론 학생들도 바이러스 감염을 피해 갈 수는 없었다. 수업을 받든 안 받든 밀집된 공간에 많은 수가 몰려 있으니 불가피했고, 젊은 사람들이 대부분 그렇듯 당연히 회복해서 정상으로 돌아갔다. 그러나 2020~2021년에 이어진 원격교육 강요와 2022년 4월까지 지속된 마스크 착용 규칙은 학생들의 건강을 보호하는 데 실질적인 효과가 전혀 없었다. 심지어 일부 대학에서는 학생들이 서로를 감시하게 하고, 마스크를 착용하지 않은 학생을 보면 보고하라는 지침까지 내렸다.

이 모든 제한은 너무나 터무니없었다. 예를 들어 2021년 봄, 따뜻하고 화창한 날씨에 조지메이슨대학교 캠퍼스를 방문했을 때 잔디밭에서는 학생들의 무용 수업이 진행되고 있었다. 학생들은 10피트(3m) 이상 떨어져 있었지만 모두 마스크를 착용하고 있었다.

이런 규칙은 분명 비합리적이었다. 그런데 대학생들은 성인으로서 환경에 적응할 수 있었던 반면 어린아이들은 달랐다. 우리 아이들은 자신에게 일어나는 일에 대해 아무런 통제권이 없었다. 그리고 코로나19 기간 동안 아이들에게 가해진 처우는 국가적 치욕이었다.

버지니아에서는 2020년 3월 중순에 학교가 처음 폐쇄되었다. 이후 주지사는 "행정명령 53"을 통해 6월 중순까지 학교 폐쇄를 연장했다. 학교 폐쇄가 시작되고 6주가 지난 2020년 5월 6일, 나는 주지사에게 버지니아주 헌법은 모든 학생에게 양질의 교육을 보장하도록 하고 있다고 상기시키는 편지를 썼다. 하지만 주지사의 측근들은 그 편지를 그냥 웃음거리 정도로 취급하며 아무런 공식적 답변도 하지 않았다.

당시 주지사의 지지율이 75%였으니 집에 갇힌 아이들을 누가 신경이나 썼겠는가?

6월에 있었던 존 프레데릭스와의 라디오 인터뷰 이후 나는 학교 문제에 대해 더 이상 큰 소리를 내지 않고 조용히 지내며 학교가 노동절까지 정상화되기를 바랐다.

아이들이 학교에 가지 않고 집에 머무르는 상황은 많은 학부모에게 심각한 문제였다. 우리 집의 경우, 열다섯 살인 토머스는 6개월 동안 컴퓨터 앞에 앉아 있는 것 말고는 아무것도 할 일이 없었다. 이런 생활이 무슨 삶인가? 막내딸 아이다는 더욱 심각했다. 초등학교 3학년을 마친 막내는 신경다양성 자폐가 있어 특수한 수업을 통해 교육받고 있었지만, 모두 폐쇄되면서 외부 세계와의 연결이 끊기고 말았다.

2020년 여름 동안 나는 매주 리치먼드에 내려가 있었고, 집으로 돌아오면 변호사 사무실에서 일하며 수입을 유지했다. 아이들은 스포츠나 외부 활동을 전혀 할 수가 없어 대부분 집에서만 머물렀다. 아이들의 동심 세계는 멈췄고, 하루의 모든 접촉이 화면을 통한 새로운 세계로 대체되었다.

나와 마찬가지로 다른 부모들도 대부분 우리 지역 학교 시스템인 페어팩스 카운티 공립학교가 문을 다시 열 것으로 기대했다. 하지만 2020년 여름 동안 공립학교와 학부모 간에는 소통이 거의 없었고, 조지 플로이드 시위 이후 '체계적인 인종차별' 관련 설문조사 정도만 진행되었을 뿐이다.

8월 초, 공립학교 교육감인 스콧 브랜드가 학생들이 매주 이틀은 대면 수업을 받고 나머지 사흘은 원격수업을 받는 계획을 발표했다. 스콧은 내 친구였고, 페어팩스 고등학교에서 훌륭하게 교장선생을 했던 사람이다. 그러나 너무 선한 사람이어서 초진보적인 성향의 새로운 학교 운영위원회의 영향에 휘둘렸다. 운영위원회는 좌파 블로거와 활동가 그룹의 요구에만 응답할 뿐

'학부모'는 신뢰하지 않았다.

스콧 교육감의 계획이 발표되자 페어팩스 카운티의 교사협회 노조가 즉각 반발하며 그 결정이 교사들의 생명을 위협한다고 주장했다. 교사협회 노조 시위자들은 "나는 교사가 되기 위해 죽어야만 하나?"라는 문구가 적힌 팻말을 들고 교육청 본부 앞에서 시위를 벌였으며, 파업 가능성까지 거론되었다. 교사들의 행동은 그 즉시 학교 재개 계획을 좌초시킬 위협이 되었다.

교육청은 소극적 태도를 보이다가 끝내 항복해버렸다. 학부모 대다수가 자녀들이 학교로 돌아가길 원했지만 교사들의 협력 없이는 학교 시스템을 정상적으로 운영할 수 없었다. 초진보적인 학교 운영위원회는 교사들에게 복귀를 명령할 의지가 없었고, 교육감은 노동절 이후 겨우 이틀의 수업 계획조차 철회해야 했다. 그리고 아이들은 계속 집에 머물렀다.

가을이 되자 나는 학교 시스템이 상황을 어떻게 모니터링하고, 어떻게 공공안전을 최우선으로 내세우는 메시지를 보내는지 새로운 사실들을 계속 수집했다. 물론 학교 시스템은 아이들을 집에 머무르게 하는 것이 공공의 건강에 어떤 긍정적 영향을 주었는지 확인하려는 실질적 노력을 전혀 하지 않았다. 2020년 9월까지 모든 공립학교를 재개한 플로리다주, 조지아주, 오하이오주에서 학교 재개와 공공 건강의 상관관계가 어떤 결과로 나타났는지에 대해 어느 누구도 관심을 보이지 않았고 전혀 신경 쓰지 않았다. 결과는 뻔했다. 2021년이 되어서야 확실히 알게 되었지만, 학교 폐쇄는 공공의 건강에 아무런 긍정적 영향을 미치지 못한 것이 사실이다.

문제의 핵심은 모두는 아니지만 많은 수의 교사가 복귀를 거부했다는 점이다. 내 친구인 프린스 윌리엄 카운티 학교 운영위원회 의장 바부르 라티프가 그런 교사들의 태도를 비꼬아 나에게 했던 말이 있다. 수업 복귀를 거부한 교사들이 정작 소매점에서 물건을 사고 패스트푸드점에서 음식을 사 먹는다는 것이었다. 교사들이 그런 곳에서 자기 학생들인 10대 청소년들에게 서비스를 받는 어처구니없는 일이 벌어지고 있다는 지적이었다. 하지만 바부르와 같이 어이없는 상황을 꼬집고 비난할 용기를 가진 사람은 거의 없었고, 학교로 돌아가는 것에 대한 교사와 직원들의 불안감이 용인되고 정당화되는 분위기였다.

2020년 12월, 부모이자 주 상원의원이기도 한 나는 한계에 도달했다. 나의 한계를 시험한 사건은 페어팩스 카운티의 교육위원회가 연례 요구 사항을 발표한 '입법 업데이트'였다. 다른 모든 공공 회의와 마찬가지로 이 회의도 줌으로 진행되었다.

교육위원회 의장은 무난한 성격의 여성이었고, 대면 수업을 하지 않은 9개월 동안 교육위원회가 얼마나 훌륭히 일하고 있는지 온라인 청중에게 설명하며 다양한 문제를 열거했다. "열심히 일하는 직원들에게 축사를 보냅니다!"라는 말과 함께 위원회는 교사들의 뛰어난 노력에 대한 보상으로 주의회에 더 많은 자금을 요청했다. 의원들의 축사가 이어졌고 공식적인 내용은 이러했다.

"코로나19로 인해 학교는 폐쇄되었지만, 우리는 모두 훌륭히 일을 해내고 있습니다!"

정말 황당했던 것은 교육위원회의 실제 입법안이었다. 단 하나의 요청 사항이 있었다. 성폭력 사건에서 '타이틀 IX'(교육계의 성차별을 없애기 위한 연방법률)에 따른 "분명하고 설득력 있는 증거" 기준을 "우세한 증거"로 낮추자는 것이었다. 이 법안은 버지니아주 소재 대학교에서 성폭행 혐의를 받는 젊은 남성들에게만 적용되는 기준이었다. 다시 말해 거의 1년간 대면 수업을 하지 않은 지역의 교육위원회가 제시한 유일한 입법 목표가 더 많은 남학생의 대학 진학 자격을 박탈하는 데 있었던 것이다(대학생 중 남학생의 비율은 40%도 채 되지 않았다). 대학 캠퍼스에서 벌어지는 성폭력 문제에 신경 쓸 필요가 있다는 이유였는데, 사실 당시 대학 캠퍼스는 텅 비어 있지 않았는가.

이것이 2020년 12월 소수자 차별에 저항하는 지배적 이데올로기, '각성Wokeness' 문화가 초래한 결과였다. 이제 반격할 때가 되었다.

2020년 크리스마스이브에 나는 몇 가지 선물을 사러 쇼핑몰로 향했다. 당시 쇼핑몰은 열려 있었을 뿐 아니라 쇼핑객들로 가득했다. 가는 길에 나는 시오반 던나반트 상원의원에게 전화를 걸었다. 시오반은 헨리코 카운티 출신의 공화당 상원의원이자 산부인과 의사로 중도적이고 지적인 사람이었다. 나는 그녀에게 말했다.

"시오반, 내 아이들이 망가지고 있어. 올해는 완전히 없어진 한 해였고, 우리 아이들을 보호할 용기를 가진 사람은 아무도 없는 것 같아. 주지사도 마찬가지고."

(노섬 주지사 행정부는 2021년 입법 목표로 '형평성 기준'을 토대로 한 마리화나 판매 라이선스를 발표했다.)

"학교를 다시 재개하는 법안이 필요해."

시오반은 내 말에 즉시 공감했고, 이후 2년 동안 우리는 전략 파트너가 되었다. 그녀는 공화당 의원들이 학교 재개 법안을 지지할 것으로 확신하면서 나에게 다른 민주당 의원들을 설득해야 한다고 말했다. 나는 이미 그런 결과를 예상하고 있었다. 그래서 이날 두 번째로 전화한 사람은 조 모리시 상원의원이었다. 조 모리시는 버지니아주 정치계의 전설적 인물로 "개성 넘치는 인물" 그 자체였다. 29세에 리치먼드의 검사로 선출돼 '파이팅 조 Fighting Joe'라는 별명과 함께 두려움 없고 충동적인 성격으로 명성을 얻었다. 지나친 다툼으로 1990년대에 변호사 자격증을 잃었지만, 이에 실망하지 않고 아일랜드와 호주로 가서 법대생들을 가르치며 국제적 철학자로 거듭났다. 이후 리치먼드로 돌아와 하원의원 선거에 출마해 2007년 흑인이 다수인 지역구에서 백인 하원의원으로 선출되었고, 다시 상원의원 선거에 출마해 당선된 인물이다.

크리스마스이브에 조에게 전화한 이유는 선거 이야기를 나누기 위해서가 아니었다. 나에겐 아무 두려움 없이 나를 지지해줄 민주당 지지자가 필요했고, 내 예상대로 조는 내 의견에 찬성했다. 사실 통화를 시작한 지 1분도 안 되어 조는 아이들이 9월부터 가톨릭 사립학교에서 대면 수업을 받고 있다고 설명하기 시작했다. (조는 독실한 로마가톨릭 신자였다.)

우리 팀이 준비되었으니, 이제 메시지와 계획이 필요했다. 1월 4일, 나는 온라인 뉴스레터를 발송해 2021년 주의회에서 다룰 가장 중요한 문제는 마리화나 합법화가 아니라 학교를 다시 여는 것이라고 단언했다. 며칠 뒤, 나는 〈리치먼드 타임스 - 디스패치〉에 그런 내용을 담은 기고문을 실었다.

마치, 산을 오르는 것 같았다. 1월 3일, 상원의원들은 끔찍한 소식을 접했다. 농촌 지역인 테이즈웰 카운티 출신으로 지역에서 사랑받는 공화당원 동료 벤 채핀 상원의원이 11월에 감염된 코로나바이러스로 사망했다는 소식이었다. 벤의 죽음으로 끝날 일은 아니었다. 상대적으로 온화했던 여름과 가을(모든 학교가 문을 닫고 운동경기가 취소된 시기)을 지나 코로나바이러스가 12월 말과 1월 초에 다시 급증하면서 감염자가 늘어나기 시작했다. 2021년 초에 예정되었던 학교 행사는 다시 취소되었다. (1월 초에 열리는 아들의 레슬링대회가 취소되지 않기를 간절히 기도했던 기억이 난다. 다행히도 그 대회는 취소되지 않았다.)

의회가 시작되기 4일 전인 1월 4일, 우리는 전화로 의원단 회의를 열었다. 그날 밤이 어제 일처럼 생생히 떠오른다. 리더인 마미 로크 의원은 "동료 벤 채핀을 위한 묵념"으로 의회를 시작했다. 각 상원의원은 의회에 대한 자신의 목표를 말할 기회를 가졌는데, 대부분이 추가 예산안 지출과 관련된 것이었다. 내 차례가 되었다. 나의 유일한 목표는 학교를 다시 여는 것이라고, 학교가 폐쇄된 지 1년이 훌쩍 지났고 원격교육은 재앙이라고 발언했다.

우리의 아이들은 코로나바이러스 급증 여부와 상관없이 정상적 삶으로 돌아가야만 했다. 우리는 더 이상 두려움의 거품 속에서 살 수 없었다.

내 발언이 끝나자 의회 안에서는 침묵이 흘렀다. 아무도 학교 재개 또는 어떤 재개에 대해서도 이야기하고 싶어 하지 않았다. 학교의 대면 수업 재개는 민주당의 메시지가 아니었다. 민주당 지지층은 가능한 한 오래 학교가 폐쇄되기를 바랐다.

그리고 민주당 상원 원내대표는 나에게 이렇게 말했다.

"상황을 따르게, 챕."

그렇게 2021년 의회가 시작되었다.

Chapter 20

험난했던 2021년 회기

2021년 겨울 의회의 회기는 어둡고 어두운 시간이었다.

의회 회기가 시작되면 나는 리치먼드에 주로 머물며 기회가 있으면 시 곳곳을 돌아다니고 즐거운 시간을 보내곤 했다. 젊은 의원 시절엔 리치먼드 서쪽 끝에 있는 팬이나 캐리타운 같은 멋진 동네에 숙소를 마련해서 거주한 적도 있었다. 그리고 아침에는 리치먼드의 전통적 중심지로 리 장군과 잭슨 장군 등의 웅장한 기마 동상들로 유명한 기념비 거리를 따라 종종 달리기를 즐기기도 했다.

하지만 이제 그 거리의 동상은 사라지고 없으며, 빈 기둥 위에는 온갖 낙서와 욕설만 적혀 있을 뿐이다. 평소라면 의정 활동이 끝난 저녁 즈음 동네 술집에 가서 맥주를 마시며 하루를 마감하기도 했을 것이다. 예전엔 대학생들과 젊은 직장인들로 가득하던 술집들의 문은 이제 거의 닫혀 있고, 문을 연 곳에서도 바텐더 혼자 몇 명의 낙담한 손님들에게 술을 서빙할 뿐이다. 그해 리치먼드는 침체되고 황량한 도시였다.

2021년 의회 회기 동안 나는 도시 중심의 힐튼호텔에 머물렀고, 그 덕분에 가까운 주 의사당까지 걸어갈 수 있었다. 문제는 의사당 광장에 아무도 없다는 사실이었다. 의원들의 사무실 건물은 방문객들에게 열려 있지 않았고, 주민들이나 이익단체, 심지어 로비스트들도 들어갈 수 없었다. 복도는 어둡고 텅 비었으며, 문에는 바이러스 확산을 막기 위해 샤워 커튼이 걸려 있었다. 너무나 조용했다. 나는 항상 이른 아침에 사무실에 가서 일하고 중앙로를 따라 상원의회가 열리는 과학박물관으로 차를 몰고 가는 것 외에는 다른 선택지가 없었다.

그것도 그리 나쁘지는 않았다. 의회 회기 동안 오직 일에만 몰두했기 때문이다.

2021년 입법의회 개회일은 1월 13일 수요일이었다. 나는 학교 재개를 최우선 목표로 삼고 실행에 옮길 다음 단계에 나섰다. 목표를 실현할 수 있는 방법은 바로 주 예산안을 막는 것이었다. 주 예산안을 통과시키려면 헌법에 따라 선출된 의원 과반수의 찬성이 필요했다. 벤 채핀 상원의원이 사망하면서 상원의원은 21명의 민주당 의원과 18명의 공화당 의원들을 합해 총 39명이었다.

(2021년 1월, 민주주의의 중요성에 대해 온갖 떠들썩한 말이 많이 오갔지만 주지사는 채핀 의원의 빈 의석을 위한 지역 특별선거를 끝까지 미루기로 결정했다. 이것은 민주당에게 추가적으로 유리한 조건을 제공했다. 리치먼드 언론은 코로나19 시대의 정치에 대해 아무런 언급도 하지 않았다.)

해법은 간단했다. 학교 문을 열기 전까지 주 예산안을 유보하는 것이었다. 단호하게 말하자면, 아이들이 학교로 돌아오기 전까지는 아무도 급여를 받지 못한다는 의미였다. 이는 주 공무원이나 교사, 그 누구도 급여를 받지 못한다는 경고였다. 핵폭탄과도 같은 전략이었지만 이 수단밖에 없었다. 지난 수개월 동안 설득과 홍보에 나섰지만 완전히 실패했고, 주지사가 더 이상 학교 재개 문제에 대해 이야기조차 하지 않는 상황에서는 그 방법밖에 없었다.

나는 공화당 의원 18명의 찬성표를 받을 수 있었다. 내가 공화당의 표를 모두 모으고, 조와 내가 우리 입장을 계속 고수한다면 우리는 20명의 '찬성표'를 모은 셈이 되고, 그러면 예산안을 무기한으로 막을 수 있다. 그렇게 되면 주지사가 굴복할 수밖에 없다. 굴복하지 않으면 주지사의 직원들조차 급여를 받지 못하는 상황이 벌어질 것이기 때문이다.

너무 극단적이라고 할 수 있겠지만, 당시에는 그런 극단적 조치가 필요했다.

첫 의회가 시작되기 전 아침, 나는 조와 시오반 의원과 함께 기자회견을 열어 우리의 계획을 발표했다. 바람이 세차게 몰아치는 추운 날이었다. 우리는 과학박물관 밖에서 코트를 입고 서 있었고, 나는 공교육이 정상적으로 재개되지 않는 한 어떤 예산안에도 찬성하지 않겠다고 발표했다. 우리 주위에는 많은 기자가 모여 있었는데, 〈리치먼드 타임스 - 디스패치〉와 TV 방송국이 있었다.

〈워싱턴 포스트〉는 찾아볼 수 없었다. 며칠 전인 1월 6일, 트럼프 지지자들이 대통령 선거인단의 투표 집계를 막으려고 연방의회에 침입한 수치스러운 폭동 사건이 있었다. 버지니아주 공화당의 상원의원 중 한 명도 트럼프 집회에 참석했지만 연방의회에는 침입하지 않았다. 2021년 1월, 주류의 중도·좌파 언론은 모두 트럼프의 "미국을 다시 위대하게MAGA"와 보수 공화당원들 그리고 민주주의에 대한 위협이라는 이슈만 다루고 있었다. 연방 정치를 주목하는 그들에게는 버지니아주 학교 재개를 위한 초당적 노력은 별로 흥미 없는 이야기였을 테고, 어쩌면 반정부적 행동으로 보았을지도 모른다. 그 뒤로도 몇 주 동안 우리의 계획은 〈워싱턴 포스트〉에 보도되지 않았다. 학교 문을 닫은 지 벌써 1년이 지났고, 120만 명의 학생들이 집에 갇혀 있는 현실이 그들에게는 그리 시급한 문제가 아니었기 때문이다.

기자회견이 끝난 뒤, 과학박물관으로 들어가 민주당 전체 회의에 참석했다. 분위기는 차가웠다. 재정위원회 의장은 나에게 정말 모든 K-12 교육 예산안을 위험에 빠뜨릴 것이냐고 물었다. 내 대답은 명확했고, 확고했다.

"예, 그렇습니다."

1년 동안 지속된 원격교육은 교육이 아니며, 학교들이 대면 수업을 재개하지 않으면 주정부로부터 아무런 지원도 받지 못하게 될 것이라는 입장을 표명했다. 이것이 나의 확고한 입장이었다. 나는 대면 수업이 반영되지 않은 예산안에는 절대로 찬성하지 않겠다고 말했다. 그것은 민주당 다수 의원들에게는 폭탄 같은 발언이었다. 더 직접적인 방법은 단순히 학교 대면 수업 재개 법안을 통과시키는 것이었다.

버지니아 주의회에서는 통상적으로 하원의원이나 상원의원이 법안을 '사전 제출'하는 것이 관례였다. 자신의 유권자들 사이에서 인기 있는 법안이 있다면 그것을 사전 제출하고, 의회 개회 시작 전 타운홀 미팅이나 뉴스레터에서 법안을 미리 소개하는 것이 일반적이었다. 반대로 법안이 공론화되는 깃을 피하고 싶다면 의회가 시작될 때까지 기다렸다가 마지막 순간에 제출해 다른 법안에 묻히게 했다.

2021년 민주당 의원들의 사전 제출 법안은 민주당 바이든 정부의 자유주의적 성향을 드러냈다. 환경 정의, 형벌 개혁, 공공조달에서의 '형평성' 등이 그것이었다. (물론 공화당은 총기 규제 완화와 세금 인하를 목표로 한 법안을 제출했다.) 나는 학교 재개에 관한 법안을 제출하는 대신 예산안에 수정안을 넣었다. 모든 공교육의 학군들은 주 5일 대면 교육을 재개하지 않으면 주정부의 자금을 받지 못한다는 내용이었다. 이 마지막 부분이 중요했다. 일부 학군에서 대면 수업을 제공하더라도 2~3일만 그렇게 할 공산이 컸기 때문이다.

주 예산안은 상원의 재정위원회에 보고된 뒤 본회의에 제출되며, 수정할 부분이 있으면 본회의에서 수정할 수 있다. 본회의에서 수정하는 일이 자주 발생하지는 않는데, 이유는 다수당 전체 회의에서 일반적으로 대부분의 의원을 잘 통제하기 때문이다. 하지만 나는 목표를 달성할 수 있는 표를 가지고 있었다. 나는 수정안을 제출했고, 그 안이 결국 상원 예산안에 포함될 것으로 예상하고 있었다. 왜냐하면 나는 내 수정안이 반영되지 않은 예산안에는 절대로 협조하지 않겠다고 다짐했기 때문이다.

미국 독립전쟁 초기에 영국군의 이동 경로를 미국 애국시민에게 알리는 신호로 랜턴 불빛이 "하나라면 육로, 둘이라면 해로"라는 암호였듯 내가 수정안을 제출할 때 다른 한쪽에서는 나와 비밀리에 약속한 공화당의 시오반 의원이 모든 학교가 대면 교육을 재개해야 한다는 내용의 법안을 제출했다. 이것이 바로 "상원법안 1303"이다. 나는 즉시 공동 제안 의원으로 서명했다. 민주당 의원으로는 유일했다.

2021년 의회에서 초반 몇 주는 아만다 체이스 상원의원 문제로 소중한 시간을 모두 허비하고 말았다. 그녀를 상원에서 제거해야 한다는 공개적 요구가 있었지만 그 요구를 받아들일 법적 근거가 없었다. 그녀가 연방 집회에 참석했다고 해서 법을 위반한 것은 아니었다. 오히려 그녀가 지난 1년 동안 여러 차례 부적절하고 어처구니없는 발언으로 상원의원이 갖추어야 할 도덕적 품위를 손상시킨 것이 문제라면 문제였다. 따라서 상원의회는 방향을 바꾸어 그녀의 그간 발언을 문제 삼아 징계 문제를 논의했다. 그런데 그 문제만으로도 민주당의 전체 회의와 본회의에서 많은 시간이 허비되었다.

나는 답답했다. 내게 분명한 1순위는 아이들 문제였기 때문이다. 그해 1월에 이르렀을 때 학부모들은 이미 탄탄한 조직을 결성하고 있었다. 민주당이 집권하는 페어팩스 카운티의 경우도 마찬가지였다. 2020년 6월 '페어팩스 카운티 공립학교 재개Open FCPS'라는 이름 아래 수많은 학부모를 대표하는 강력한 그룹이 형성되었다. 이 그룹에 참여한 학부모들의 숫자는 증가했고, 공립학교 재개를 위해 열심히 로비 활동을 개시했다. (사립학교는 몇 달 전에 이미 재개한 상황이었다.)

페어팩스 카운티 공립학교의 운영이사회는 구성원 전체가 민주당원으로, 이들의 공식적 입장과 반응은 페어팩스 카운티 공립학교 재개를 주장하는 측은 공화당 그룹이기 때문에 무시하거나 공개적으로 모욕할 수 있다는 것이었다. 마치 악몽처럼 느껴졌다. 이런 문제가 제기되었을 때 방어할 방법이 없다면 논리적으로 발언자를 공격하는 것이 일반적이다. 그 발언자가 단지 자녀들의 교육을 위해 앞장선 학부모들일지라도 말이다.

다행히 나는 민주당 측에서 지지표를 하나둘 얻기 시작했다. 매주 월요일 밤, 우리는 곧 닥칠 의제를 논의하기 위해 민주당 전체 회의에 참석했다. 우리는 주지사의 행정부로부터 매일 브리핑을 받았다. (2019년 이전과는 다른 놀라운 변화였다.) 의회의 첫 번째 일요일에는 노섬 주지사 행정부가 지정한 코로나19 대응 책임자 대니 아불라 박사에게서 브리핑을 받았다. 그에게는 가장 취약한 계층 사람들로부터 시작해 주민들에게 백신을 배포하는 임무가 주어졌다. 정말 훌륭한 선택이었다.

2020년 12월에 시작된 버지니아주 첫 백신 배포 조치는 제대로 시행되지 않아 실패작이었지만, 실수는 곧 바로잡혔다. 아불라 박사는 자기 나름의 소신을 강하게 표출하며 브리핑을 했지만, 여러 분야의 많은 건강 전문가가 사용하는 "세상이 다 무너졌다"라는 식의 표현은 피했다. 그는 특히 아이들을 위해 삶을 정상으로 되돌려야 하는 것의 중요성에 대해 말했다. 나는 그의 말에 귀가 번쩍 뜨여 그에게 물었다.

"박사님, 그렇다면 아이들이 학교에 돌아갈 수 있다는 뜻인가요?"

"예, 그렇습니다."

아불라 박사는 단호하게 대답했다. 아이들이 교실로 돌아가지 않을 이유가 없다는 것이었다.

회기가 시작되고 2주가 지난 1월 24일에 이르러 나는 상원회의에서 공개적으로 소신을 밝힐 준비를 마쳤다. 사실 얼마 전에 나는 수년 동안 알고 지내던 지역 주민에게 그의 부친이 코로나19에 감염되어 돌아가셨다는 전갈을 받았다. 나는 위로의 말을 전했다. 그는 아버지가 99세인데 그동안 잘 사시다 돌아가셨으니 괜찮다고 말했다. 그러면서 이렇게 덧붙이는 게 아닌가. 학교 문을 다시 여는 것에 관한 한 내가 전적으로, 100% 옳다고.

다음 날 회의가 끝난 뒤, 나는 '개인 특정 발언권'을 요청하고 말을 시작했다. 투표와 상관없는 문제에 대해 말할 수 있는 기회였다. 나는 동료들에게 예의를 표한 다음, 페어팩스 카운티의 학교와 주 전역에 있는 대부분의 학교가 지난 305일 동안 폐쇄된 사실에 대해 말했다. 이런 일은 전쟁 중에도 없었던 역사상 최대의 화젯거리이자 말도 안 되는 기막힌 일이었다. 가장 많은 예산을 K-12의 교육에 지출했음에도 공립학교 시스템이 운영되지 않는 사태가 발생한 것이다.

나는 과학적 증거를 거론하기 시작했다. 아불라 박사가 발표한 이론을 통해 학생들을 학교로 다시 보내야 한다고 밝히고, 여러 학술지와 과학 저널도 인용했다. 나는 유럽 국가들이 학생들을 몇 달 전부터 다시 학교에 보내기 시작했다는 점을 강조했다. 실제로 외국의 경우 많은 나라가 학교 문을 한 번도 닫지 않았다. 반면에 버지니아주에서 학교를 폐쇄할 때는 그것을 뒷받침할 만한 적절한 과학적 근거가 없었다. 그리고 대면 수업이 아이들에게 위협이 된다는 것을 보여주는 실제적 증거도 없었다.

마지막에 나는 코로나로 아버지를 잃은 내 친구 이야기로 발언을 마무리했다. 무척 슬픈 일이지만 우리 모두의 삶에는 끝이 있는 법이다. 그런데 그 사실을 아이들을 위한 대면 교육을 거부하는 구실로 삼아서는 안 된다고 말했다. 뒤이어 다음 말이 자연스럽게 흘러나왔다.

"99세의 죽음이 9세 아이의 교육을 방해해서는 안 됩니다."

나는 그 말의 의미가 잊히지 않도록 다시 한번 반복했다. 내 발언이 끝나고 상원의회는 종료되었다.

의회가 끝난 뒤, 몇몇 동료가 다가와 나에게 고마움을 표했다.

"드디어 누군가가 나서서 옳은 말을 했군."

그러나 모두가 기뻐한 것은 아니었다. 민주당 동료 상원의원들이 애써 나를 외면하는 게 보였다. 온라인 청중, 특히 진보 성향 사람들이 상원의회를 지켜보고 있다는 것을 알았기 때문이다. 이번에도 챕이 또 입을 잘못 놀렸어. 그런 분위기였다. 회의장을 빠져나올 때 동료 의원이 나에게 이렇게 말했다.

"물론 자네 말이 맞아. 하지만 마지막 말은 과했어. 사람들이 공격할 걸 잘 알잖나."

예상대로 진보 성향 블로그는 내 발언에 대해 열띤 반응을 보였다. 내 연설에 대해 한 블로거가 바로 글을 올렸다. "챕 피터슨은 도대체 누구인가? 그를 경선에서 대적할 사람이 누구인가?"라는 제목의 글이었다. 나는 또다시 무모하게 사람들을 위험에 빠뜨리고 있다는 비난을 받았다.

하지만 반응이 모두 부정적이었던 것은 아니다. 처음으로 나는 지지를 받기 시작했다. 페어팩스 카운티 공립학교 재개를 주장하는 그룹에서 소셜미디어 활동을 개시했고, 상원의원들에게 직접 전화를 걸기도 했다. 더 나아가 나는 의회 내에서도 지지를 얻기 시작했다.

일주일 전에 시오반 의원이 발의한 "상원법안 1303"이 교육위원회에 상정되었다. 강경한 민주당 의원들이 임원의 다수를 차지하고 있어 법안이 통과될 것으로 기대하지는 않았다. 사실 그 법안이 통과되리라 기대하는 것은 기적을 바라는 것과도 같았다. 오히려 내 예산안 시나리오의 성공 가능성이 훨씬 높아 보였다. 그런데 설상가상으로 공화당 상원의원 한 명이 그날 아침 코로나 백신을 맞고 회의에 불참하는 바람에 소위원회는 9 대 5로 민주당 쪽에 유리했다. 시오반 의원의 "상원법안 1303"에 대한 발표가 끝난 뒤 민주당 의원들은 법안을 무기한 보류하자는 안을 발의했다.

법안 보류건에 대한 호명 투표가 이루어졌다. 나는 반대표를 던졌는데, 예상치 않게 민주당의 한 의원도 반대표를 던졌다. 그렇게 7 대 7로 동점이 되었고, 위원장은 매우 불만이었지만 법안 통과를 다음 주로 넘길 수밖에 없었다. 나는 반대표를 던진 민주당 의원과 이야기를 나누었는데, 그도 내 입장을 지지했다.

일주일 뒤 소위원회에서 법안이 다시 상정될 예정이었다. 나는 학교 재개를 지지하는 민주당 의원 두 명의 지지를 받았기에 우리가 본회의에서 승리할 수 있겠다고 확신했다. 나는 법안이 총회 표결에서 넉넉한 차이로 여유 있게 통과되기를 바랐다. 그래야 하원에서도 무리 없이 법안이 통과될 수 있기 때문이다.

1월 28일 목요일, "상원법안 1303"이 상원 교육 소위원회에서 또다시 상정되었다. 회의 전에 나는 민주당 최고의원 두 명과 이야기를 나누었다. 이들은 페어팩스 카운티를 대표하는 상원의원으로 30년을 재직한 매우 존경받는 인물이었다. 최고의원의 지지는 법안 통과에 큰 영향을 미치기 때문에 찬성표를 던질 수 없다면 최소한 중립을 지켜주길 진정으로 바랐다.

나는 또한 주지사의 교육정책 보좌관 및 총무실과도 연락을 취하며 "상원법안 1303"에 대한 지지를 요청했다. 단 한마디의 지지만으로도 반대 의견을 끝장낼 수 있었다. 하지만 주지사 측은 당시 최대 영향력을 발휘하고 있던 교사노조에 반대를 표명할 수 없었다. 노섬 주지사의 행정부는 여전히 소극적 태도를 유지하며 학교 재개에 대한 '지침'을 그들에게 제공했지만, 이를 공개적으로 발표하지는 않았다. 2021년 주지사의 최우선 의제는 여전히 마리화나 판매에 대한 형평성 있고 공정한 민간시장을 만드는 데 있었다. 그래서 학교 재개를 주장하는 사람들은 외로운 싸움을 할 수밖에 없었다.

어쨌든 "상원법안 1303"은 1월 28일에 소위원회에서 다시 한 번 발의되었다. 논의는 짧았다. 표결이 이루어졌고, 법안은 8 대 7로 통과되었다. 분명히 좋은 결과였다. 더욱 좋았던 점은 민주당의 상원 최고의원인 재정위원장이 "지금은 반대하지만 상원 본회의에서 그 법안에 담겨 있는 '비상 조항,' 즉 통과 즉시 효력을 발휘한다는 조항을 삭제해 수정안이 제출되면 찬성할 수 있다"라고 말했다는 사실이다. 물론 조금은 씁쓸하기도 했다. 그래도 우리에게는 민주당 의원들의 지지가 필요했다. 그리고 노섬 주지사는 법안이 주정부에 전달되고 난 뒤 언제든 비상 조항을 추가할 수도 있으니 수정안을 받아들일 것 같았다. 법안은 본회의에서 수정될 가능성이 있었다.

나는 시오반 의원과 이야기를 나누었고, 우리는 내키지 않았지만 그 수정안에 동의하기로 합의했다.

2월 2일 월요일, "상원법안 1303"은 상원 본회의에 상정되었다. 시오반 의원이 법안을 소개하고 학교 재개가 얼마나 중요한지에 대해 이야기했다. 그녀는 "우리 아이들이 무고하게 치르고 있는 놀라운 대가"에 대해 언급하며, 학교 폐쇄를 정당화하는 과학적 증거는 "단 하나도 없다"고 밝혔다.

그녀의 발언이 끝나자, 나는 자리에서 일어섰다.

Chapter 21　　　　　　　　　내 아이들처럼 보여요

2021년 버지니아주 상원의회는 한 편의 드라마 같았다. 말 그대로 많은 의회 드라마가 펼쳐졌다. 이때 나의 주요 일과는 공립학교 재개에 관한 "상원법안 1303"을 추진하는 업무로 시작해서 최종 통과 과정까지 의회에서의 일로 채워졌다.

민주당이 헤게모니를 쥐고 주도권을 행사한 지 2년이 지난 2021년에는 많은 이슈가 진행 중이었다. 처음에는 2020년 의회 회기 동안 벌어진 혁신적 변화에 코로나 사태가 겹치면서 진보주의의 변화와 속도가 늦춰질 것이라고 생각했다. 그러나 실제는 정반대였다. 2020년 여름, 흑인에 대한 경찰의 과잉 진압으로 발생한 조지 플로이드 사망 사건으로 인종차별에 대한 항의 시위가 미국 전역은 물론 전 세계로 퍼져나가게 되었다. 이 사건과 함께 11월 대선에서 조 바이든 대통령의 당선은 인종차별 문제를 둘러싼 분위기를 더욱 고조시켰다. 또한 버지니아주 민주당의 랄프 노섬 주지사는 가장 진보적인 목소리로 DEI, 즉 다양성·형평성·포용Diversity·Equity·Inclusion을 외치는 '공평한 주지사'로서의 이미지를 구축하며 주지사 업무를 수행했다.

노섬 주지사의 2021년 의제는 '형평성'이었다. 그 의제에 대한 강조는 모든 것을 포괄하는 중심 과제였다. 이를테면 그 의제는 지난 역사 동안 차별 대우를 받아온 사회집단뿐 아니라 특히 버지니아주 아프리카계 미국인의 역사적 지위를 인정하고 차별을 받아온 데 대해 보상하는 것을 의미했다. 사회적 정의라는 모든 대의명분과 마찬가지로 평등과 형평성 문제가 가장 뜨겁게 분출된 곳은 바로 공립학교였다. 무엇보다 버지니아주의 '주지사 학교'에 초점이 맞추어졌다. 버지니아에는 주정부에서 지원하는 명문 고등학교가 19개 있다. 그중에서도 페어팩스에 자리 잡고 있는 토머스 제퍼슨 과학기술고등학교는 우수하고 똑똑한 아이들이 교육받는 학교로 명문 'TJ'로 널리 알려져 있다.

TJ는 1985년 페어팩스 카운티 알렉산드리아 외곽 동쪽에 있는 토머스 제퍼슨 고등학교 부지에 설립된 고등학교였다. 나는 내 모교인 페어팩스 고등학교에서 TJ 팀과 스포츠 경기를 수년간 같이 해왔기에 누구보다 그 학교를 잘 알았다. 1985년 가을, 새로 생긴 과학기술고등학교인 TJ 팀과 미식축구 경기를 하게 되었을 때, 우리는 과학기술학교 공부벌레들과의 싸움에서 쉽게 이길 것이라 장담했다. 그러나 우리 팀은 패배했고, 우리는 충격과 놀라움에 휩싸였다.

나는 그때의 패배를 통해 TJ를 존중하는 법을 배웠다. 그렇다. TJ는 그런 학교다. 학생들이 뛰어나고, 미국 내 1천여 개의 공립 고등학교 가운데 최고로 꼽히는 곳이다.

1985년 개교 이래 TJ는 공교육 분야의 으뜸으로 성장했으며, 미국 최고의 학교로 꾸준히 평가를 받아왔다. 졸업생들은 대부분 우수한 대학교에 진학했다. 또한 많은 졸업생이 최고의 과학자나 엔지니어 분야의 기술자가 되었다. TJ의 영향력은 전국 어디에서나 확인할 수 있었다. 정보기술 분야에 종사하는 내 법률 고객에게 들은 이야기를 예로 들어보자. 이 의뢰인은 미국 내에서 가장 복잡한 공항 중 한 곳에서 이착륙을 돕는 비행기용 소프트웨어 프로그램을 설치해달라는 요청을 받았다. 문제는 여러 지역의 공항들이 보안상 미국 국방부와 밀접한 관계가 있어서 미국 시민만이 공항 프로그램을 설치할 수 있었는데, 내 의뢰인은 미국 시민권이 없는 영주권자였다. 그런데 TJ를 막 졸업한 그의 아들이 걱정하지 말라며 자기가 처리하겠다고 나섰다. 미국에서 태어난 그의 아들은 19세의 어린 나이에도 코드 작업을 문제없이 마무리하며 국방부와 연결되는 프로그램을 설치하는 데 성공했다. 그 이야기를 듣고 나는 TJ의 영향력을 다시 한번 깨우치게 되었다.

TJ는 완벽한 미국인의 성공 스토리였다. 고등학교 진학을 앞둔 자식이 있는 가족은 아이들을 TJ에 입학시키기 위해 북버지니아로 이사했다. 또한 어렵다고 소문난 그 학교 입학시험에 합격시키기 위해 많은 돈을 들여 학원 수업도 받게 했다. TJ는 능력 위주의 교육제도와 입학제도를 채택한 학교였다. 입학 허가를 받으려면 과학과 기술 분야에 큰 비중을 둔 입학시험에서 상위권에 들어야 했다. 좋은 사람이 되는 것, 지역의 교향악단에서 연주하는 것 등의 예술 및 스포츠 분야는 그리 중요하지 않았다. TJ에 입학하려면 무조건 입학시험을 잘 치러야 했다. 시험이 전부였다.

나머지는 아마 여러분이 충분히 상상할 수 있을 것이다. TJ의 개교 초기부터 많은 아시아계 미국인, 특히 한국계 미국인 학생이 다수를 차지했다. (한국인 피가 섞인 우리 큰딸은 TJ에 지원했지만 합격하지 못했다. TJ에 입학한 백인 조카는 그곳에서의 학업 경험을 살려 현재 실리콘밸리에서 컴퓨터 엔지니어로 일하고 있다.) 반면 흑인계나 라틴계 미국인 학생수는 많지 않았다.

2007년 내가 상원의원으로 입문했던 당시의 정치 상황을 되돌아보면 TJ 입학 문제는 별로 거론되지 않았다. 페어팩스 카운티 사람들은 대부분 누가 TJ에 입학해서 다니든 거의 관심을 갖지 않았다. 반면 아시안 커뮤니티에서는 TJ 입학을 위한 능력 위주의 입시제도를 거의 신성시할 만큼 중요하게 생각했다. 정치적 논쟁이 심하게 벌어지는 카운티에서 정치적 영향력이 강하고 인구수도 많은 아시아계 사람들을 무시할 수는 없었다. 또한 리치먼드에서 강력한 세력을 지닌 민주당의 원내대표를 해온 딕 새슬로 상원의원은 그 누구보다 TJ를 강력히 지지했고, 그의 아내는 TJ의 관리자로 오랫동안 일했다. 이런 연유로 TJ의 능력 위주 입학제도는 그대로 지속되었다.

그런데 2020년 여름이 되자 상황이 바뀌었다. 페어팩스 카운티 교육위원회의 입장은 단호했다. 공립학교의 재개 문제에 집중하기보다는 주 명문 학교의 규율을 거론하며 학교 시스템에서 '조직적인 인종차별' 사례를 찾아내는 데 집착하기 시작했다. 그러면서 TJ의 학교 시스템이 조직적 인종차별이라고 주장했다. 교육위원회 위원들은 TJ를 지목해서 공격하면 자신들의 정치적 목표를 쉽게 달성할 수 있으리라 생각한 것이다. TJ의 학생 비율 통계를 보면 즉각적 조치가 필요하다는 분위기였다. 당연히 현재의 입학 절차를 더 평등하고 공정하게 만들 필요가 있었다.

아이러니한 것은 TJ의 입학 절차가 백인 우월주의와는 직접적 관계가 없었다는 점이다. 실제로 TJ의 학생 분포도를 보면 백인 학생들은 극히 소수에 불과했다. 카운티 전체 학생수를 보면 백인 학생이 50% 이상을 차지하는 반면, TJ에 입학한 백인 학생은 20% 미만이었다. 그러나 정치적으로 중요한 변화가 있었다. 지난 10년 동안 카운티는 단일 정당이 지배하는 지역이었고, 이제는 공화당에서 민주당 지역으로 바뀌었다. 이 말은 페어팩스 카운티에서 서서히 늘어난 진보적 민주당원들의 목소리가 커지는 대신 아시아계 '타이거 맘Tiger Mom'의 견해는 별로 중요시하지 않게 되었음을 의미했다.

2020년 가을, 버지니아주 교육부 장관 아티프 카르니는 주 전역에서 일련의 공청회를 열었다(물론 줌을 이용한 온라인 공청회였다). 진보주의 지지자들은 TJ의 '인종차별적 입학제도'를 공격하며 더 '평등한' 학교 제도를 요구했다. 그리고 이와 관련된 법안이 그 뒤를 이었다. 2021년 입법의회에 TJ 법안이 하원에 제출되었고, 2월에는 당론 투표까지 이루어지며 상원으로 넘어갔다.

아티프 카르니 교육부 장관은 해병대 출신으로 옆 동네인 프린스윌리엄 카운티의 중학교에서 교직 생활을 한 사람이었다. 노섬 주지사는 교육부 장관 자리에 교사 출신을 임명했다. 정치적으로 평탄한 시대라면 괜찮았을 것이다. 그러나 문제는 아티프 장관의 선의에도 불구하고 좌파 활동가들의 영향력이 이전과 비교할 수 없을 만큼 커졌고, 그 힘이 교육제도를 책임지는 교육부 장관에게까지 크게 미치는 상황이었다는 데 있다. 좌파적 시각의 초점은 백인 우월주의를 무너뜨리고 철폐하는 데 모두 맞추어져 있었다. 2020년 여름, 미국 역사에 대한 당의 진보적 시각과 전망은 버지니아 주민의 60%가 넘는 대부분의 백인에게 전혀 긍정적이지 않았다. 백인들은 실제 사람이 아니라 그저 억압자일 뿐이었다.

이 문제에 대해 반대 입장에 선 사람은 민주당 원내대표 딕 새슬로 상원의원이었다. 그의 가족은 제1차 세계대전 이전에 소련의 조직적 학살을 피해 미국으로 건너왔다. 그런 배경을 갖춘 딕 새슬로 상원의원은 진보주의자들의 주장에 팽팽히 맞섰다. 또한 앞서 언급한 대로 그의 아내는 여러 해 동안 TJ 교육지도부에서 근무한 바 있었다. 새슬로 의원은 어떠한 변화에 대해서도 누구보다 단호하게 반대하고 나섰다. 2021년, 교육부 장관과 마찬가지로 새슬로 의원도 그 문제에 대해 나에게 지속적으로 로비를 해왔다.

애초부터 TJ 이슈는 내 관심 밖이었다. 나에게는 학교 문을 다시 여는 문제가 다른 무엇보다 최우선이었다. 2021년 의회 회기 전반부 기간 동안 교육부 장관과 민주당 원내대표가 수시로 나를 찾아와 각자 상대방에 대해 불만을 표하며 자기주장을 펼쳤다. 두 사람의 주장은 치열하게 대립했다. 교육부 장관의 주장은 DEI, 즉 다양성·형평성·포용에 중점을 둔 교육에 초점을 맞춘 "Section 1" 법안 안에 있었다. 반면에 나는 학교의 근본적 문제에 대해서는 새슬로 의원의 의견에 동의했다. TJ 학교의 문제점은 인종차별 관련 문제가 아니었다. 아시아계 학생수가 너무 많다는 이유로 학교 입학제도를 고쳐야 한다는 것은 타당한 근거가 되지 못했다.

화요일 아침이 되었다. 우리는 상원 교육위원회에서 TJ 관련 법안에 대해 청문회를 진행했다. 그 법안은 북버지니아 페어팩스 카운티의 전반적 인구통계를 잘 인지하지 못하고 TJ에 대해서도 잘 알지 못하는 버지니아주 남부지역 출신의 흑인계 하원의원이 제출한 것이었다. 물론 좌파 단체들을 포함해 이를 지지하는 진보 단체들도 많이 참석했다. 많은 사람이 온라인상으로 원격 증언을 하기 위해 기다리고 있었지만, 예상대로 온라인 연결이 순조롭지 못해 많은 시민에게 참여 기회가 주어지지는 않았다.

상원 교육위원장은 버지니아주 남동부 출신의 흑인계 여성인 민주당 루이스 루카스 상원의원이었다. 그녀는 타고난 정치인이었다. 나는 상원에서 강직한 그녀와 함께 일하는 것이 좋았다. 그녀는 자신의 길을 차근차근 한 계단씩 밟아 성공적인 사업가가 되었으며, 또한 진보적 정치 성향을 뚜렷이 드러내고 있었다. 그녀는 진작부터 이 법안이 통과될 것을 확신했고, 반대하는 사람은 불행한 결과를 맞을 것이라 공언했다.

발표가 진행되는 동안 묵묵히 기다리던 나는 마침내 그녀에게 발언 허가를 요청했다. 그리고 발언을 시작했다. 나는 TJ, 즉 토머스 제퍼슨 과학기술고등학교가 미국 최고의 공립 고등학교라고 강조했다. 아울러 TJ의 학생들 가운데 75%가 소수민족이고, 대부분의 학생이 이민 1세대 가족 출신이라는 점을 언급했다. 소수민족 1세대가 성공한 이유는 단 하나, 즉 그들이 누구보다 열심히 일하고 공부했기 때문이며, 이것은 근본적인 인종차별과는 아무런 관련이 없다고 말했다.

내 말이 끝나기가 무섭게 루카스 상원 교육위원장이 즉각적 반응을 보였다. 그녀는 내가 언급한 '소수민족'이 무슨 의미냐고 물었다. 그러면서 그들은 어떤 모습이냐고, 그들이 자기와 같은 모습이냐고 반문했다. 위원회에는 순간 침묵이 흘렀다. 나는 대답했다, 그들이 내 아이들처럼 보인다고. 다시 한번 침묵이 흘렀다. 모두가 당혹해하며 입을 열지 못했다.

새슬로 상원의원의 발언이 이어졌고, 몇 분이 채 지나지 않아 이 법안은 부결되며 회의장은 혼란에 빠져들었다. 교육위원회는 곧바로 휴회되었다. 위원회가 휴회되자 루카스 상원 교육위원장은 화를 참지 못하고 손을 내리치며 화를 냈다. 패배에 익숙지 않은 그녀는 설마 민주당 의원들이 그렇게 나오리라고는 예상치 못했던 모양이다.

위원회가 휴회된 뒤 이어서 민주당 의원모임이 열렸다. 모임이 시작되자마자 나는 공격을 받았다. 내가 발언을 하려고 하자 "입 닥쳐, 피터슨 의원"이라는 말이 들려왔다. 내 신념을 믿었기에 나는 괜찮았다. 진정으로 감정이 고조된 모임이었지만 나도 물러서지 않았다. 내가 대변하는 상원 지역구가 다른 지역구에 비해 아시안 가족 비율이 가장 높았기 때문에 그 문제는 나에게 매우 중요했다. 상원의회에서 나는 다시 한번 공격을 당하며 고립되었다. 학교 시스템의 인종차별 때문이 아니라 아시아계 학생들이 공부를 열심히 해서 입학 비율이 높은 것이고, 따라서 형평성과 평등성을 강조하는 조치는 그렇게 열심히 공부하는 아시아계 학생들을 차별하는 것에 불과하다고 내가 분명히 지적해서 벌어진 일이었다. 나는 다시 한번 민주당 의원들의 의견에 따르지 않았고, 그들의 반발은 거셌다.

이날 저녁, 흑인계 상원의원 코커스는 내가 조직적인 인종차별을 옹호하는 표현을 사용했다고 비난하는 성명서를 발표했다. 성명서 내용은 내가 위원회에서 아시아계 학생들이 "열심히 공부하는" 학생들이라고 발언한 것을 거론하면서, 그 발언은 열심히 공부하는 아시아계 학생들에 비추어 다른 소수민족 출신 학생들은 덜 열심히 공부한다는 의미로 해석된다는 식의 왜곡된 성명서였다. (사실 나는 발언 중에 우리 아이들도 TJ에 입학하지 못했다는 말을 했다. 다시 말해서 내 아이들의 이야기였다. 그러니까 어찌 보면 내 아이들을 책망한 것이기도 했다.)

나는 그들의 공격에 아무런 응답도 대응도 하지 않았다. 버지니아 주의회의 4분의 1을 대표하는 집단과의 장기적 싸움은 어떤 이득도 되지 않는다는 것을 누구보다 잘 알기에 나는 그저 마음을 다잡고 넘어가야만 했다.

다음 날, 나는 나를 향해 "입 닥쳐"라고 외쳤던 흑인계 상원 코커스 위원장에게 전할 꽃을 사서 의회로 향했다. 그녀의 책상 위에 꽃을 두고 문자메시지를 보냈다. 그녀는 답장으로 하트 이모티콘을 보내왔다. 그것으로 우리 사이는 오케이였다.

그러나 문제는 아직 끝난 게 아니었다. 카운티의 교육위원회는 TJ의 입학기준 절차의 변경에 대해 입학시험 비중을 낮추고 그 대신 자기소개서와 같은 주관적 요소에 의존하는 사안을 추진했다. 이에 따라 아시아계 학생수는 신입생의 70%에서 50%로 떨어졌다. 이 변화는 상원 교육위원회에서 큰 성공으로 환영을 받았다.

이러한 결과는 인종차별의 본질적 면을 보여준다. 피부색 때문에 아이들이 받아야 할 마땅한 교육 기회를 빼앗은 것이기 때문이다.

물론 이곳은 미국이었고, 따라서 TJ 학생들의 부모들은 인종에 따른 차별을 금지하는 수정헌법 제14조에 위배된다며 페어팩스 교육위원회를 상대로 소송을 제기했다. 교육위원회는 TJ의 새로운 입학기준은 인종 문제와 무관하게 설계된 것이라 주장했으나, 그것은 표면적으로 봤을 때 그런 것이고 사실 입학기준의 의도는 명백한 차별이었다. 모든 공적인 발언은 학생 구성원의 '다양성'을 증가시키는 데만 초점을 맞췄기 때문이다. 새로운 입학 제도와 관련된 명시적 목적은 인종 다양성에 균형을 맞춘 것이었다.

이후 이 문제는 또다시 왜곡되었다.

3월에 조지아주 애틀랜타의 한 마사지 숍에서 백인 범죄자가 총기를 사용해 아시아계 여성들을 살해하는 비극적 사건이 발생했다. 즉시 언론은 백인을 악당으로 취급하면서 "아시아계에 대한 혐오"를 주제로 한 캠페인을 시작했다. 한인촌으로 불리는 버지니아주의 애넌데일 지역에서 열린 지지자 집회에서는 '백인 우월주의'를 비난하는 발언과 아시아 지역에 주둔하고 있는 미군의 철수를 요구하는 피켓이 등장했다.

몇 주 후, 노섬 주지사는 애넌데일을 방문해 한인 지도부와 만났다. 나는 주지사가 방문할 때 소상공인 문제도 돕도록 준비했다. 주지사는 간담회에 들어서자마자 '반아시아계 혐오'를 비난하며, 6개월 전 임기를 마친 트럼프 대통령에게 책임을 돌리는 연설을 시작했다. 하지만 참석자들의 관심사는 달랐다. 한인 지도자들의 관심은 교육에 맞춰져 있었다. 새로 도입된 TJ의 입학 과정에서 일어난 아시아계 학생 차별에 대한 토론과 쟁점을 이야기하고 싶어 했다. 그러나 주지사는 이 문제를 논의할 의사가 없었고, 회의는 점점 혼란스러운 분위기로 흘러갔다.

TJ를 둘러싼 논쟁은 단순한 문제가 아니었으며, 양측 모두 타당하고 유효한 주장을 제기했다. 사실 특정 소수민족 가정의 아이들, 특히 과학기술 분야에서 학업성취도가 떨어지는 아이들의 문제는 중요하고 실질적인 과제였다. 2023년 민주당 정권이 종료된 뒤 버지니아 주의회는 학교 입학과 관련해서 학생들이 인종을 이유로 차별받지 않도록 하는 법안을 통과시켰다. 이 조항은 내가 작성했다. 법안의 후반부는 페어팩스 카운티의 모든 공립중학교에서 TJ의 입학 준비를 목표로 한 과학기술 교육과정을 유지하도록 요구했다. 시스템이 제대로 작동하려면 이것이 유일한 방법이었다. 인종을 기준으로 학생들을 차별하는 것은 수정헌법 제14조를 명백히 위반하는 행위이며, 결코 허용되어서 안 되는 일이었다.

학교 문제와 관련해 흥미로운 점은 이 논쟁이 아시아계 부모들을 집결시켰다는 것이다. 다만 그 효과는 제한적이었다. 몇몇 한인 신문에 민주당 새슬로 원내대표와 나를 지지하는 칼럼이 실려 힘을 보탰지만, 그 이후 사람들의 관심은 서서히 줄어들었다. 페어팩스 카운티의 민주당은 아시아계가 아닌 학생들의 입학 정책을 지지한 사실을 철저히 숨겼고, 공화당은 이 문제를 공론화할 역량이 부족했다.

페어팩스 카운티는 민주당이 주도권을 쥔 지역이어서 사실 TJ 문제에 대해 양당이 머리를 맞대고 공정한 논의를 펼치 수 있는 장이 사라졌다. 안타까운 현실이었다. 또한 실질적인 투표는 민주당 경선에서 이루어졌으며, 여름철 한산한 시기의 민주당 경선에서는 새로운 이민 유권자를 결집시키는 것이 거의 불가능했다.

그럼에도 불구하고 학교와 관련된 수정법안을 거부한 것은 옳은 결정이었다. 특히 2021년은 인종차별에 대한 정의의 문제가 무고한 사람들을 공격하는 무기로 활용된 시기였다. 나의 주장은 학생들에 대한 인종적 차별을 금지하는 미국 헌법의 언어로 뒷받침되었다.

그러나 코로나 소송 및 학교 재개 논쟁과 마찬가지로 TJ 문제에 대한 내 입장은 학교를 본질적으로 인종차별적인 곳으로 간주하고 능력 평가 위주의 시험을 인종차별의 은폐 수단으로 여기는 백인 자유주의자들, 즉 민주당 핵심 지지층을 소외시키는 결과를 낳았다.

TJ 논쟁은 나에게 정치적 공격을 받을 또 하나의 이유를 안겨 준 셈이었다.

Chapter 22

코로나 봉쇄 완화 지침: 6피트 → 3피트
- 공포심 기반 규제 방침에 대한 대처

2021년 2월 말, 버지니아 주의회는 분노와 불만의 깊은 분열로 마무리되었다. 주지사가 더 이상 행정명령 위주로 주정부를 운영하지 않았지만, 2021년 봄에도 공포와 두려움은 여전히 굳건히 자리 잡고 있었다. 코로나19가 발생한 지 1년이 지난 시점이었다. 고전영화 〈펄프 픽션〉의 한 구절을 빌리자면, 버지니아주, 특히 어린아이들은 "완전히 엉망"이었다.

대부분의 다른 주와 마찬가지로 버지니아주도 2020년 12월 코로나 백신을 배포하기 시작했다. 배포 초기에는 혼란이 있었지만, 버지니아 주정부의 백신 통제관인 아불라 박사와 다른 전문가들의 지도 아래 대부분의 사람이 첫 백신을 접종받을 수 있었다. 여기에는 1월에 통과된 긴급 법안도 도움이 되었다. 이 법안은 던나반트 상원의원이 발의한 것으로, 간호 및 의료 직종의 면허 발급 과정을 간소화해서 최대한 많은 백신접종을 가능하게 했다.

2021년 3월 중순, 공립학교가 대면 수업을 위해 다시 문을 열었지만 사실상 형식적 수준에 불과했다. 학교 건물은 여전히 폐쇄 상태나 다름없었고, 학생들은 마스크를 착용하고 6피트 간격을 유지해야 했다. 2020년의 학교 행정은 학생들을 다시 학교에 돌아오게 장려하기보다는 과잉 대응을 정당화하는 과도한 정책에 집착했다. ("이것 보세요. 아이들이 다시 학교로 돌아오길 원치 않으니까 우리가 문을 닫은 거라고요!")

이 문제는 간단했다. 봉쇄명령이 사실상 종료된 상황에서 공포심이 바탕이 된 비합리적 정책의 운영을 어떻게 극복해서 아이들을 정상으로 되돌릴 것인가? 바로 이 문제였다. 2021년 봄 이후로 "정상으로 돌아가기"는 새로운 정치 싸움판에서 나의 핵심 구호가 되었다.

2020년 내가 겪은 버지니아주에서의 가장 큰 싸움 중 하나는 1년 넘게 중단된 청소년 스포츠를 재개하는 것이었다. 처음에는 "행정명령 53"과 학교 당국의 판단력 부족으로 스포츠가 중단되었는데, 여기에는 과학적 증거가 전혀 없었다. 한 친구의 아들은 미식축구 선수가 될 유망주였는데, 가을에 있을 스포츠 시즌의 개막 여부에 대한 결정이 계속 지연되고 경기 재개 노력이 상실되면서 플로리다주에 사는 조부모 집으로 이사하고 말았다. (결국 그는 장학금을 받고 클렘슨대학교에 쿼터백 선수로 입학했다.)

플로리다주는 2020년 가을 미식축구를 비롯한 기타 청소년 스포츠뿐만 아니라 주요 공공행사, 프로스포츠 경기, 음악 콘서트 같은 일상의 문화 행사까지 열릴 수 있도록 조치를 취했다. 당시 전국 언론은 그런 '무모한' 결정으로 수천 명이 불필요하게 죽을 것이라고 비난했다. 물론 그런 일은 일어나지 않았고, 3년 뒤 그 기사들은 조용히 잊혀졌다.

이러한 배경에서 2021년 겨울 버지니아주에서 마침내 고등학교 스포츠가 재개되었다. 역설적이게도 이는 코로나바이러스 감염이 가장 심했던 시기에 이루어졌다. 용감한 몇몇 코치들로 인해 레슬링 경기는 관중이 없어도 개최되었고, 스트리밍 네트워크로 중계되었다. 그 덕분에 우리 부부는 페어팩스 고등학교 2학년이던 아들 토머스가 첫 레슬링 시합에 나오는 모습을 집에서 볼 수 있었다. 어느 정도 예상은 했지만, 토머스는 나이가 더 많고 덩치도 큰 상대에게 패했다. 하지만 이 경기는 토머스와 레슬링 팀에게는 그래도 작은 승리를 안겨주었다. 적어도 토머스는 다시 경기장에 설 수 있었고, 화면 속이 아닌 바깥세상의 삶을 조금이나마 즐길 수 있었기 때문이다. 아버지의 입장에서는 2021년 무관중 상황에서도 우리 아이들이 함께 모여 훈련하고 경기에 참여할 수 있도록 이끌어준 코치님들에게 무한한 감사의 마음을 전하고 싶다.

물론 이때 대부분의 고등학교에서 그랬듯이 아이들이 서로 얼굴을 마주 보고 어울릴 수 있는 사회생활은 금요일 밤 미식축구 경기를 중심으로 이루어졌다. 2021년 봄 레슬링 시즌이 끝난 뒤, 연기되었던 고등학교 미식축구 시즌이 마침내 버지니아주에서 개막했다. 2021년 3월 31일, 나는 수백 명의 부모 및 팬들과 함께 페어팩스시의 스탈네이커 경기장에서 페어팩스 라이언스 팀과 라이벌인 우드슨 고등학교의 경기를 관람했다. 미식축구가 드디어 돌아왔다!

1년 만에 처음으로 아이들이 경기장, 밴드 그리고 관중석에서 활발히 움직이고 있었다. (당연히 관중들은 모두 야외에서도 마스크를 착용해야 했다.) 몹시 추운 밤이었고, 두꺼운 옷을 껴입고 앉은 관중은 고요하고 조용한 분위기였다. 나는 어머니와 함께 토머스의 경기를 보러 갔고, 아들의 모습은 매우 자랑스러웠다.

우드슨 팀의 킥오프와 함께 경기가 시작되었다. 필드에 나선 선수들을 보자 나는 문득 1970년대 중반부터 지금까지 오랜 세월 동안 고등학교 미식축구 경기를 지켜봐온 기억을 떠올리며 감회에 젖었다.

예전부터 계속 이어져 내려온 미국 문화의 오래된 관습. 아이들이 그저 긍지와 자존심을 위해 다른 아이들과 순수하게 경쟁하며 뛰는 모습. 그야말로 가슴 뭉클한 광경 아닌가!

높이 찬 공은 서늘한 밤하늘 속으로 날아올랐다. 공은 10야드 라인 근처에 떨어졌고, 페어팩스 고등학교의 리턴 선수가 공을 잡았다. 그 선수가 필드 위를 가로질러 달리기 시작하더니 갑자기 사이드라인으로 방향을 틀고 오픈 필드로 뛰어나갔다. 우드슨 선수들은 당황했다. 어쩌면 1년 동안 경기를 못한 탓에 달리는 속도에 대한 감이 떨어져 움직이는 상대를 보지 못했는지도 모른다. 아무튼 사이드라인을 따라 질주하는 리턴 선수가 곧 터치다운을 성공시킬 게 분명했다.

몇 초 뒤, 드디어 그 젊은 선수가 골라인을 통과했다. 관중들은 환호했고, 치어리더들은 뛰어 오르며 기뻐했으며, 밴드는 학교 응원가를 연주했다. 이어서 토머스가 추가 득점 킥을 성공시켰다. 정말 그 무엇에도 비할 수 없는 짜릿한 순간이었다.

그런데 그 짜릿한 순간은 사실 예외적 순간이었다. 2021년 다시 문을 연 학교들은 여전히 코로나19 방역 수칙에 사로잡혀 있으며, 그 방역 수칙에 따른 실질적 혜택은 하나도 없이 학생들의 생활은 파괴되고 있었다. 예를 들어 미국의 질병통제예방센터CDC는 2020년의 "곡선을 평평하게 만들자"라는 구호의 일환으로 학생들이 최소 6피트 간격을 유지해야 한다는 규정을 발표했다. 그러나 여러 의사들은 이 규정이 임의적이고 시대에 뒤떨어진 것이라고 지적했다. 아이들이 서로 가까이 있는 것은 전혀 해롭지 않을뿐더러 오히려 면역력 형성을 키우는 방법이었다.

그 규정은 단순히 공포심에 기반한 것으로서 의학적 근거가 전혀 없었다. 또한 교실에서 효과적인 수업을 불가능하게 만들었다. 결국 규정은 6피트에서 3피트로 완화되었고, 이는 큰 진전으로 간주되었다. 2021년 4월, 나는 온라인 뉴스레터를 통해 규제 완화를 자축하며, "3피트가 새로운 6피트다"라는 제목을 다시 써 붙였다. 하지만 이런 불필요한 규정은 우리 아이들에게 여전히 파괴적 영향을 미쳤다.

2021년 5월 초, 나는 페어팩스시에 있는 캐서린 존슨 중학교를 방문할 기회를 가졌다. (이 학교는 시드니 라니어 중학교로 불렸지만, 시드니 라니어가 남부연합군 병사로 복무했다는 사실이 밝혀지면서 학교 이름도 변경되었다.) 초대한 사람은 지역 학교의 이사회 위원이자 오랫동안 미식축구 코치를 하고 있는 미치 서터필드였다. 미치 코치는 아이들을 진심으로 걱정했고, 공립학교에서 어떤 일이 벌어지고 있는지 내가 직접 살펴보기를 바랐다.

2021년 봄, 내가 그 중학교에 갔을 때는 마치 TV 드라마 〈트와일라잇 존〉의 한 에피소드 속으로 들어가는 듯 묘한 기분이 들었다. 교실 안 책상은 6피트 간격으로 배치돼 있었다. 마스크를 착용한 아이들은 아무 말도 하지 않았다. 무거운 침묵이 흘렀다. 마스크를 벗을 수 없었기 때문에 대부분의 아이가 말하기를 꺼렸다. 유일하게 마스크를 벗을 수 있는 시간은 점심시간이었지만,

이때조차 아이들은 무리 지을 수 없어 혼자 앉아 점심을 먹어야 했다.

한편, 교사들은 마치 아이들과 접촉하면 목숨이 위태로워지기라도 하는 것처럼 각자의 유리 상자 안에 자리 잡고 있었다. 그 유리 상자 안에서 교사들은 교실에 있는 학생들과 온라인 수업에 참여한 학생들을 동시에 가르쳤다. 이 모든 광경은 두 가지 비합리적 목적을 달성하기 위한 시도에서 비롯된 게 아닌가 싶을 정도였다. 하나는 효과적 가르침을 불가능하게 만드는 것이고, 다른 하나는 2021년 봄에 백신접종을 한 교사들이 교실에 나오는 것이 얼마나 위험한지를 보여주는 극적 효과를 노리는 것이었다.

그 장면은 말 그대로 터무니없는 연극이었다.

나는 몇몇 교실을 찾아가 학생들에게 더 좋은 날이 올 것이라는 격려의 말을 했다. 평소라면 셀 수 없이 많은 질문이 쏟아졌을 테지만, 마스크를 쓴 아이들은 아무런 반응도 드러내지 않았다.

어느 교실을 떠나는 순간, 한 소년과 눈이 마주쳤다. 7학년 교실이었으니 아마 12~13세 정도의 아이였을 것이다. 머리는 뒤로 단정히 빗겨져 있고 이마에는 옅은 여드름이 나 있는 전형적인 어린아이의 모습이었다. 파란색 마스크가 얼굴의 75%를 가리고, 그 마스크 위의 눈동자만이 날 응시하고 있었다.

우리의 시선이 잠시 교차했다. 아이의 얼굴은 아무 감정 표현도 없는 텅 빈 얼굴이었지만, 그 눈에는 아이가 진정으로 하고 싶은 말이 담겨 있는 듯했다. "이곳에서 우리를 구해주세요."

나는 아무 말도 할 수 없었고, 그저 고개를 끄덕였을 뿐이다.

학교를 나서는 나의 발걸음은 몹시 흔들렸고 마음도 무거웠다. 코로나19가 등장한 지 1년이 훨씬 넘은 시점이었다. 백신은 몇 달 동안 이용이 가능했다. 하지만 권력 당국은 제한을 완화하기는커녕 오히려 말도 안 되는 규제를 더 강화하고 있었다. 미친 짓이었다. 흡사 "학교가 열리더라도 아이들은 죄수처럼, 아니면 동료 정치인의 표현대로 '전염병 확산자'처럼 취급받아야 한다"라는 메시지를 전파하는 것 같았다. 아이들의 존재 자체가 건강한 성인들에게 위협이라도 되는 것처럼 말이다.

정말 말도 안 되는 짓거리, 터무니없는 일이었다. 2021년 봄, 우리는 사실을 알고 있었다. 하지만 '봉쇄 정치'는 여전히 인기가 있었고, 아이들을 공동체의 건강에 위협이 되는 비인간적 전염병 확산자로 취급하려는 상식 이하의 시도가 여전히 '과학'이라는 이름으로 포장되고 있었다. 정부 당국은 그들의 게임을 계속 이어가면서 아이들이 학교로 돌아오는 것을 막고 교실을 계속 텅 비게 만들었다. 코로나19에 대한 공포 분위기를 계속 유지하면서 교사 노조위원회를 비롯한 다른 관련 단체의 정책과 조치를 정당화시키고 있었다.

나는 7학년 소년의 그 눈빛을 잊을 수 없었다. "도와주세요." 그 눈빛이 말하고 있었다. "이곳에서 우리를 구해주세요."

나는 어떤 대가를 치르더라도 이 모든 시스템을 끝내야겠다고 결심했다. 내가 정치인으로서 할 수 있는 마지막 일이 될지라도 말이다. 그 교실을 나서며 나는 굳게 다짐했다.

그날 이후 나는 "정상으로의 복귀"라는 목표에 더욱 매달렸다. 아이들의 삶을 파괴하는 규제들과 싸우고 아이들의 미래를 구하기 위해 내 모든 것을 걸기로 결심했다.

2021년 봄에는 여전히 혼돈의 소용돌이에서 빠져나오지 못한 가운데 조금씩 변화의 조짐이 나타나기 시작했다. 공립학교 규제완화를 요구하는 목소리가 점점 더 커져갔다. 학부모들은 더 이상 아이들이 불필요한 제재에 갇히는 것을 참지 않겠다고 선언했다.

나는 다른 정치인들과 함께 규제완화를 위해 노력했으며, 각종 언론을 활용해 나의 메시지를 널리 알렸다. 일부에서는 "과학을 거스른다"라고 우리를 비난했지만 그것은 사실이 아니었다. 우리는 오히려 과학적 데이터에 기반해 아이들에게 안전한 교육 환경을 제공하는 동시에 아이들의 잃어버린 시간을 되찾아주기 위해 싸우고 있었다. 내가 지켜본 모든 현상, 특히 중학교에서의 경험은 내 결심을 더 굳게 했다. 아이들은 우리의 보호와 지지를 필요로 했다. 우리 아이들은 결코 정치적 계산이나 무의미한 공포의 희생양이 되어서는 안 되었다.

여름이 다가오면서 결국 상황이 조금씩 바뀌었다. 규제는 점차 완화되었고, 학생들은 학교와 운동장에서 다시 활동하기 시작했다. 모든 것이 완벽하지는 않았지만 변화의 방향은 뚜렷했다.

내가 본 그 7학년 소년의 눈빛은 여전히 내 마음에 남아 있었다. 그것은 내가 정치 활동을 하는 이유이자 모든 아이를 위해 더 나은 미래를 만들겠다는 결심의 상징이었다. 그를 비롯한 모든 아이가 자유롭게 숨 쉬고, 배우고, 성장할 수 있는 세상을 만드는 것이 내가 추구하는 목표였다.

내게는 우리 아이들이 무엇보다 소중했고, 그래서 끝까지 싸운 것이다.

Chapter 23 고맙지만, 나는 무시할게

2021년에 학교 재개 문제로 싸움이 계속되는 와중에 노섬 주지사는 버지니아주에서 마리화나 판매를 합법화하는 마리화나 소매시장 창출 법안에 집중하고 있었다. 이를 위해 민간 시장을 활용하는 프로그램을 도입하려는 시도가 있었다. 이 싸움은 2021년 봄까지 이어졌고, 사실상 아직도 끝나지 않았다.

버지니아주는 역사적으로 마리화나 소지와 유통을 범죄로 취급하는 연방정부 방침을 따라왔다. 21세기에 접어들어 거의 모든 카운티 법원에서 마리화나 소지를 유죄로 인정한 많은 사례가 있었다. 실제로 페어팩스 카운티 법원에서는 주중 하루가 이와 관련된 소송을 처리하는 날로 지정되었다.

2020년 버지니아주 민주당이 권력을 잡은 이후 마리화나 합법화는 더 이상 숨길 수 없는 사실이었다. 그 문제에 관해서는 이미 여러 주에서, 특히 캘리포니아와 콜로라도가 선도적 역할을 하며 앞서가고 있었으며, 그런 배경 하에 새로운 마리화나 산업이 생겨나고 있었다. 버지니아는 2020년에 그 첫 단계로 마리화나 소지를 '비범죄화'하는 새로운 법을 채택했다. 나는 이 법안에 찬성표를 던졌고, 법안은 양당의 지지를 받으며 통과되었다. 요컨대 마리화나 소지에 따른 죄과는 벌금 25달러의 민사 처벌로 축소되면서 형사범죄라는 법적 책임은 사라졌다.

다음 단계는 완전한 합법화였다. 나는 비범죄화에는 찬성했지만 완전한 합법화에 대해서는 조심스럽고 꺼려지는 면이 있었다. 첫째, 마리화나는 다른 약물보다는 효능이 조금 덜 강하지만 중독성이 있어 특히 청소년에게 악영향을 미칠 수 있었다. 둘째,

제품 품질에 대한 통제가 없는 상태에서 마리화나 산업화에 대해 많은 우려가 있었다. 셋째, 많은 사람이 세금 수입에 대해 이야기하지만 마리화나에 강력한 세금을 부과할 경우 불법 판매가 급증할 것이 분명하고, 이는 세금 혜택은 물론 안전 문제에도 악영향을 미칠 것이었다.

한편, 마리화나 문제는 주 상원의회에서 실시간으로 논의되고 있었다. (하원에서는 온라인으로 논의가 이어졌다.) 2021년 겨울, 리치먼드는 대부분 폐쇄 상태여서 사람들이 모일 장소가 마땅치 않았다. 그럼에도 호텔 바는 마리화나 판매 허가를 받고 싶어 하는 사람들로 붐볐는데, 특히 힐튼호텔이 인기가 있었다. 민주당 의원들을 만나려면 가야 할 장소가 힐튼호텔이었기 때문이다. 힐튼호텔에 있는 친근한 분위기의 작은 술집 겸 식당은 거의 매일 저녁 리치먼드 시장, 흑인계 코커스 의장, 하원 예산위원장 등을 쉽게 만날 수 있는 장소였다. 2021년 회기 중에 힐튼호텔에 머물렀던 나도 그곳에서 칵테일이나 시원한 맥주를 한잔하며 버지니아주 문제를 해결하곤 했다. 아무튼 마리화나 면허가 곧 발급될 것이라는 소문이 퍼졌고, 많은 사람이 이를 통해 돈을 벌 수 있을 것으로 예상했다.

나는 사업을 반대하는 것이 아니었다. 단순히 돈을 버는 것은 문제가 아니었다. (지금도 불평하지 않는다.) 하지만 나의 의견과 입장은 다른 의원들과 달랐다. 나는 마리화나에 중독된 아이들의 부모에게서 많은 이야기를 들었다. 자기 아이들이 마리화나에 중독돼 결국에는 직장도 잃고 현실에서 도태되고 말았다는 이야기였다. 특히 폴스 처치에서 열린 한 지원 그룹 모임에서 마리화나 산업의 성장, 마케팅과 전략, 그것이 청소년에게 미치는 영향에 대해 이야기했던 한 연사의 말이 기억에 남았다. 그가 들려준 이야기는 네 자녀를 둔 아버지인 내게 큰 충격을 주었다.

마리화나 합법화는 옳은 답이었다. 나는 합법화의 필요성에는 동의하면서도 소비를 통제하기 위해 주정부의 관리 하에 판매해야 한다고 주장했다. 내가 제시한 해결책에는 그 나름의 장점이 있었다. 첫째, 이미 소매 구조가 구축돼 있고 잘 훈련된 직원들이 있어 미성년자들이 구매하는 것을 방지할 수 있다. 둘째, 제품 품질을 통제해 더욱 치명적인 마리화나의 확산을 예방할 수 있다. 마지막으로, 마리화나를 주류처럼 판매해 이익을 창출하고, 그 추가 수익을 중독치료 프로그램에 활용할 수 있다. 이 모든 것은 이치에 맞고 옳았다.

의회에서 협상이 진행됨에 따라 법안의 목적은 '면허'를 판매하되 최고 입찰자에게 판매하는 데 초점이 모아졌다. 그리고 이 면허의 대부분은 마리화나 범죄로 "피해를 입은" 공동체 주민들에게 주는 것이었다. (하지만 마리화나 중독으로 피해를 입은 공동체는 지목되지 않았다.) 그런데 이것은 정부의 혜택을 기준으로 배분하는 수단이 분명했고, 따라서 연방의 수정헌법 14조에 위배되는 방안이었다.

2021년 1월, 법안은 상원에서 통과되었다. 거의 300페이지에 달하는 엄청난 분량의 법안(대부분의 의원이 읽지도 않았다)으로, 산업 구조를 세우고 누가 면허를 통제할 것인지가 주된 내용이었다.

초반 토론에서 한 공화당 상원의원이 내용이 너무 길어 읽을 수 없다고 반대 의사를 밝히자 북버지니아 상원의원 한 사람이 나서서 이렇게 대답했다.

"읽을 필요 없습니다. 요약본이 있으니까요."

그것이 2021년에 흔히 들을 수 있었던 전형적 대답이었다.

처음에 나는 반대투표를 할 계획이었지만 면허와 관련된 모든 개념은 주 전체 주민투표로 결정된다는 조항이 추가되면서 부득이하게 찬성투표를 했다. (이 조항은 내가 요청한 수정안 부분으로 나는 법안을 지지해야 할 의무가 있었다.)

보통 내용이 길고 복잡한 법안을 다룰 때처럼 그 법안도 하원과 상원이 각각 법안 내용을 서로 교환하면서 협상을 이어갔다. 종종 법안이 기대에 미치지 못할 경우 하원과 상원 간의 협상은 이루어지지 않았다. 그런데 하원의원들은 아무런 조건 없이 마리화나 합법화에만 집중했다. 그저 법안만 통과되면 된다는 입장이었다.

또 다른 문제는 민간 시장을 만드는 것이 너무 복잡해서 입법의회가 이를 최종 확정할 수 없다는 점이었다. 주정부에서 마리화나 통제 기관을 지정하고 직원들을 채용하는 데만 몇 년이 걸리기 때문이었다. 결과적으로 법안의 효력은 2024년까지 미뤄졌다. 또한 입법 시 법안을 다시 제정한다는 조건이 포함되었다. 즉, 실제로 해당 산업에 대한 법안이 없었다는 의미였다.

의회 보고서에서 따르면, 주 전체 주민투표 요구는 삭제되었지만 면허의 '형평성'과 '조합원 고용제'의 노동조합 규정은 그대로 남았다. 물론 나는 개정된 법안에 반대투표를 했다. (나의 수정안은 지지를 받지 못했다.) 아무튼 이 법안은 20 대 18로 상원의회에서 통과돼 주지사에게 전달되었다.

이 법안의 통과로 대혼란이 일어났다. 버지니아주에서 마리화나가 합법화되었다! 아니, 잠깐만, 2024년까지 합법화되지 않는다! 그때까지는 의사의 처방이 있어야 한다!

말할 것도 없이 3년간 유예기간을 둔다는 조건이 마리화나 합법화를 추진하던 활동가들에게는 큰 실망과 당혹감을 안겨주었다. 이들은 주지사에게 압력을 가했고, 주지사는 2021년 7월 1일부터 마리화나 소지가 합법화되도록 수정안을 추가했다. 물론 합리적 결정이었지만, 문제는 마리화나를 구입할 수 있는 합법적 방법이 없다는 점이었다. 오직 마리화나 처방전이 있는 사람만 마리화나를 구할 수 있었기 때문이다.

최종 법안은 4월 초에 투표에 부쳐질 예정이었고, 특별의회가 소집되었다. 이 시점에 주도권은 여전히 민주당이 쥐고 있었다. 그러나 합법화 법안은 민주당의 몰표가 필요했다. 합법화 투표가 임박했지만 마리화나 품질의 통제에 관한 내용은 없었다. 나는 여전히 '반대' 입장이었고, 남은 사람은 조 모리세이 의원이었다. 그는 중요한 형사사법 개혁의 하나인 '의무 최소형'의 폐지와 관련된 자신의 법안에만 온 신경을 쓰고 있었다. 그런 그가 찬성표를 던지면서 최종 법안에 관한 투표 결과는 20 대 20이 되었고, 부지사가 합법화에 찬성하면서 결국 통과되었다.

버지니아주에서 마리화나 판매가 합법화되었지만 여전히 구매할 방법이 없어 자기가 직접 키워야 했다. 한편, '면허' 문제는 나중으로 미뤄졌다. 재승인 조항이 여전히 남아 있었기 때문이다.

모든 것이 1년 안에 해결될 수 있었지만, 2021년 민주당이 하원 주도권을 상실하고 주지사 자리도 잃으면서 법안 전체가 무산되었다. 결국 합법화 조항만 남았다. (아이러니하게도 합법화에 대한 주민투표가 있었다면 젊은 유권자들이 더 많이 나와서 승리했을지도 모르지만, 하원이 이를 원하지 않았다.)

그 결과 버지니아주는 최악의 상황을 맞았다. 마리화나 소지와 개인 사용은 합법화되었지만(이건 괜찮았다), 안전 통제는 이루어지지 않았고(이건 큰 문제였다), 세금 문제도 있었다(원래 합법화 이유였던 세금 수익도 없었다).

결과적으로 버지니아주의 마리화나 합법화는 입법적 재앙이었다.

2021년 4월 의회 직후, 나는 유권자들에게 보내는 뉴스레터에 내 입장을 짧게 서술했다.

"최악의 타이밍. 현실적 비전 없음. 협조가 전혀 없었음."

그 법안에 대한 나의 최종 의견은 "고맙지만, 나는 무시할게"였다.

3년이 지난 지금도 버지니아주에는 합법적인 마리화나 시장이 없다. 사람들은 여전히 규제되지 않은 제품에 취해가고 있으며, 그중 많은 제품은 중독성이 매우 강하다. 또한 버지니아주 청소년들의 마리화나 사용은 역대 최고치를 기록하고 있다. 그리고 세금 수익도 없다.

니는 다음 주지사가 이 모든 문제를 해결해주기를 바란다.

Chapter 24

나는 돌아가는 중이야,
아늑하고 포근한 집으로

2021년 봄, 많은 사람이 다시 정상적 삶을 살기 위해 노력했다. 그 과정에서 모든 것이 빨리 정상으로 돌아가기를 바랐지만 아직도 일부 사람들이 타인에게, 특히 어린아이들에게 마스크 착용을 강요하고 있었다. 자신의 불안감을 정부가 수용하게 만드는 집착이었다.

성인과 어린이들에게 마스크 착용을 강요하는 일은 미국에서 전례 없는 일이었다. 실제로 코로나19 초기에는 마스크 착용을 강요하는 추세를 보이지 않았다. 아울러 미국 질병통제예방센터와 일명 코로나19 박사로 알려진 앤서니 파우치 박사는 마스크를 착용한다고 해서 건강상으로 큰 효과를 보는 것은 아니라고, 특히 건강한 사람에게는 더욱 그렇다고 발표했다.

2020년 봄이 지나고 봉쇄명령이 연장되면서 마스크 착용 의무화를 둘러싼 두 가지 사회적 움직임이 경쟁적으로 나타났다. 하나는 "확산 곡선을 평평하게" 만들기 위해 "더 많은 조치가 있어야" 하고, 그래서 많은 생명을 구해야 한다는 입장이었다. 다른 하나는 사람들이 어디에 갈 수 있는지, 무엇을 말할 수 있는지, 공공장소에서 어떻게 행동해야 하는지를 결정함으로써 타인을 통제하려는 욕구였다. 재미있는 것은 두 번째 동기의 충동(이것은 또 다른 형태의 파시즘이었지만)이 종종 트럼프에 반대하며 스스로를 '반파시스트Anti-fascist'라고 칭하던 사람들에게서 나왔다는 사실이다.

2020년 5월, 버지니아 주지사는 코로나19 대응의 일환으로 모든 버지니아 주민들은 공공장소에서 마스크를 착용해야 한다고 발표했다. 버지니아주 역사상 어떤 주지사도 이런 명령을 내린

적이 없었다. 코로나19보다 훨씬 더 치명적이었던 1918년 스페인 독감이 유행하던 시기에도 마찬가지였다. 이것은 역사상 유례없는 일이었다.

물론 마스크 착용 의무화 명령은 내가 주지사를 상대로 소송을 걸었던 위헌적 행정명령 중 하나였다. 마스크 착용에 대한 "행정명령 53"은 이론적으로는 실내나 6피트 거리를 유지할 수 없는 야외 공간에만 적용되었다. 하지만 기이하게도 주위에 사람이 없더라도 야외에서 마스크를 착용하는 것이 질병 예방뿐만 아니라 바이러스 예방에 중요하다는 생각이 많은 사람에게 퍼져 있었다.

2020년 여름, 온 세상을 정지시킨 코로나 비상 상황 속에서도 나는 등산을 즐겼다. 그런 사람은 나뿐만이 아니었다. 여름이 끝날 무렵, 셰넌도어 국립공원 입구는 주말마다 입장을 기다리는 차량들로 가득했다. 미국에서 가장 경치 좋은 장소 중 하나인 국립공원에서 친구들과 이웃들이 야외 활동을 하는 모습이 참으로 보기 좋았다. 그런데 이상한 점은 방문자들, 아마도 도시 거주자들로 보이는 사람들이 아직도 마스크를 착용한 채 걷고 있었다는 것이다. 나는 그것이 과하다고 생각했다. 어린이들의 마스크 착용은 정말 순수한 의미에서 보자면 아동학대와 다를 바 없었다. 자연 산책로에서 마스크를 착용하도록 강요하는 것을 어떻게 설명할 수 있을까? 의학적으로 어떤 이점이 있을까?

하지만 사람들은 자녀들에게 마스크 착용을 강요했다.

2020년 봄 "행정명령 53"에 따라 대규모로 폐쇄되었던 대학교 캠퍼스에서도 비슷한 상황이 벌어졌다. 2020년 가을, 대학들은 가장 제한적인 조건 하에서 개강을 했고, 학생들을 기숙사에 격리하거나 집으로 보내서 전면 비대면 교육을 시행했다. 대부분의 봉쇄 조치와 마찬가지로 이는 형식적 조치에 불과했다. 학생들을 기숙사에 격리한다고 해서 의학적으로 실질적인 이점이 있었던 것도 아니다. 학생들은 여전히 서로 자주 만났고, 결국 코로나바이러스에 감염되었다. 물론 캠퍼스에서의 사망자는 보고되지 않았다. 왜냐하면 젊은 사람들에게는 독감 이상으로 치명적이지 않았기 때문이다.

2021년 봄 학기에 이르러 대부분의 학생이 캠퍼스로 돌아왔으며, 의무적인 백신접종 요구사항이 적용되었다. 그러나 학교 당국은 여전히 학생들이 실외에 있거나 운동할 때에도 "항상 마스크를 착용하라"라고 요구했다. (실제로 일부 사람들은 코로나19에 감염되지 않기 위해 야외에서 마스크를 쓰고 달리기도 했다.)

이 모든 것은 과학과는 아무 관계가 없었다. 백신을 맞든 맞지 않든 학생들은 친구나 가족을 통해 코로나바이러스에 감염되었지만, 얼마 지나지 않아 회복하고 다시 움직이기 시작했다.

2021년 5월, 미국 질병통제예방센터는 마침내 그 사실을 명백히 인정했다. 백신을 맞은 사람들은 서로 마스크를 쓸 필요가 없다는 것이고, 심지어 실내에서도 마스크를 쓸 필요가 없다고 했다. 마스크를 쓰지 않고 레스토랑에 들어가서 자리에 앉는 것이 죽음을 초래하지는 않는다는 것이었다. (2020년 늦은 봄, 레스토랑이 다시 문을 연 이후로 식사하는 사람들이 마스크를 쓰지 않은 채 단체로 자리에 앉아 있었다는 사실은 이 모든 조치의 비논리성을 보여준다.)

놀랍게도 랄프 노섬 버지니아 주지사는 2021년 5월까지도 상업시설에서 실내 마스크 착용을 요구하는 행정명령을 시행 중이었으며, 이를 준수하지 않으면 벌금을 부과하겠다고 위협했다. 모든 것은 2020년 3월 선언된 '비상사태'에 의해 정당화되었고, 여러 차례의 입법의회를 거쳐 여전히 지속되고 있었다. 이것은 과학이 아니라 자만이었다. 실제로 마스크 의무화는 이후 몇 달간 더 계속될 예정이었다.

물론 병에 걸리지 않는 가장 좋은 방법은 가능한 한 자주 야외에서 시간을 보내는 것이었다. 2021년 봄, 화창한 날씨가 사람들을 밖으로 이끌었다. 사람들은 신선한 공기를 마시며 자유를 만끽했다. 가장 좋은 예는 지역 밴드들이 수십 명의 팬을 위해 공연한 야외 원형극장 '팜 브루 라이브Farm Brew Live'에서 일어났던 일이다.

2021년 5월의 어느 토요일 밤, 샤론과 나는 우리가 좋아하는 밴드 '엑설런트 드라이버스The Excellent Drivers'의 콘서트에 초대를 받았다. 그들은 1980년대와 1990년대 음악을 믹스해 연주했다. 바로 내가 어린 시절 성장기에 유행한 음악이었다.

그것은 세상이 문을 닫은 이후 내가 참석한 첫 번째 콘서트였다. 야외에서 열린 이 콘서트에는 테이블이 '6피트' 간격으로 배치돼 있었다. 밴드는 티셔츠를 입고 머리끈을 묶고 무대 위에 서 있었다. 날씨는 온화하고 평온했다. 무대에서 조금 떨어진 야외 테이블에서는 젊은 엄마들이 아이들과 함께 핫도그를 먹고 있었고, 아빠들은 맥주를 즐기고 있었다. 음악이 연주되기 시작했다.

Semi-charmed kind of life, oh yeah baby

I want something else

Not listening while you say ... goodbye!

반쪽짜리 매력의 삶에서, 오 베이비,

나는 다른 뭔가를 원해

네가 하는 작별 인사는 듣지 않을 거야

오후 11시경, 밴드는 마지막 곡을 연주했다. 마지막 곡이 끝나자 잠시 정적이 흘렀다. 관객들은 집에 가고 싶어 하지 않았다. 몇몇의 요청으로 밴드는 다시 무대에 올랐다. 리드 싱어가 우리가 잘 아는 곡을 키보드로 연주하기 시작했다.

You know I'm a dreamer

But my heart's of gold

I had to run away high

So I wouldn't come home low ...

그래 나는 몽상가야

하지만 마음만은 순진하지

자신만만하게 도망쳐야 했어

초라한 모습으로 집으로 돌아오기 싫었거든…

1980년을 대표하는 머틀리 크루의 전형적인 헤비메탈 곡 '홈 스위트 홈Home sweet home'이었다. 마치 무슨 신호라도 받은 듯

군중은 무대를 향해 움직이며 그 곡의 상징적 부분인 "I'm on my way, I'm on my waaaay … Home sweet home"("나는 돌아가는 중이야, 난 돌아가는 중이야… 아늑하고 포근한 집으로")을 함께 부르기 시작했다. 노래가 끝날 무렵, 많은 사람이 무대 주위로 모여들었다. 어떤 사람들은 라이터를 켰고, 어떤 사람들은 휴대폰 불빛을 비추고 있었다. 사회적 거리두기와 확산, 곡선 평탄화는 잠시 잊고 우리는 그 순간을 즐겼다. 토요일 밤, 농장 한가운데서 클래식 로큰롤을 연주하는 밴드의 모습은 진정 순수한 미국적 풍경이었다.

그다음 날 밤, 나는 "머틀리 크루가 어떻게 미국의 자유를 대표하는가"라는 도발적인 제목의 뉴스레터를 작성했다. 나는 미국인들이 콘서트에 가든 마스크를 쓰든 스스로 결정을 내릴 수 있는 자유와 권리와 능력을 말하고 싶었다. 그리고 나는 그 글을 이렇게 마무리했다.

> 코로나19는 우리 아이들에게 거의 영향을 미치지 않거나 전혀 영향을 미치지 않기 때문에 아이들의 백신접종은 별개의 문제다. 주요 문제는 지난 1년 동안 어린아이들이 고립되고 위축되었다는 것이다. 이제 이 문제를 해결할 때가 되었다. 한 가지 방법은 객관적인 데이터로 뒷받침되지 않는 어린이들에 대한 제한을 끝내는 것이다. 다시 말하지만, 과학에 의존하자.

슬프게도 아직 갈 길이 멀었다. 사실 어린아이들에게 마스크를 강요하는 집착은 2021년 봄에 시작되었고, 그 집착은 더 지속될 것이었다.

이제 다시 입법 업무와 경제 이야기로 돌아가자.

2021년 여름, 전년과 마찬가지로 우리는 리치먼드에서 특별 의회를 열었다. 이번에는 민주당 집권 의회가 3월에 통과시킨 '미국 구조계획ARPA'이 원인이었다. 조 바이든 대통령이 서명한 이 법안은 경제를 회복하기 위해 1.9조 달러를 할당했다. 이 돈의 대부분은 2020년 코로나19 이후 경제를 지원하기 위한 '연방정부 지원책'에서 제공된 혜택을 연장하는 데 사용되었다. 예를 들어, 실업수당을 연장하면서 일자리를 찾든 찾지 않든 주당 400달러를 지급했다. 또한 퇴거를 중단시키는 임대 지원을 포함하고, 중소기업을 위한 '연방정부 급여 보호 프로그램'의 대출사업을 유지하기 위한 지불금이었다.

게다가 미국 구조계획은 2020년의 연방정부 지원책 법안처럼 주정부와 지방정부에 대규모 보조금을 제공해 지출을 촉진했다. 버지니아주의 경우 우리는 추가로 40억 달러를 쓸 수 있었으며, 이 금액은 연간 예산의 거의 10%에 해당했다. 문제는 버지니아의 경제는 침체되지 않았다는 것이다. 오히려 부동산 시장은 이자율 인하(코로나19로 인한 인하)와 재택근무에 대한 갑작스러운 관심(이 역시 코로나19로 인한 관심) 덕분에 급등했다. 한편, 2020년 봄의 갑작스러운 붕괴 이후 소매 지출은 자금이 과잉 유입되고 결국 개인 계좌에 돈이 넘쳐나면서 완전히 회복되었다. 그리고 경기가 회복되면서 사업체들은 다시 사업을 재개했다. 사실 사업자들이 가장 크게 문제 삼은 것 중 하나는 사람들이 집에 머무르면서도 많은 돈을 받을 수 있는데 굳이 다시 일터로 돌아오겠느냐는 것이었다. 이 모든 정책이 장차 역사적인 인플레이션을 야기하는 압박 요인으로 작용할지 모른다는 우려를 자아내고 있었다.

주의회는 8월에 미국 구조계획 자금에 대한 결정을 내리기 위해 다시 회의를 열었다. 경기가 회복된 덕분에 버지니아주는 2020년 3월 통과된 예산안에 포함된 모든 지출을 복구하며 역사적 흑자를 기록하고 있었다. 우리는 더 이상 연방 보조가 필요하지 않았지만 연방정부는 여전히 그것을 우리에게 주기로 했고, 우리는 그것을 쓸 준비가 되어 있었다.

상원에서는 예산 결정이 모두 상원 재정위원회에서 이루어졌다. 위원회는 재정위원회 직원들과 직접 협력해 결정을 내린 뒤 하원과 다시 조정했다. 하원에도 자체적인 지도부와 직원이 있었다. 미국 구조계획과 관련해 자금이 지원될 일회성 프로젝트 목록이 만들어졌다. 체서피크만 청소, 농촌 광대역 개발 같은 것이었다.

상원의회는 8월 중순에 열렸다. 2020년 3월 이후 처음으로 주 의사당에 돌아왔다. 우리는 우리에게 지정된 책상에 앉는 대신 서기가 마련해준 각자의 유리 칸막이 안에 앉았다. 마치 40명의 톨 부스 운영자처럼 보였다. 다시 한번 과학이었다. (어쨌든 우리는 회의를 했고, 하원은 여전히 온라인으로 의회를 이어갔다.)

그것은 우리 문제만이 아니었다. 더 큰 문제는 코로나19가 종료된 지 16개월이 지난 때에도 주정부가 거의 제대로 기능하지 못하고 있다는 것이었다. 2020년 봄, 주지사는 공공기관을 폐쇄하고 주정부 직원들의 재택근무를 허용했다. 이 정책은 공식적으로는 철회되지 않았다. 실제로 대부분의 민간 고용주들과는 달리 비공식적으로도 철회되지 않았고, 그 결과 2021년 여름까지 대다수의 주정부 직원들은 여전히 재택근무 중이었다. 그 이유는 공공안전상의 문제, 직원들의 편의 문제, 직원들을 복귀시키는 계획의 부족 등 실로 다양했다.

사실 많은 주정부 공무원은 본인이 원한다 해도 사무실에 갈 수 없었고, 이는 사기 저하를 불러오는 부정적 영향을 미쳤다. 다른 직원이 아무도 없는데 왜 혼자 굳이 출근해야 할까?

재정위원회에서 나는 '일반 관리' 소위원회 의장을 맡았는데, 이는 공무원의 보상과 복지를 감독하는 역할을 했다. 나의 목표는 직원 급여를 인상하고 성과에 대한 인센티브를 도입하는 것이었다. 이를 위해서는 관리자들이 규칙적으로 직원들을 보고 평가해야 했다. 그러나 2020년 봄, 모든 사람이 재택근무를 시작하면서 평가모델이 붕괴되었다. 2021년 의회를 앞두고 나는 재정 담당 위원들에게 우리가 일정한 책임감을 가져야 한다고 알렸다. 나는 직원관리 기관에 책임감을 측정할 수 있는 전략을 제시해달라고 다시 요청했으며, 최소한 우리의 노동력이 어디에 있는지, 즉 공무원들이 제대로 일하는지 알아야 한다고 했다. 그러나 그 요청은 노섬 주지사 행정부에 의해 무시되었고, 공무원들은 기약 없이 집에만 있었다.

관리자들은 누가 일하고 누가 일하지 않는지 전혀 알지 못했다. 한편, 실업 수당을 신청한 유권자들은 버지니아 고용위원회로부터 답을 받을 수 없었다. 그곳의 직원 모두가 원격근무, 즉 재택근무 중이었기 때문이다. 나의 법률 고객들은 전화도 받지 못하고 주 면허와 허가를 위한 방문 일정도 잡을 수 없었다. 주정부의 '차량관리국'은 대면 서비스를 제공하지 않고 온라인으로만 서비스를 제공했다. 이는 차량관리국 직원들에게는 매우 편리한 일이지만, 운전시험을 보려는 청소년들이나 첫 면허를 받으려는 이민자들의 경우는 대면 방문이 필요했기 때문에 여간 불편한 게 아니었다. (다만 차량관리국이 발표한 2021년 고객 서비스 조사 결과에 따르면 고객들이 원격 서비스를 좋아한다는 사실이 확인되기는 했다.)

직원 안전이라는 말은 농담에 불과했다. 2021년 여름까지 몇 달에 걸쳐 모든 주 공무원들은 백신접종을 마친 상태였다. 버지니아주 전역의 소매점에서는 일반 직원들이 다시 출근했다. 2021년 여름, 페어팩스 카운티 중심에 있는 페어 옥스 몰에서는 패스트푸드 식당, 보석상, 아웃도어 상점 등 모든 소매점이 문을 열고 대면 서비스를 제공하고 있었다. 하지만 버지니아주 차량관리국은 직원 안전을 이유로 여전히 온라인 서비스만 운영하고 있었다.

나는 충분히 참았다고 생각했다. 미국 구조계획 자금을 할당하기 위해 다시 외회를 열기 전, 나는 재정위원회 직원들에게 차량관리국 문을 다시 열고 행정당국은 직원들이 각자 소임을 다하도록 일터로 다시 돌아오게 할 수 있는 예산 수정안을 작성하라고 요청했다.

2021년 8월 18일, 미국 구조계획 자금 관련 의회를 열기 전 우리는 민주당 전체 회의를 했다. 자넷 하웰 상원의원이 우리가 승인해야 할 예산안을 작성했다고 보고했다. 그리고 그녀는 나를 보고 미소 지으며 이렇게 말했다. "수정안은 없습니다."

나는 그 말에 동의할 수 없었다. 그래서 나도 미소를 지으며 두 가지 수정안이 필요하다고 말했다. 차량관리국을 다시 열고 주 공무원들이 어디에 있는지 추적해 그들을 다시 일터로 복귀시키라는 내용이었다. 다시 한번 어색한 침묵이 흘렀다. "또 피터슨이네!" 하지만 나는 멈추지 않았다. 주정부 공무원의 정상근무 재개와 관련해서 계속 같은 변명을 듣는 데 이미 지쳐 있었다. 이제는 정상으로 돌아갈 때가 되었다고 생각했다.

예산안은 그날 오후에 공식적으로 제안되었다. 몇 분 뒤, 서기는 내가 제출한 예산 수정안을 상정했다. 나는 상원의회 회의장 안의 톨 부스에서 일어섰다.

우선 나는 차량관리국 문제를 언급했다. 버지니아의 다른 모든 소매업체는 대면 서비스를 재개했지만, 우리 주에서 가장 중요한 고객을 맞이하는 기관인 차량관리국은 언제 끝날지 모르는 채 계속 폐쇄되어 있다고 지적했다. 나는 공무원들이 돌아오지 않는다면 우리가 직접 열어야 한다고 말했다. 몇몇 공화당 측의 지원 연설이 있었는데, 거기에는 내 친구 질 보겔 상원의원도 있었다.

몇 분 뒤, 내 수정안은 투표로 통과되었다.

그날 오후, 나는 페어팩스시로 향하는 고속도로를 달리며 기뿜을 만끽했다. 두 가지 제안과 두 번의 승리. 차량관리국의 대면 업무 재개는 버지니아의 모든 소비자에게 진정한 승리를 안겨준 일이었다. 그리고 두 번째 수정안인 공무원 근무 재개를 통해 우리는 마침내 연간 400억 달러 규모 주 예산안의 책임을 달성할 수 있었다. 그것은 의원으로서 책임을 다하는 일이었다.

고속도로를 타고 페어팩스로 향하는 차 안에서 나는 행복감을 느꼈다.

Take me to your heart

Feel me in your bones

Just one more night

And I'm coming off this long and winding road

I'm on my way

I'm on my way

Home sweet home

네 가슴 깊숙한 곳으로 나를 데려가

너의 뼛속까지 나를 느껴봐

단 하룻밤만 더

이 길고 험난한 길의 끝을 벗어나

나는 돌아가는 중이야

나는 돌아가는 중이야

아늑하고 포근한 집으로

Chapter 25

인공호흡기보다 마스크 착용이
더 낫다는 논쟁

8월에 차량관리국을 재개한 일은 사회의 주요 뉴스거리가 되었어야 한다. 하지만 그렇지 않았다. 2021년의 언론은 '재개' 이야기보다 새로운 코로나19 변종이 위기를 연장할 수 있다는 나쁜 소식에 더 관심을 가졌기 때문이다. "과학을 따르라"는 구호가 다시 부각되고, 정상으로 돌아가고 싶어 하는 사람들을 비판하는 분위기가 조성되었다.

예상대로 8월 첫 주가 되자 언론에서는 '델타 변이'로 인한 코로나바이러스 사례 급증을 보도하기 시작했다. 이 변이 바이러스는 백신에도 끄떡없다고 여겨졌고, 백신을 맞은 사람도 맞지 않은 사람처럼 감염되었다. 물론 사람들이 델타 변이에서 빠르게 회복했다는 사실은 보도 가치가 떨어져 언론에서 다루지 않았다.

델타 변이가 백신을 무력화시킨다는 가정 하에 논리적 입장을 내놓아야 하는 공중보건 당국은 2021년 전면적인 백신접종 의무화를 제고하는 전략을 내밀었다. 그에 따라 영화관, 스포츠 경기장, 레스토랑에 들어가려면 반드시 백신접종 카드를 보여줘야 했다. 특히 대학교에 출입하려면 필수였다.

이렇게 코로나19의 부정적 영향은 강조하면서 백신접종 여부에 따른 감염 여부의 비례성이나 시민들의 자유로운 선택은 간과되었다. 백신접종 카드를 제시하지 않으면 단순히 깜빡 잊어서 소지하지 못했다고 여기는 것이 아니라 '백신 반대론자' 혹은 '반과학주의자' 취급을 했다. 대부분의 주와 마찬가지로 버지니아주에서 공공시설에 들어가려면 특정 백신카드를 소지해야 하는 상황이 나로서는 평생 처음 겪는 진기한 경험이 아닐 수 없었다.

2021년 8월, 샤론과 나는 아이들을 데리고 버지니아 비치로 주말여행을 갔다. 호텔에는 뉴욕 자이언츠와 필라델피아 이글스 유니폼을 입은 북동부 지역 방문객들이 가득했고, 그들은 모두 마스크를 착용하고 있었다.

더 걱정스러운 것은 8월 13일에 주지사가 비상사태를 발표하지 않고도 공립·사립학교의 학생들에게 마스크 착용을 '요구'하는 행정명령을 또다시 발표했다는 점이다. 주지사는 이것이 "생명을 구하기 위해" 꼭 필요하다고 주장하며, "인공호흡기를 착용하는 것보다는 마스크를 쓰는 것이 낫다"라고 단호히 말했다.

그러나 2021년 8월 당시 마스크 없이 수업에 참석한 아이들이 인공호흡기를 착용할 위험은 전혀 없었다. 텍사스, 플로리다, 오하이오 같은 주나 많은 시골 지역 아이들은 2020년 가을부터 마스크 없이 학교를 다녔으며, 이 아이들의 건강 결과나 지역사회 전파가 크게 달라졌다는 증거는 없었다.

버지니아 주지사가 2021년 8월 학생들에게 강제로 마스크를 씌우려 한 조치는 위헌적이었으며, 의학적으로도 근거가 없었다.

위헌적이었던 이유는 비상사태가 더는 존재하지 않았기 때문이다. 주지사 자신도 "행정명령 53"이 2021년 6월 30일 종료되었다는 것을 인정했다. 따라서 그에게는 지역 학생들이 어떤 조건에서 수업에 참석해야 할지 지시할 권한이 없었다. 이것은 우리 헌법에 아주 쉬운 말로 쓰인 조항으로서 지역 교육청의 권한이었다.

더욱이 주지사의 발언은 임상적으로도 근거가 없었다. 아이들에게 마스크를 씌우는 것이 생명을 구한다는 주장은 데이터로 뒷받침된 것이 아니다. 이는 단지 도덕적 우월감을 드러내기 위한 행위였으며, 심하게 말하면 학대였다. 2021년 9월에 이르러서는 이미 대부분의 어른들이 마스크를 벗고 직장에서 또는 사회에서 활동을 했음에도 불구하고 아이들에게만 마스크 착용을 강요하면서 그러지 않으면 "인공호흡기를 달게 될 것"이라고 위협을 가한 것이다. 이것은 명백한 과장이었지만, 언론은 이를 전혀 문제 삼지 않았다.

주지사의 마스크 착용 연장 명령이 발표되자마자 시오반 던나반트 상원의원에게서 전화가 왔다. 그녀는 격분한 상태였다. 우리는 버지니아 교육위원회 협회에 보낼 편지를 함께 작성하며 학생들의 마스크 착용 여부는 주지사가 아니라 교육위원회가 결정해야 한다는 사실을 상세히 명시했다. 또한 이러한 결정은 실제 과학적 데이터를 기반으로 해야 하며, 특정 정치적 관점으로 시행해서도 안 되고 치명적 정책을 의문시하는 학생들을 배제해서도 안 된다고 강조했다.

우리가 쓴 편지는 8월 26일에 발송되었고, 민주당이 우세한 북버지니아에서 곧장 반발이 일어났다. 폴스 처치의 한 교육감은 내가 학교 시스템에 헌법상의 교실 운영 권한을 상기시키며 "혼란을 야기하고 있다"라고 비난했다. (역설적이게도 동일한 교육 시스템은 공화당 후보가 다음 주지사로 선출돼 마스크 착용을 선택 사항으로 만들었을 때는 독립성을 강하게 주장했다.)

2021년 8월, 마스크 착용 문제는 교사노조를 포함한 '봉쇄정책' 지지자들의 다음 방어선이 되었으며, 그들은 여전히 격한 감정을 쏟아냈다. 이 학대적인 정책을 종식시키는 일은 많은 면에서 정말 어려운 과제가 될 것이 분명했다.

8월 말 페어팩스 카운티에서 마스크 전쟁이 한창일 때, 샤론과 나는 결혼 25주년을 기념하기 위해 푸에르토리코로 여행을 떠났다. 그곳의 날씨는 아름다웠고, 버지니아에서의 삶은 수백만 마일 떨어져 있는 것처럼 느껴졌다. 올드 산후안에서 산책하던 중 〈워싱턴 포스트〉 편집자 리 호크스타더에게서 문자메시지를 받았다. 그는 시오반 의원과 내가 8월 26일에 편지를 발송한 것은 무모한 결정이었다며 우리를 비판하는 사설을 준비 중이라고 했다. 그 편지가 학교들이 주법을 위반하도록 조장할 뿐 아니라 아이들의 생명을 위태롭게 한다는 것이 리 호크스타더의 주장이었다.

나는 즉시 그에게 전화를 걸어 30분 동안 통화했다. 나는 믿을 수가 없었다. 학교 재개를 위해 싸우는 동안 전혀 도움을 주지 않았던 신문이 이제는 우리가 설계하고 성공적으로 통과시킨 "상원법인 1303"을 아이들의 마스크 착용을 의무화하는 데 이용하고 그렇게 해석하고 있었다. 나는 화가 나서 목소리를 높였다.

올드 산후안에서 즐거운 시간을 보내고 버지니아로 돌아왔을 때 이미 상황은 정해져 있었다. 주지사의 명령으로 버지니아주의 모든 학교 시스템이 당분간 학생들에게 마스크 착용을 요구할 것이 뻔했다.

가을 내내 나는 주 보건국장 노먼 올리버 박사에게 아이들의 마스크 착용이 코로나19를 효과적으로 방지한다는 구체적 증거를 요구하는 편지를 여러 번 보냈다. 플로리다처럼 1년 이상 마스크를 요구하지 않은 주와 비교해 과학적으로 대조할 데이터가 필요했다. 하지만 몇 주 뒤 방글라데시의 사례 연구를 언급한 이메일이 답변으로 돌아왔다.

우리 카운티의 교육위원회 회의에서도 사람들은 버지니아주 교육부의 지침을 따를 수밖에 없다고 했다. 그 결과 아이들은 또 한 해의 학습 피해와 사회적 기능 장애를 겪어야 했다. 2021년의 코로나19 규정은 가장 두려움에 사로잡힌 사람들에게 모든 권한이 집중되었고, 평범한 사람들의 목소리는 무시되었다.

다만 한 가지 위안은 있었다. 2021년 가을 고등학교 미식축구 경기가 다시 열렸고, 아들 토머스가 페어팩스 고등학교 팀에서 외부 라인배커로 뛰게 된 것이다. 10월 초의 아름다운 밤, 홈커밍 경기를 보러 갔을 때 바이러스를 잊은 듯 관중석이 꽉 차 있었다. 경기 중에 토머스가 공을 가로채서 달려가는 모습은 나의 모든 걱정과 분노를 가라앉혀주었다.

하지만 월요일이 되자 아이들은 다시 학교로 돌아가기 위해 마스크를 써야 했다.

Chapter 26

학부모는 학교 수업에 관여하지 말아야 한다

2021년 선거는 특별했다. 2019년 흑인 분장 스캔들로 민주당 출신 부지사가 낙마함에 따라 2년 뒤에 있을 주지사 선거에 출마할 민주당 후보 지명은 완전히 열려 있었다. 자연이 진공상태를 싫어하듯 테리 맥컬리프라는 인물도 마찬가지였다. 주지사 경력의 활력이 넘치는 그는 2020년 대선 출마를 잠시 고려했으나 조 바이든이 민주당의 유력 후보가 되면서 그 생각을 바로 접었다.

   테리는 다른 일을 찾던 중 다시 주지사에 출마하는 게 좋지 않겠느냐는 제안을 받게 되었다. 당시 버지니아주에서 민주당 브랜드는 강력했다. 2019년 민주당은 하원을 휩쓸었고, 2020년 대선에서는 바이든이 트럼프를 10% 차로 이겼다. 이것은 2004년을 기준으로 공화당 성향이 강했던 버지니아주가 민주당 성향으로 바뀌었음을 의미했다. 이에 더해서 2021년 1월 6일 트럼프와 그를 따르는 지지자들이 연방의회에서 보인 수치스러운 행동은 민주당이 한동안 통제권을 유지할 것으로 보이게 했다.

   2019년 버지니아주에서 테리가 다시 떠오르기 시작했다. 그는 흑인 분장 스캔들의 주인공인 노섬 주지사에게 공개적으로 사임을 요구하며 민주당을 통합할 '유일한 사람'으로 나섰다. 2019년 여름, 테리는 버지니아주 전역에서 여러 후보를 위한 행사를 주도하면서 자신의 의도는 애매모호하게 유지했다. 여러 행사는 그에게 완벽한 기회를 제공했다. 그는 유권자들의 주목을 받기 위해 최대한 노력했다. 더욱이 그는 실제로 자기 돈을 쓰지 않으면서도 민주당 후보들을 위해 수백만 달러를 모금했다고 주장하기도 했다.

2020년 가을, 버지니아주는 바이든을 강력히 지지했다. 페어팩스 지역에서는 대부분의 유권자가 9월에 시작된 조기투표를 통해서 투표를 마쳤다. 2020년 10월, 나는 페어팩스 정부청사 앞에서 1시간 동안 늘어선 투표 대기줄을 지켜보고 있었다. 전직 주지사로서 테리는 그곳에서 사람들에게 손을 흔들며 과거 상황이 비교적 정상적이었던 시절 자신이 누렸던 주지사로서의 역할을 마음껏 내세우고 있었다. 그에게는 2021년에 자신의 선거를 홍보하는 것이 아주 쉬운 일이 아니었을까 싶다.

2021년 초, 실제 선거운동이 시작되자 테리는 필요한 조건을 모두 갖추고 민주당 경선 출마를 선언했다. 상대는 세 명이었는데 모두 아프리카계 미국인이었다. 저스틴 페어팩스 부지사, 리치먼드 출신의 여성 제니퍼 매클렐런 상원의원 그리고 프린스 윌리엄 카운티의 제니퍼 캐롤 포이 하원의원이었다. 하지만 이들 중 누구도 테리를 공격하지 않았고, 심지어 비판할 용기조차 없었다.

그 선거운동에서 나의 역할은 제한적이었다. 놀라울 것도 없이 나에게 지지를 요청한 후보는 아무도 없었다. 상원에서 학교 재개를 주장하고 '주지사 학교'에 대한 '형평성 입학'에 반대했던 나는 민주당에서 환영받지 못하는 인물이었기 때문이다. 나는 이것을 개인적인 일로 받아들이지 않았다. 테리는 후보자로서 필요한 일을 하고 있었다. 전반적으로 2021년 민주당 예비선거의 유권자들은 독립적 사고를 지닌 주지사 후보를 원하지 않았다.

그러나 부지사 선거는 달랐다. 부지사는 주 상원을 관장하는 자리이여서 나는 부지사 후보 지명에 관심이 많았다. 나의 친한 친구 샘 라소울은 로어노크 지역을 대표하는 하원의원이었으며, 서부 버지니아를 위한 영향력 있는 옹호자이자 나와 같은 레드스킨스 팬이었다. (우리는 2017년에 함께 경기를 관람했다.) 그는 뛰어난 농구선수이기도 했다. 상원팀의 농구 주장으로서 나는 샘이 우리 팀에 꼭 필요하다고 생각했다. 그래서 그가 2020년 가을 출마 의사를 밝히며 나에게 연락했을 때, 즉시 지지 의사를 밝히고 그의 캠페인에 기부했다.

2021년 회기가 끝나고 집으로 돌아온 뒤, 나는 샘의 캠페인을 위해 모금 행사를 열겠다고 제안했다. 하지만 아무도 나에게 답을 주지 않았다. 2021년 5월, 조기투표가 시작된 시점에 나는 그의 우편물을 받기 시작했다. 그 우편물에는 페어팩스 카운티의 지지자 명단이 포함되어 있었다. 그런데 내 이름은 없었다. 나는 곧바로 전화를 걸었다. 그는 애초부터 조언자들이 나를 명단에 포함시키지 말아야 한다고 했다고 밝혔다. 내 투표 기록이 코로나19, 형평성 문제 등과 관련해 너무 논란이 되었기 때문이다. 안타까운 일이었다. 내가 샘의 캠페인에 도움을 줄 수도 있었는데 너무 아쉬웠다. 하지만 샘이 훌륭히 역할을 해낼 것으로 믿었던 나는 그의 결정을 존중하고 캠페인에서 물러났다.

결국 민주당 팀은 맥컬리프, 프린스 윌리엄의 하원의원 할라 아얄라, 현직 법무장관 마크 헤링으로 구성되었다. 아이러니하게도 노섬 행정부가 수년간 '형평성'에 대해 강연을 해왔음에도 불구하고 민주당 지도부는 2021년 주 전체 선거에서 아프리카계 미국인을 단 한 명도 후보로 내지 못했다.

민주당은 강력한 우세를 예측하며 선거를 시작했다. 버지니아주 공화당은 2020년 선거 이후 혼란에 빠져 있었다. 그들은 남부와 서부 버지니아의 강력한 공화당 지지 지역을 제외한 거의 모든 지역의 연방 의석을 잃었고, 입법부를 구성하는 상원과 하원에서 주도권을 상실하고 말았다. 그리고 무엇보다 2009년 밥 맥도넬 공화당 주지사가 이끈 압승 이후 주 전체 선거에서 단 한 번도 승리하지 못했다. 버지니아 북부 지역에서의 인구변화는 공화당을 무력화시켰고, 리치먼드와 햄프턴 로드에서도 비슷한 양상을 보였다. '옛 남부'는 사라졌고, 버지니아주는 이제 정치적으로 더 온화한 뉴저지처럼 보였다.

버지니아주 공화당은 소수당으로서 그들이 처한 입장을 증명이라도 하듯 주 전체의 후보 지명을 위한 예비선거를 피하고 새로운 유권자 등록도 없는 현장 코커스를 선택했다. 이 코커스는 사전 등록된 대의원들만 참여할 수 있었고, 순위 선호 투표를 기반으로 진행되었다. 이런 독특한 방법의 승자는 글렌 영킨이라는 북버지니아 사업가로, 거의 알려지지 않은 인물이었다. 그와 함께 공화당 후보 명단에 오른 사람은 버지니아 비치의 하원의원 제이슨 미야네스와 20년 전 하원의원으로 나와 함께 임기를 마친 윈섬 시어스였다.

결과는 이미 정해진 것처럼 보였지만 변수가 있었다. 2021년 여름, 많은 사람이 코로나19 규제에 지쳐가고 있었고, 특히 어린

아이들에 대한 코로나19 규제에 반발이 점점 커졌다. 더불어 학교의 많은 진보적 정책에 대한 반감도 커지고 있었다. 그 정책들이 아이들의 교육보다는 백인 부모들을 비난하는 데 더 초점을 맞춘 것처럼 보였기 때문이다.

또한 반란의 불꽃이 점점 커지는가 싶더니 결국 라우던 카운티에서 폭발하고 말았다. 한 젊은 남성이 과거에 성폭행을 저질렀는데도 곧바로 새로운 학교로 이직했고, 2021년 봄 여학생 화장실에서 또 다른 여성을 성폭행한 사건이 벌어진 것이다. (그는 자신의 성적 정체성이 여성이라고 주장했다.) 2021년 6월, 피해자의 아버지가 라우던 교육위원회 공청회에서 이 상황에 대해 의문을 제기하며 항의했지만 결국 체포되고 말았다. 그 아버지의 항의가 조지 플로이드 시위보다 정당하지 못한 이유는 무엇일까?

이 사건은 큰 논란을 일으키며 분위기를 뒤집을 듯했지만, 그래도 맥컬리프 민주당 후보가 여전히 주지사 선거에서 여유 있게 앞서는 것으로 보였다. 그는 노섬 주지사와 거리를 두는 한편, 트럼프를 지지하는 'MAGA 공화당원'을 비난하는 전형적인 진보적 공격을 퍼부었다.

2021년 9월 말, 알렉산드리아에 있는 북버지니아 커뮤니티 칼리지에서 주지사 후보의 토론이 열렸다. 흔히 '인디언서머'라고 부르는 시기로 제법 온화한 날씨였다. 주차장에 도착했을 때는 이미 의원들, 기자들, 주요 고객을 둔 로비스트 등 익숙한 얼굴들이 모두 모여 있었다. 토론 사회자는 NBC의 〈미트 더 프레스〉 진행자 척 토드였다. 어떻게 보면 철저히 맥컬리프를 위한 무대라

할 수 있었다.

유일한 변수는 공화당과 민주당 양쪽 모두에게 불편한 존재인 프린세스 블랜딩이었다. 그녀는 여론조사에서 5% 미만의 지지를 얻는 '무소속' 후보였지만, 11월 총선거 투표용지에 이름을 올릴 자격을 얻었다. 블랜딩은 리치먼드 출신의 흑인 여성으로 진보적 성향이었기 때문에 민주당은 그녀의 출마가 공론화되는 것을 바라지 않았다. 따라서 그녀는 토론 무대에서 배제되었다. (공화당은 약자였기에 이에 대해 별다른 영향력을 행사할 수 없었다.)

청중석에 있을 수밖에 없게 된 블랜딩은 분노를 감추지 않았다. 사회자의 말을 시작으로 토론이 막 진행되려는 순간, 그녀는 자리에서 일어나 자신을 토론에서 배제시킨 데 대해 토론 주최 측과 버지니아주 민주당을 비난하기 시작했다. 약 30초의 어색한 순간이 흐른 뒤, 방송은 광고로 전환되고 보안 요원이 호출되었다. 그녀가 퇴장당한 뒤 마침내 토론이 시작되었다.

토론은 아무 열기도 없이 지루하게 진행되었다. 양측 모두가 사전에 말할 논점을 정해두고 대본대로 진행했다. 맥컬리프 후보의 논점은 영킨 후보가 초·중·고에 다니는 학생들에 대한 코로나19 백신접종 의무화를 거부했다는 사실에 맞춰져 있었다.

버지니아주 법은 학교가 신입생에게 필요한 예방접종을 의무화할 수 있도록 허용하고 있다. 그런데 왜 그는 코로나19 백신(및 부스터 샷)을 의무화하지 않는가? 왜 그는 과학을 믿지 않는가?

이것이 맥컬리프 후보가 영킨 후보를 비난하며 내세운 주장이었다. 이에 대해 영킨은 답변을 제대로 하지 못했다. 그를 처음

본 사람들은 그를 친절하다고 생각할 수도 있겠지만, 주 정치는 순간의 공격을 주저하지 않는 상어들이 지배하는 곳이었다. 마음 약한 사람을 위한 자리는 아니었다.

토론이 30분쯤 남았을 때, 영킨 후보는 과거에 맥컬리프가 학교에서 학생들이 성인용 내용이 담긴 책을 읽을 경우 부모에게 이를 알리도록 하는 법안을 거부한 점을 언급했다. 이것은 예상 가능한 질문이었고, 분명 맥컬리프와 그의 팀이 여러 번 연습했을 것이다. 정답은 간단했다. 그런 문제는 주지사가 아니라 지역 교육위원회에서 결정하면 되는 것이고, 교육위원회 구성원은 커뮤니티에서 결정하면 된다는 식으로 답변하면 그만이었다.

하지만 질문을 받은 맥컬리프는 이런 답 대신 청중 쪽으로 몸을 돌리며 이렇게 웅변했다.

"학부모가 학교에 와서 책을 빼앗고 자기네 마음대로 결정하도록 내버려두지 않겠습니다. 학부모가 학교에서 무엇을 가르쳐야 할지 관여해서는 안 된다고 생각합니다."

그것은 이상한 발언이었고, 심지어 민주당을 지지하는 청중 사이에서도 박수가 나오지 않았다.

토론장에서 차를 몰고 나오며 나는 오래된 선거운동 전략가 벤 트리벳에게 전화를 걸었다. 그는 버지니아주 민주당의 전담 컨설턴트였다. 그는 테리가 "훌륭히 해냈다"라고 말했다. 그의 의견으로는 영킨이 너무 약해 보였다는 것이다. 특히 코로나 백신접종 의무화를 거부했다는 점에서 불리해 보였다고 했다. 하지만 나는 확신이 없었다. 테리의 '학부모' 발언은 뭔가 어색하게 들렸다. 우리는 부모가 자녀의 교육에 참여하길 원한다. 이것이 공립교육의 본질 아닐까? 부모와 교사가 협력하는 교육 말이다.

며칠 뒤, 영킨의 선거 캠페인 팀은 학부모에 대한 테리의 발언을 공격하는 광고를 내보냈다. 그 광고의 메시지는 명확하고 강력했다.

"부모는 학교에서 자녀에게 무엇을 가르치는지, 그 문제에 참여해야 한다."

광고는 바로 이것이 공립학교가 해야 할 역할이라는 점을 강조했다.

새로운 모멘텀을 얻은 영킨은 격차를 좁히기 시작했고, 마지막 몇 주 동안 접전이 벌어졌다. 다른 한편으로 미군의 아프가니스탄 철수는 바이든 대통령의 인기를 크게 떨어뜨렸다. 오랜만에 국가적 이슈가 민주당에 불리하게 작용하고 있었다. 많은 하원 후보가 여전히 코로나 공포를 부각시키는 전술, 특히 아동들의 마스크 착용 의무화를 주장하며 선거운동을 하고 있었다. 마스크가 그들을 승리로 이끌 수 있을까? 아니면 유권자들이 이를 무시하고 말까?

선거일은 맑고 추웠다. 대부분의 민주당 지지자들은 사전투표를 했기 때문에 투표소에서 할 일이 별로 없었다. 투표율은 예상보다 훨씬 높았다. 언론에서는 이 상황을 민주당의 승리를 예고하는 신호로 보았다.

선거 후 민주당의 저녁 파티는 페어팩스 카운티의 타이슨 힐튼 호텔에서 열렸다. 파티장은 사람들로 가득 찼다. 나는 바 근처에 있었다. 평소처럼 대화가 이루어졌다. 개표 결과가 속속 들어왔고 분석가들은 열심히 숫자를 계산하고 있었다. 개표 초기에는 영킨이 버지니아주 농촌 지역에서 크게 앞섰다. 그는 과거 마크 워너에게 강력한 지지를 보냈던 농촌 카운티에서 50~60% 이상의 격차로 이기고 있었다.

하지만 교외 지역은 좀 상황이 달랐다. 맥컬리프는 리치먼드 근처의 헨리코와 체스터필드 카운티에서 앞서가고 있었다. 또한 라우던 카운티에서의 논란에도 불구하고 그곳에서도 승리하고 있었다. 한편, 페어팩스 카운티는 여전히 민주당 일당 지역으로 남아 있었고, 영킨은 최대 35%만 얻을 수 있었다. 하지만 전반적으로 영킨이 승리하고 있었고, 공화당은 2019년 민주당으로 넘어갔던 의석도 되찾고 있었다.

밤 11시쯤 대부분의 논평가들은 결과를 확정했다. 영킨 후보가 버지니아주의 차기 주지사가 되었다. 12년 만의 공화당 주지사였다. 또한 공화당의 윈섬 시어스는 부지사가 되었고, 러닝메이트 제이슨 미야레스는 새 법무장관이 되었다. 공화당은 심지어 하원에서 다수당 지위를 되찾았고, 민주당의 필러콘 하원의장은 자리를 잃었다. 이는 주 역사상 가장 빠른 다수당 붕괴 중 하나로 기록되었다. 바이든이 바로 1년 전 주 전체에서 10% 차이로 승리한 상황에서 특히 주목할 만한 일이었다.

모든 면에서 민주당의 붕괴였으며, 그 여파는 전국적으로 퍼졌다. 한때 확고한 블루 스테이트였던 버지니아주에서 시민들이 마침내 '형평성'이라는 주제에 저항하기 시작한 것이었다. '제로 코로나' 집단은 마침내 통제권을 잃은 듯 보였다.

하지만 모든 사람이 이 변화를 받아들인 것은 아니었다. 그 뒤로 4개월 동안 나는 일부 사람들, 특히 아이들의 마스크 착용을 포함한 코로나19 규제를 계속 유지하려는 의지가 얼마나 강한지 직접 경험했다. 많은 사람에게 마스크 착용은 "과학을 믿는 사람" 혹은 역설적으로 "타인을 배려하는 사람"으로 자신을 구별짓는 상징적 의식처럼 여겨졌다.

그들의 의견이 그렇다면 괜찮다. 그런데 문제는 그들이 다른 사람들에게까지 그런 입장을 강요하고 있었다는 점이다. 그리고 그 강요는 이후 몇 달 동안의 상황 전개를 보여주는 핵심 문제가 되었다.

Chapter 27 친기업적 민주당

코로나19 시기를 포함해 민주당이 다수를 차지하면서 발생한 이상 증상 중 하나는 버지니아주 비즈니스 커뮤니티와의 관계가 급격히 변화했다는 점이다. 그동안 그들에게 골치 아픈 존재였던 나는 이제 그들의 확고한 옹호자로 바뀌었다.

나의 태도 변화는 2021년 12월 정점을 찍게 된다. 우선 그 배경부터 살펴보기로 하자.

하원의원으로 의정 생활을 시작했을 때 나는 거의 외부인이었다. 당시 공화당이 장악한 하원은 버지니아 상공회의소와 비즈니스 단체에 정당 관련 정보를 객관적으로 제공하는 버지니아 프리Virginia FREE, 버지니아주 중소기업협회NEIB와 같이 전통적으로 비즈니스 부분을 대변하는 조직이 장악하고 있다고 해도 과언이 아니었다. 당시에는 전국총기협회NRA만이 이들보다 더 영향력이 있었다. 그렇다고 해서 버지니아 상공회의소가 원하는 것을 모두 통과시킬 수 있었다는 뜻은 아니지만, 최소한 반대하는 법안을 확실히 저지할 수 있었다. 내가 초기에 제안한 하원 법안 중 최저임금 인상이나 담뱃세 인상 같은 것이 이들의 반대에 부딪혀 좌초되기도 했다.

2003년 첫 임기를 마친 뒤 버지니아 프리는 주 하원의원 순위를 발표했다. 나는 볼링으로 말하자면 '7-10' 스플릿에 해당하는 성적을 받았다. 즉, '친기업적' 면에서 100명의 버지니아주 하원의원 중 최하위를 기록했고, '효율성' 측면에서도 100명 중 최하위를 기록한 것이다.

그런 상황은 상원의원으로 선출되고 나서도 바뀌지 않았다.

2013년에 나는 주 도로 시스템을 현대화하려는 목적으로 지역의 매출세를 창출하고 유류세를 인하하는 주지사의 교통 법안에 반대하는 세 명의 민주당 상원의원 중 한 명이었다. 나는 비즈니스 커뮤니티로부터 많은 비판을 받았지만, 내 지역구는 카운티 중심부에 있어서 소규모 사업체 소유자들이 많다고 주장하며 그 주민들을 먼저 돌보겠다고 고집했다. 또한 나는 지방정부가 필요하지도 않은 프로젝트를 위해 세수로 모은 돈을 사용할 것을 요구하는 의미가 담긴 "사용하거나 혹은 사용하지 못하거나" 식의 지역 세금 시스템을 싫어했다. (오늘날에도 이 시스템은 여전히 문제로 남아 있다.)

그런데 그 모든 상황이 2020년에 바뀌었다. 민주당이 통제권을 잡았을 때는 비즈니스 배경의 대리인이나 상원의원이 거의 없었다. 새로 선출된 의원들은 대부분 교육계나 정부에서 근무한 경력이 있었다. 그런 의원들이 직무를 맡은 뒤로 상업인 단체들은 집단 교섭권을 보장하고, 노동자들의 혜택을 확대하며, 근무 환경에서 괴롭힘이나 억압을 느끼는 사람들을 보호하기 위한 새로운 행동 지침을 만드는 등 그들에게 유리한 법안을 만들어 통과시키라는 압박을 가하기 시작했다.

그런 법안들은 최저임금 인상과 마찬가지로 이미 오래전부터 거론되던 것으로, 나는 그런 법안을 만드는 데 기꺼이 찬성하는 편에 속했다. 그런데 비즈니스가 어떻게 작동하는지에 대한 무지를 드러내는 법안이 많았다. 대표적인 예가 시간제 근로자에게 '병가'를 의무화하는 법안이었다. 이 법안은 소규모 상인들이 학생들이나 기타 젊은이들을 임시로 고용하는 것을 꺼리게 만드는 결과를 가져왔다. (사실 19세의 시간제 근로자는 필수적 혜택보다는 더 높은 시급을 받는 데 관심이 많다.)

또한 경영진과 직원들에게 성희롱 방지나 다양성 교육을 의무화하는 법안이 폭증했다. 이러한 법안들과 그에 필요한 서류작업은 단지 사람들에게 새로운 사업을 시작하지 못하게 작용하거나 아니면 그냥 웃어넘기는 농담처럼 취급되었다. 12시간의 다양성 교육을 요구하는 새로운 직장에 누가 면접 인터뷰를 가겠는가? 누가 이 번거로움을 감당하겠는가?

결과적으로 나는 그런 극단적 법안의 입법에 맞서 싸우며 많은 시간을 보내야 했다. 2021년 의회 회기에서 발생한 대표적 예는 버지니아주에서 '고용차별'에 대한 새로운 법적 기준을 만드는 법안이었다. 이는 50년간의 연방법 판례를 폐기할 수 있는 법안이었다. 이 새로운 기준은 모든 고용주에게 적용되었으며, 나이와 성별, 성적 지향 또는 인종에 기반한 차별 혐의를 받는 사업주는 자신의 무죄를 스스로 '증명'해야 했다. 이러한 법적 기준이 미친 영향력은 상상할 수 없을 정도였으며, 모든 중소기업을 불만을 품은 직원들의 권력 아래 두는 결과를 낳았다.

그러나 내가 방어만 했던 것은 아니다. 나는 소규모 중소기업을 위한 의제를 설정했다. 2021년 1월, 나는 연방정부 급여 보호 프로그램 대출과 관련해 면제된 잔액이 세금으로 공제만 되는 것이 아니라 이미 보고된 연방 세금보고신고서처럼 주 세금에 관한 신고서에서도 관련 비용을 처리할 수 있게 하는 법안을 제출했다. 이 법안은 야심 차게도 비즈니스 비용에 대한 전액 공제를 허용하는 것으로, 코로나로 타격을 입은 버지니아주의 수백만 개 기업에 큰 혜택을 주었다. 결국 우리는 한 사업체당 18만 달러라는 축소된 기준으로 법안을 통과시켰고, 이는 전액 환급은 아니었지만 상당한 환급을 허용했다.

그 결과 수천 개의 기업이 혜택을 보았다.

물론 이 모든 일이 벌어지는 동안 주정부는 아직 전면 폐쇄 정책에서 벗어나지 못하고 있었다. 거의 모든 주정부 직원들이 여전히 재택근무를 하고 있었다. 2021년 동안 이어진 대규모 재택근무 정책은 정부 허가에 의존하는 기업들에 엄청난 부담을 주었다. 그리고 나는 그 입장을 공개적으로 청취한 몇 안 되는 민주당 의원이었다.

2021년 여름과 가을, 내가 공무원의 책임을 강조하며 낸 수정안이 예산에서 제외된 뒤에도(노섬 행정부가 이를 싫어했다) 나는 여전히 모든 주정부 기관에, 특히 주정부 차량관리국과 농업부, 환경품질부와 같이 대면 서비스를 담당하는 부처들에 공무원의 대면 업무를 요구하라고 공개적으로 주장했다.

물론 쉬운 일이 아니었다. 2021년 비엔나 타운에서 열린 연례 옥토버페스트에서 나는 출근 문제와 관련해 자기 여동생의 생명을 위험에 빠뜨렸다고 비난하는 유권자에게 시달렸다. 그녀의 여동생은 "면역력이 약한" 주정부 직원이었다. 항상 그랬듯이 나는 그녀의 의견을 경청하고 정중하게 감사의 말을 건넸다. 그러나 속으로는 이런저런 생각을 했다. 대체 출근하지 않는 직원들에게서 우리가 얻을 수 있는 가치는 무엇인가? 만일 아무 가치도 얻어내지 못한다면 왜 그녀를 주정부의 급여 목록에 계속 남겨두어야 하는가?

2020년 12월, 버지니아주의 여행·관광위원회는 내가 주도했던 주정부에 대한 재개 소송에 대해 '올해의 입법자' 상을 수여했다. 특히 주정부의 제한 문제는 호텔·관광산업에 큰 피해와 영향을 미쳤다. (2020년 6월 재개 소송을 시작했을 때, 관광산업계는 호텔이나 레스토랑을 열 수 없어서 파산에 직면해 있었다. 결국 2020년 6월경 정부의 행정명령으로 여름에야 다시 문을 열고 영업을 재개했다.)

2021년, 버지니아주 중소기업협회는 나에게 '중소기업의 수호자' 상을 수여했다. 또한 버지니아주 상공회의소는 '올해의 입법자' 상을 수여하면서 멋진 은빛 독수리 동상도 주었다. 12월의 어느 맑은 날, 나는 상공회의소에서 주는 상을 받기 위해 리치먼드 메리어트호텔로 향했다. 그런 시상식에 여러 번 참석했지만 상을 받는 사람으로 참석한 것은 처음이었다. 사실 집에서 수락 연설을 작성했는데, 거의 즉흥적으로 말하거나 몇 가지 메모를 기반으로 연설을 해온 나로서는 실로 드문 경험이었다.

상공회의소 행사에는 주 전역에서 온 수백 명의 비즈니스 리더가 참석했다. 내 이름이 불리자 나는 앞으로 나가 상을 받고 수상 소감을 말하기 위해 연단에 섰다. 그곳에서 나는 20년 동안 알고 지낸 사람들의 얼굴을 볼 수 있었다. 이제는 좋든 싫든 나는 그들 중 하나였다. 사업과 가족을 유지하려고 애쓰는 중년의 남자인 것이다.

상공회의소에 감사의 말을 한 뒤, 나는 아이들의 일상 이야기를 하며 우리 아이들이 코로나19 봉쇄 기간 동안 '3등 시민'으로 취급받았다고 말했다. 그리고 그건 옳지 않은 일이라고 말하자 박수갈채가 쏟아졌다. 나는 내 비즈니스 경험에 대해서도 이야기하고, 두 번 다시는 그런 힘든 일이 일어나지 않게 하고 싶다고 말했다.

마지막으로 나는 공공생활에 대한 나의 철학을 이야기했다. 내 주된 가치 철학은 1989년 스파이크 리 감독의 클래식 영화 〈똑바로 살아라Do the Right Thing〉에서 비롯되었다. 그 시대의 미국을 정의하는 영화였다. 영화에 나오는 다음 대사는 우리 모두가 따라야 할 기준을 나타냈다.

"의사 선생, 항상 옳은 일을 하세요."

내 연설은 따뜻한 반응을 얻었다. 물론 나는 이 문제에 대한 나의 투표 기록과 상 자체가 민주당 주류에서 나를 벗어나게 만들고 있다는 사실과 그에 대한 결과가 있을 것임을 알았다. 하지만 내가 존경하는 사람들에게 인정받는 것은 기쁜 일이었다.

그 상호 존중의 시간은 결국 지나갔다.

영킨 주지사 선출의 여파가 계속되는 가운데 2022년 입법 의회가 열릴 즈음에는 적어도 비즈니스 커뮤니티는 정치적으로 공화당의 부활과 함께 다시 주도권을 잡았다. 민주당의 단독 통치는 끝났고, 코로나19 봉쇄는 이제 역사적 유물이 되었다. 하지만 봉쇄정책의 영향력은 사회 구석구석에 남아 있었다. 버지니아주의 경제성장과 일자리 창출은 2020년 봉쇄 이전부터 둔화되기 시작했고, 우리가 통과시킨 반(反)비즈니스 법안들이 그 추세를 더욱 악화시켰다.

2022년에 더욱 뚜렷해진 점은 버지니아주, 특히 북부 버지니아가 1980년대와 1990년대 경제성장의 중심지였던 시기를 지나 이제는 더 이상 경제적으로 역동적인 지역이 아니라는 사실이었다. 이제 이곳은 뉴욕, 캘리포니아 같은 주를 닮아가기 시작했다. 유례없이 높은 성장률을 자랑한 주들이 21세기에 들어 급격히 진보당 쪽으로 기울어졌고, 이제는 주민과 기업을 잃어가고 있었다.

물론 비즈니스 커뮤니티와의 친분 관계는 한계가 있을 수밖에 없었다. 나는 본질적으로 재판 변호사로서 내 유전자에는 소비자와 환경단체를 대표하는 의식이 뿌리내리고 있었다.

2022년 가을, 나는 '디지털 게이트웨이'라는 프로젝트와 관련된 주요 시설의 토지 사용에 문제가 있다는 사실을 우연히 알게 되었다. 그것은 남북전쟁 전투지에 인접한 농촌지역에 200만 평방피트의 데이터센터를 세우려는 프로젝트였다. 이런 프로젝트는 여러 면에서 최악이었다. 프린스 윌리엄 카운티의 농촌 지역구를 침해하는 것은 물론, 막대한 양의 물과 에너지를 소비할 가능성이 있었다. 그리고 그곳은 남북전쟁 중 가장 치열한 전투가 벌어진 지역 중 하나였다.

2022년 12월, 나는 블로그에 "마나사스의 세 번째 전투"라는 뉴스레터를 작성해 데이터센터 프로젝트 계획을 막겠다는 나의 다짐을 밝혔다. 2023년 입법 의회에서는 공원이나 역사적 장소

1천 피트 이내에는 데이터센터를 건설하는 것을 금지하는 법안과, 개발이 이루어지기 전 의회가 이에 대한 장기적 영향력을 평가할 수 있도록 개발을 지연시키는 또 다른 법안을 제출했다. 나의 모든 비즈니스 동맹들과 영킨 행정부는 나의 법안에 반대했으며, 이는 노동자 협회도 마찬가지였다. 그 법안이 새로운 일자리의 창출을 방해한다고 보았기 때문이다. (실제로 데이터센터는 거의 혹은 전혀 노동자를 필요로 하지 않았다.) 당연히 내 법안은 부결되었다.

데이터센터 문제를 시작으로 나는 버지니아주 비즈니스 협회의 눈엣가시 같은 존재가 되었다. 기분은 좋았다.

Chapter 28 나를 고소한 사람이 당신 아냐?

2020년에서 2021년까지 이어진 대규모 봉쇄정책은 진공상태 속에서 일어난 일이 아니었다. 초기의 충격이 가라앉은 뒤, 수천 명의 학부모가 무슨 일이 일어나고 있는지 의문을 제기하기 시작했다. 2020년 가을 페어팩스 카운티 공립학교가 학교 재개를 거부하자 학부모들은 서로 연락을 취하기 시작했다. 그 당시 "페어팩스 카운티 공립학교 재개"라는 간단한 문구의 표지판이 교외 잔디밭에 나타나기 시작했다. 그래도 조 바이든을 지지하는 표지판에 비하면 적은 수였다. (페어팩스 카운티에는 도널드 트럼프를 지지하는 표지판은 거의 없었다).

2021년 의회 회기 중 학교 재개를 위한 싸움이 절정에 달했을 때 '페어팩스 카운티 공립학교 재개' 단체 구성원들은 이메일을 보내고 전화를 걸어 일부(모든) 페어팩스 카운티의 상원의원들이 "상원법안 1303"을 지지하는 표를 던지게 하는 데 중요한 역할을 했다. 이에 대한 대가로 그들은 카운티의 민주당원들에게 배척을 당했다. 2021년 6월, 내가 야외에서 열린 고등학교 졸업식에 참석했을 때의 일이다. 학교 이사회 위원들이 '페어팩스 카운티 공립학교 재개' 단체 구성원들을 어떻게 확인해서 그들을 향후 민주당 정치에 참여하지 못하도록 만들었는지 자랑하는 소리를 들었다.

나는 반대로 갔다. 학교를 재개하려는 공개 캠페인을 시작한 순간부터 나는 그 단체의 리더와 지속적으로 연락을 주고받으며 아이디어를 교환하고 정보를 주고받기도 했다. 나는 그들을 신뢰했다. 올바른 일을 할 용기가 매우 부족했던 시기에 그 단체 구성원들이 용기를 보여주었던 것이다.

하지만 정치적 상황은 복잡했다. 특히 그 단체에게는 더욱 그랬다. 2021년 선거 시즌 동안 그 단체는 대체로 조용히 있었다. 공화당 주지사 후보인 글렌 영킨은 그들이 내세운 목표를 전폭적으로 지지했으나 민주당의 테리 맥컬리프는 대체로 무시했다. 페어팩스에서는 그 단체가 공화당 지지 단체로 보이지 않는 것이 무엇보다 중요했다. 정치적으로 치명적이었기 때문이다.

그렇게 선거가 끝나자 상황이 달라졌다. 영킨이 승리했고, 학교 문제는 가장 중요한 문제가 되었다. 이제 소송을 행동으로 옮기는 일만 남았다. 학교가 재개되었다. 거의 모든 아이가 학교에 다니게 되면서 이제 남은 문제는 마스크 착용이었다.

2021년 가을의 마스크 전쟁은 페어팩스 카운티를 갈라놓고 있었다. 마스크를 쓰지 않는 (또는 '올바르게' 착용하지 않는, 즉 고무 밴드를 코 위로 당겨서 코를 완전히 막게 착용하지 않는) 아이들은 학교에서 정학을 당했다. 그들의 학업 기록은 손상되었다. 물론 교사들에게도 동일한 제한이 적용되었다.

그 결과 2021년 말까지 페어팩스 카운티의 학교들은 폭발 직전이었다.

선거 며칠 뒤, 나는 당선된 새 주지사에게서 전화를 받았다. 우리의 대화는 짧았다. 우리는 몇 가지 문제, 특히 환경문제와 형사사법 문제에서 의견이 갈렸다. 하지만 완선히 의견을 같이한 문제가 한 가지 있었다. 그것은 버지니아주의 아이들에게 강제로 마스크를 쓰게 하는 것을 끝내야 한다는 것이었다. 하지만 이것을 어떻게 실현할지, 그것이 문제였다.

첫 번째 단계는 강제적인 마스크 착용을 끝내야 한다는 것을 공개적으로 인정하게 만드는 것이었다. 이 부분이 일부 사람들에게는 가장 어려운 일이었다. 21개월 동안의 코로나 제재 이후 '과학 지지' 측 사람들은 제한을 완화하는 것이 지역사회 전파에 의한 죽음을 초래한다고 생각했다. 비록 과학적 조사 결과가 이를 뒷받침하지 않아도 이러한 생각은 지역 학교 이사회에서 특히 큰 목소리를 냈다. 실제로 알렉산드리아시는 모든 학생이 "두 장의 마스크를 착용해야 한다"는 규정을 자랑스럽게 내세웠다. 하나로는 부족하다고 생각했기 때문이다! 페어팩스 카운티에서는 2021년 봄 주지사의 명령이 철회된 뒤 공공장소에서 마스크 의무화를 다시 시행할 권한을 찾으려 했지만 허사였다.

마스크 착용은 공공의 미덕 또는 거의 종교적 숭배에 가까운 행동으로 변해버렸다. 만일 누가 마스크 착용에 의문을 제기할 경우, 그것은 그가 '백신 반대자'이고 '과학을 반대하는 사람'이라는 의미였다. 아이들이 마스크를 좋아하는데 그것을 빼앗는 것은 비인간적이라는 주장도 있었다. 나는 모든 아이가 그렇게 생각하지 않는다는 식으로 대응할 수 있었을 뿐이다. 그리고 만약 마스크 착용이 그렇게 인기가 있다면 굳이 왜 그것을 의무화하겠느냐는 것이 나의 논리였다.

마스크 전쟁이 수사학적 논쟁의 열기를 더하는 동안 질병 자체는 여전히 격렬했다. 백신이 1년 동안 널리 공급되었지만 바이러스 확산은 멈추지 않았다. 이제 코로나19 바이러스는 그다지 치명적이지 않았지만, 여전히 어디에나 존재했다. 그리고 크리스마스 시즌이 점점 다가오자 코로나19는 예고된 대로 다시 확산되었다. 이제는 '오미크론' 변이가 나타났고, 이 변이는 백신접종 여부와 상관없이 빠르게 전파되었다.

2021년 12월의 마지막 주, 나는 막내와 함께 몬태나로 향했다. 오랜만에 옛 대학 시절 친구의 집을 방문하고 브리저산맥에서 스키를 타기로 했다. 추위가 맹렬한 기세를 떨치고 있었고, 덴버에서 보즈먼으로 가는 항공편은 취소되었다. 너무 많은 조종사가 병가를 냈기 때문이다. 마스크를 쓴 사람들이 항공편을 다시 예약하기 위해 길디긴 줄을 서서 기다리는 광경이 연출된 덴버공항은 마치 제2차 세계대전의 병원처럼 보였다.

우리는 보즈먼에 도착했고, 영하 19도 이하로 기온이 떨어진 산 정상에서 스키를 탔다. 야외에 있는 것만으로도 충분히 행복했다. 몬태나의 목장에 앉아 나는 〈리치먼드 타임스 - 디스패치〉에 게재될 사설을 썼다. 거의 2년간 코로나19 제재에 묶인 학교 문제와 관련해 이제는 남아 있는 규제 사항에 대한 '출구전략'이 필요하다는 내용이었다. 마스크 의무의 종료에 대해서는 언급하지 않았다. 그 문제는 너무 많은 사람을 자극할 수 있었기 때문이다. 하지만 나는 마스크 의무화가 끝나야 한다는 점을 암시하며 논의를 전개했다.

두 번째 단계는 동맹을 확보하는 것이었다. 새로 선출된 주지사는 하나의 동맹이었지만, 그는 페어팩스 카운티에서 35%의 지지율을 얻었을 뿐이다. 그런 점을 고려하면 가장 확실한 동맹은 의료계였다. 2021년, 의료계는 학교 재개를 지원하는 데 중요한 역할을 했다. 그러나 2022년에는 바이든 행정부나 교사노조의 압력으로 거의 아무 일도 못한 채 마비 상태였다. 실제로 미국의 소아과학회는 2022년 3월 말까지 아이들의 마스크 착용을 계속 권장했는데, 이는 정치가 과학을 상대로 승리한 사례였다. 물론 질병통제예방센터는 쓸모가 없었다. 2020년 봄, 마스크 착용에 우려를 표하며 경고했던 질병통제예방센터는 진보적인 사람들의 반발이 두려워 다시는 그런 식의 지적을 할 수 없었다.

결과적으로 2022년 1월 의회가 시작되었을 때 상황은 다시 나빠졌다. 나는 정치 경력에서 새로운 실존적 도전에 직면하게 되었다.

나의 상원의원 선거구가 더 이상 존재하지 않았던 것이다.

나는 14년 동안 버지니아주 34 상원선거구를 대표했다. 이 선거구의 핵심은 내 고향인 페어팩스시였고, '벨트웨이 밖'의 지역들, 즉 센터빌까지 이어지는 페어팩스 카운티의 중앙과 서부 지역이 포함되었다. 이 지역은 민주당 우세 지역이었고, 여전히 온건하고 친기업적인 가치에 중점을 두고 있었다.

내가 지지한 새로운 법안들이 내 계산을 뒤집었다. 적절한 선거구에 재편성된 수정안이 통과되면서 양당제 위원회가 결성되었으나 아무런 합의에 도달하지 못했다. 그 결과 2021년 12월, 버지니아주 대법원은 전문적인 지도 제작자 두 명(한 명은 민주당원, 한 명은 공화당원)을 임명해 선거구 지도를 다시 그리게 했고, 현직 의원에게는 어떤 유리한 조건도 부여하지 않았다.

그리고 새로 나온 지도는 나에게 유리하지 않았다. 우선, 나는 기존 34 상원선거구의 아늑한 환경에서 갑자기 제외되었다. 34 지구는 새로운 선거구로 재편성되었는데, 여기에는 타이슨스 코너의 신도시 지역과 페어팩스시가 포함되었다. 새로운 유권자들은 거의 모두 '벨트웨이 안'에 거주하는 페어팩스 카운티 시민들이었는데, 이 지역은 샌프란시스코처럼 정치적으로 빠르게 초진보적인 성향으로 변하고 있었다. 요약하자면, 나는 '온건한 중도'의 버지니아주에서 가장 진보적인 민주당 지역 중 하나로 이동하게 된 것이다.

그런 결과에 대해 소리치고 불만을 드러내 봤자 아무 소용이 없었다. 내가 통제할 수 있는 일이 아니라는 것, 이것이 바로 핵심이었다. 그래도 도전할 것이 있을 게 분명했다. 2022년, 이해에 있었던 일들이 나의 가장 큰 정치적 약점이었다. 단기 해결책은 빨리 선거 기금을 모으는 것이었지만, 코로나 시대에 정치자금을 모금하기는 쉽지 않았다. 2022년 의회 시작 전 금요일, 나는 페어팩스시에서 기금 모금 행사를 열었다. 30명 정도가 참석했다. 상원의원으로 15년간 활동을 해온 나에게 그리 뜨거운 지지는 아니었다.

리치먼드로 떠나기 전날인 월요일, 나는 코로나바이러스 백신을 맞으러 갔다. 원지 않았고 꼭 필요하다고 느끼지도 않았지만, 내 코로나 백신카드에는 빈 공백이 있었다. 공공장소에서 집종 여부를 확인할 때 그것이 문제가 되었으므로 나는 백신을 맞았다. 그런데 백신접종을 한 그날 밤, 정말 숨쉬기가 힘들었다. 기침이 온몸을 흔들었다. 멍하니 천장을 바라보며 나는 생각에 잠겼다. 그동안 코로나19의 광기를 끝내기 위해 그렇게 싸워온 내가 이제는 필요도 없고 원치도 않은 백신으로 인해 쓰러지게 되는 것은 아닌지……

하지만 나는 견뎌냈다. 그리고 노섬 주지사의 마지막 연설을 들었다. 그는 자신의 행정부에 대해 칭찬을 아끼지 않았지만, 지난 2년 동안 버지니아주 아이들과 소기업이 겪은 고통에 대해서는 아무 말이 없었고 자기 성찰도 없었다. 그는 항상 옳았고, 만약 그에 동의하지 않으면 '과학'에 반대하는 것이었다.

노섬 주지사의 임기 마지막 날, 그는 민주당 전체 회의에 참석해 작별 인사를 나누었다. 재미있게도 그는 민주당 의원들에게 (특히 여전히 마스크를 쓴 사람들에게) 따뜻한 박수를 받았다. 그는 소아신경과 의사로서 의료계로 돌아가고 싶다는 마음을 이야기했다.

나는 겨울 코트를 입고 방 한쪽에 앉아 있었다. 부스터 백신의 영향으로 여전히 몸이 떨려왔기 때문이다. 주지사와 나 사이에는 분명 의견 차이가 있었다. 하지만 나는 그를 여전히 친구로 생각했다. 그는 2019년 유일하게 자신을 지지했던 민주당 의원이 바로 나라는 사실을 알고 있었다. 물론 공개적으로 인정한 적은 없었지만.

주지사는 나를 향해 웃으며 냉담하게 말했다.

"나와 소송을 했던 사람이 바로 당신 아니었나? 이제 당신과 거래하는 게 어떻게 느껴질지 모르겠네."

그 말에 민주당 동료들은 모두 웃었다. 그렇다. 나는 노섬 주지사에게 과학을 부정하는 사람이었고, 주지사인 그가 경제를 봉쇄하고 학교 문을 닫았을 때 그에게 도전한 유일한 사람이었다. 그래서 대가를 치르게 된 것이다.

그것이 랄프 노섬과 내가 나눈 마지막 말이었다.

Chapter 29 　　　　　　　　　　탈출구 찾기

새로 당선된 영킨 주지사의 취임식이 2022년 1월 14일에 열렸다. 축제 분위기에 휩싸인 사람들은 제퍼슨 대통령이 민주주의 이념을 기리기 위해 설계한 건물인 주 의사당 남쪽 현관을 향해 앉아 있었다. 원래 이 현관의 전망은 리치먼드시를 가로지르는 제임스강까지 뻗어 있었다. 그러나 남북전쟁 이후 의사당 바로 아래에 연방법원을 세우는 바람에 강을 바라보는 전망이 막혔다. 이것은 사람들이 누구의 지배를 받고 있는지 알려주려고 한 조치였다.

하지만 그날은 그 누구도 그것에 신경 쓰지 않았다. 취임식은 정확히 1시간 동안 진행되었다. 합창단이 노래하고 밴드의 연주가 있었다. 새로운 주 공직자들이 나와 연설한 뒤, 버지니아주 원주민 부족 대표들이 전통의상을 입고 나와 새 주지사에게 선물하는 의례가 이어졌다. 17세기부터 이어져 내려오는 전통이었다. 부족 대표들이 조개껍데기로 만든 장식품을 주지사에게 선물한 뒤, 원주민 드러머들이 박자를 맞춰 연주하고 동물가죽으로 만든 다리 보호대를 한 무용수들이 전통 가요를 불렀다. 그들의 목소리가 겨울 아침의 풍광을 뚫고 멀리 울려 퍼졌다.

새로운 지도자가 등장했다.

그다음 월요일, 주지사는 하원의회에서 연설했다. 2년 만에 처음 대면으로 진행된 회의였다. 주 의사당 회의장에는 기이한 장면이 연출되고 있었다. 한쪽에는 2년간의 무관심 끝에 새로 얻은 권력에 기뻐하며 자리를 차지한 공화당원들이 앉아 있었는데, 그들 중 마스크를 쓴 사람은 한 사람도 없었다. 그 반대편에 앉은 민주당 의원들의 얼굴은 눈보라 속 러시아 농부들처럼 마스크로 두껍게 가려져 있었다. (민주당 측 뒷자리에 앉은 나는 외로운 예외였다.) 새 주지사는 자신의 선거공약과 그 약속을 실현할 의도를 진지하게 이야기했다. 공화당 측에서는 환호했고, 민주당 측은 완전한 침묵으로 대응했다. 분열은 명백했다.

이틀 전 주지사 업무를 시작하면서 영킨 주지사는 일련의 행정명령에 서명했다. 그 행정명령들은 성가시고 귀찮은 민주당 상원의원들을 쉽게 피해 가면서 다양한(보수적인) 선거공약을 실현하는 것들이었다. 그중 가장 중요한 것은 노섬 주지사가 의무화했던 공립학교의 마스크 착용 명령을 취소하고 학교들이 마스크 의무화를 시행할 수 없다는 내용을 담은 명령이었다.

반발은 극심했다. 공화당 주지사의 취임은 12년 만에 이루어진 일이었다. 주지사의 명령이 내려진 지 몇 시간 만에 6개 민주당 교육위원회가 노섬 주지사의 마스크 의무화 명령을 기꺼이 수용했던 8월과는 달리 새로 선출된 주지사의 '위헌적' 행동에 대해 소송을 제기하기 위해 법원에 출두했다.

갑자기 지역 학교의 자율권이 유행처럼 돌아왔다.

그다음 주에 민주당 하원의원들은 주지사가 아이들의 생명을 위험에 빠뜨리고 있다는 비판적 연설을 쏟아냈다. 내가 공화당을 상대로 반대 연설을 한 지 꽤 되었지만(물론, 그들이 권력을 잡고 있을 때는 내 전문 분야였다), 며칠 뒤 나도 상원의회에서 연설을 시작했다. 나는 지난 2년 동안 적어도 하나는 배웠다고, 그것은 바로 "행정명령에 의한 정부 운영은 이제 끝내야 한다"라는 사실이라고 말했다. 그리고 우리는 마스크 의무화 정책을 끝내야 하며, 그러기 위해서는 이 법안을 상원의회에서 다루어야 행정명령으로 해결해서는 안 된다고 주장했다.

내 연설은 주지사에 대한 도전과 지역 학교 이사회에 대한 지지로 해석되었다. 어느 정도는 맞지만, 코로나19 제재 조치의 시대가 빠르게 지나가고 있었기 때문에 나는 2022년 의회에서는 마스크 문제를 반드시 해결해야 한다고 생각했다. 그리고 다시 한번 나는 내 친구이자 산부인과 의사인 던나반트 상원의원에게 의지하지 않을 수 없었다.

2021년에 통과된 재개방 법안인 "상원법안 1303"은 이제 주법이 되었다. 그러나 2021년 민주당 하원의원들과 타협하는 과정에서 이 법안은 1년이라는 기간 제한에 묶여 있었다. 다시 말해 이 법안은 2022년 6월 30일에 만료될 예정이었다. 그리고 법안이 종료되면 향후 코로나 또는 다른 바이러스 감염이 발생할 경우 새로운 봉쇄 조치가 이어질 가능성이 높았다.

이 점을 염두에 두고 던나반트 상원의원은 의회 시작과 함께 "상원법안 739"를 제출했다. 이 법안은 재개방 명령을 주법의 일부로 만드는 법안이었다. 다시 한번 나는 민주당 공동 후원자가 되었다.

"상원법안 739"가 제출되자마자 나는 이것이 마스크 의무화를 종료하기에 적합한 법안이라는 것을 알았다. 문제는 마스크를 매일 계속해서 쓰는 상원의 민주당 동료들을 설득하는 일이었다. 또한 다시 정상으로 돌아와 대면 회의를 하는 하원과 달리 우리 상원의회는 여전히 유리 상자에 갇혀 있었다.

2022년 초에 이 문제는 버지니아주 의사당에만 국한되지 않았다. 바이러스가 출현한 지 2년이 지난 시점에서 예전보다 사람들이 훨씬 더 많이 모이는 술집이나 레스토랑에서는 마스크가 완전히 사라졌는데, 법원이나 영화관에서는 마스크 착용이 여전히 일상이었다. 마스크 지지자들 사이에서는 마스크 착용을 미국 공공생활의 영구적 특징으로 만들자는 헛소리마저 돌고 있었다. 이에 대해 나는 마스크, 특히 어린이가 사용하는 마스크의 효율성에 의문을 제기하는 기사를 수집하기 시작했다. 그중에는 좌파 성향의 매체에 실린 기사도 있었다. 핵심은 교육받은 사람들이 진실을 보게 만드는 것이었다. 2022년의 마스크 의무화는 기껏해야 불필요한 것일 뿐이었다.

또 다른 핵심은 비밀유지였다. 영킨 행정부는 어리석게도 마스크 착용에 관한 행정명령을 내놓았지만, 그 명령은 주지사가 긴급하지 않은 상황에서의 법적 권한을 위반한 것으로 주법원에 의해 취소되었다. 그런데 그 뒤 페어팩스 카운티 공립학교에서는 법원의 결정을 반기는 보도자료를 내놓았고, 모든 학부모에게 놀라운 정치적 내용이 담긴 이메일을 발송했다. 그것은 주지사의 행동을 비판하고 "아동 안전을 지키기 위한" 공립학교의 "보호정책의 일환"으로 "마스크 착용"을 찬양하는 내용이었다.

시오반 던나반트 상원의원과 나는 계획을 세우고 정확히 실행해서 법안을 통과시켜야 했다. 1월 첫째 주, 나는 주지사의 비서실장과 잠정적 논의를 하는 가운데 마스크에 관한 '입법적 해결책'이 준비되고 있다는 사실을 언급했다. 나는 구체적인 내용을 말하지 않았고, 그도 아무것도 묻지 않았다. 그러나 내 메시지는 분명했다. "이 문제를 망치지 마세요. 그냥 내 의견을 따르세요."

던나반트 상원의원의 법안은 2월 초 모든 법안이 표결을 거쳐야 하는 크로스오버 일주일 전에 교육위원회에 상정될 예정이었다. 나는 그전에 미리 교육위원회에서 내 옆에 앉아 있던 친구 린우드 루이스 상원의원과 비공식적인 대화를 나눴다. 린우드는 나처럼 활발한 10대 아들을 둔 아버지였다. 또한 나와 마찬가지로 마스크 착용에 대한 집착이 얼마나 심각한 문제인지 몹시 우려했다. 그는 동부 해안지역 사람들은 이 모든 것이 이상하다고 생각한다고 설명했다. 더 말할 것도 없이 그는 2021년 가장 어려운 시기에 "상원법안 1303"을 위원회에서 통과시키는 데 중요한 역할을 한 민주당 의원 중 한 명이었다.

내가 던나반트의 법안을 수정해 마스크 착용 여부에 대한 부모의 선택권을 포함시키는 아이디어를 꺼내자 린우드는 즉시 "좋습니다"라고 말했다. 그 덕분에 한 명의 민주당 의원이 더 확보되었지만, 나는 보험 차원에서 또 다른 민주당 의원이 필요했기에 예전 동료였던 조 모리시에게 다시 연락했다. 그는 다시 한 번 민주당의 흐름에 반해 이 문제에 대한 내 의견에 동의했으며, 그의 자녀들이 가톨릭 학교에서 몇 달간 마스크를 쓰지 않았다는 사실도 언급했다.

배후에서 이 모든 조정 과정을 거치는 동안, 나는 내 입장을 공개적으로 밝히기 시작했다. 1월 초, 나는 코로나19 제재에 관한

'탈출구'와 '지표'에 대한 내 의견을 신문에 실었다. 1월 말에는 페어팩스 카운티 공립학교 재개 단체 사람들에게 이메일을 보내 아동 마스크 착용은 큰 문제이지 문제의 해결책이 아니라는 논점을 밝혔다. 이 이메일은 네트워크를 통해 퍼지면서 사람들의 관심을 끌었다.

그로부터 일주일 뒤, '마스크 착용'과 '보호의 여러 단계' 정책을 지지하는 페어팩스 카운티 공립학교의 메시지가 발표되었다. 나는 그 메시지에 공개적으로 대응할 필요성을 느꼈다. 납세자들이 내는 세금으로 운영되는 기관이 당파적 성향을 보이는 것이 너무 예외적인 데다가 마스크를 쓰지 않는 다른 주나 사립학교와 비교한 통계자료도 없었다. 그런 데다 이 메시지에는 마스크 착용이 언제 끝날지에 대한 내용이 없었고, 모든 것을 공공의 미덕처럼 내세우는 것이 문제였다.

나는 학교 시스템과 관련해 전투적으로 맞서 싸우는 내 역할을 즐겼다. (1984년부터 이미 이렇게 해왔다.) 안타까운 점은 공립학교 수장인 스콧 수로벨이 내 친구이자 내가 존경하는 인물이었다는 것이다. 그는 페어팩스 고등학교에서 훌륭한 교장선생으로 일했고, 린치버그의 공립학교 수장으로도 빛나는 역할을 했던 사람이다. 나는 그가 올바른 일을 할 것이라고 믿었지만 그는 당파적인 학교위원회에 둘러싸여 있었다. 이는 스콧이 교사노조와 페어팩스 카운티 민주당 위원회의 의제에 엄격히 따르고 있다는 것을 의미했다.

공립학교의 메시지를 읽고 난 뒤 나는 이곳 공립학교를 다니는 두 자녀를 둔 학부모로서 응답을 작성했다. 나는 주지사의 명령이 효과적이지 않고 실제로 문제점이 있다고 지적했다. 우리 아이들은 무기한으로 마스크를 쓸 수 없었다. 이 행위의 강요는 모욕적일 뿐만 아니라 학습에 방해가 되었다. 즉, 코로나19는 치명적이었고 마스크만으로는 차단할 수 없었다. 마스크를 착용하는 행위는 단지 타인을 얼마나 배려하는지를 나타내는 것일 뿐이었다.

그런데 많은 학생이 마스크 착용을 진심으로 배려라고 믿었을까? 그들은 그렇지 않다고 생각했다. 그들은 얼굴에 마스크를 착용함으로써 특정 관념을 받아들이도록 강요받고 있었다. 실제로 공립학교 학생들은 마스크 미착용을 이유로 무기한 정학을 당했다. 그런데 마스크 착용은 사실 아무런 의학적 이점이 없었다.

나는 적절한 순간을 기다리며 이런 내용이 담긴 편지를 보관했다.

2월 3일 목요일 아침, 우리의 교육·건강 소위원회가 열렸다. 던나반트는 '재개' 법안을 주법에 영구적으로 포함시키는 것에 대해 설명했다. 의회의 토론은 취소되었고, 법안은 9 대 6으로 통과되었다. 나와 루이스가 찬성표를 던졌고, 다른 민주당 의원들은 모두 반대했다. 봉쇄정책이 시작된 지 2년이 지난 상황에서도 민주당은 학교 제재가 잘못되었다는 것을 인정하려 하지 않았다. 또한 이 문제와 관련해서 공화당에게 정치적 승리를 안겨주고 싶어 하지 않았다.

보통 법안은 소위원회를 통과하면 본회의에 보고되고, 세 번의 토론 후 최종 통과 과정을 거친다. 두 번째 토론에서 수정할 수 있으며, 세 번째 토론에서 표결이 진행된다. "상원법안 739"는 목요일에 교육위원회를 통과했으므로 그다음 주 초 본회의에 올라갈 예정이었다. 우리는 준비가 되어 있었다.

하지만 어려운 여정이었다.

토요일은 나의 연례 타운홀 미팅이 페어팩스시에서 열리는 주말이었다. 8개월 전 간절한 눈빛으로 나를 바라보았던 그 소년이 다니는 중학교에서 타운홀 미팅이 열렸고, 나는 코로나19에 대해 이야기했다.

2년간의 혼란 이후 아이들을 "정상으로 되돌리는 방안"에 관한 발표를 준비했다. 2년 동안 무시되었던 중요한 발표였다. 타운홀 미팅 전에 나는 데이비드 불로바 하원의원과 이야기를 나누었다. 그는 발표가 "적대적이지만 않다면" 문제가 없을 것 같다고 말했다. 나는 적대적이지 않을 것이라고 그를 확신시켰다. 데이비드는 마스크 문제에 관해서는 나와 반대편에 있었지만, 우리는 친한 의원 동료였다.

그날 아침, 중학교 밖에는 긴장감이 감돌았다. 청중의 절반은 마스크를 쓰지 않고 들어갔고, 나머지 절반은 마스크로 무장하고 있었다. 마스크를 쓰지 않은 사람들은 표정이 밝았지만 마스크를 쓴 사람들은 심각한 표정을 짓고 있었다. 나는 마스크를 쓰지 않았다. 충실한 민주당원이었던 데이비드 하원의원은 마스크를 착용했고, 우리를 소개하기 위해 온 페어팩스 시장도 마스크를 쓰고 있었다. 마스크 착용자들 사이에서 냉랭한 분위기가 느꺼졌다.

다시 한번 나는 그들의 생명을 위협하고 있었다!

우리는 무대에 올라 발표를 시작했다. 데이비드의 발언이 시작되었다. 그는 마스크를 단단히 고정한 채 말했다. 나에게 마이크가 돌아왔을 때(물론 마스크를 쓰지 않은 상태였다) 나는 청중에게 감사를 표한 뒤 볼티모어에서 한 시간 넘게 걸려 와준 여의사를 소개했다. 그리고 그녀에게 마스크 착용에 관한 연구 결과와 아이들을 서서 빨리 "정상으로 되돌려야" 하는 긴급성에 대해 이야기해달라고 부탁했다.

그녀가 무대에 올라서자 청중이 웅성거리기 시작했다. 그곳에 있던 사람 중 절반은 우리의 메시지를 반기지 않았다. 발표자는 자신을 의사이자 엄마라고 소개하며 코로나19에 대한 자신의 개인적 경험을 바탕으로 이야기를 시작했다. 발표를 시작한 지 1분도 채 되지 않아 청중의 일부가 그녀에게 자리로 돌아가라고 요구하기 시작했다. 그러자 데이비드는 마이크를 가져가려는 듯 그녀에게 다가갔다.

나는 그에게 5분만 달라고 요청했고, 그는 "2분"이라고 답했다. 웅성거림은 더 커졌고, 그녀는 연구 결과에 대해 말하려 했다. 하지만 어린이들에게 마스크 의무화가 미치는 영향을 이야기하기도 전에 시간이 끝났다는 신호와 선언이 있었다. 그녀는 말없이 군중 속으로 들어가 조용히 건물을 떠났다. 나는 그녀에게 전화를 걸었지만 연결이 되지 않았다. 마음이 몹시 무거웠다. 과학적 근거는 어디에도 없었다.

사람들은 서로를 비난했다.

일요일 오후, 나는 다시 리치먼드로 향했다. 겨울의 태양은 낮게 드리워져 있었고, 곧 어둠이 찾아오고 날씨는 추워질 게 분명했다. 고속도로를 따라 차를 몰던 나는 맷 모란에게 전화를 걸었다. 그는 주지사의 정치 브로커였고, 대학교 농구리그를 통해 오랫동안 알고 지낸 인물이었다.

내가 상원 본회의에서 "상원법안 739"에 '부모 선택' 조항을 추가할 의도가 있다고 알리자 그는 법안에 대해 추가적 변경이 없을 것이라는 약속이 있어야만 가능하다고 했다. 추가적 변경이 필요할 경우 반드시 합의가 있어야 한다는 것이었다. 나는 정확히 작성하고 싶었다. 맷은 주지사에게 확인한 뒤 다시 연락하겠다고 하고는 몇 분 뒤 다시 전화를 걸어 합의가 가능하다고 전했다.

다시 한번 상원의회에서 이 법안이 통과될 경우 어떤 변화와 의미가 있는지에 대해 이야기했다. 하원에서 공화당이 즉시 이를 처리한다고 가정하면 일주일 이내에 주지사의 책상으로 넘어가고, 주지사가 서명 후 '긴급 조항'을 추가해 즉시 발효가 가능했다. 그러면 우리 아이들은 3월 1일에 마스크를 벗을 수 있었다.

호텔에 도착하니 슈퍼볼 파티가 한창이었다. 내가 좋아하는 분위기였다. 파티장에 들어가 맥주 한 병을 집어 들었다. 민주당 지도부도 모두 그곳에 있었다. 당연히 아무도 마스크를 쓰지 않았다. 파티였다. 의장이 나에게 다가와 마치 친한 친구라도 되는 것처럼 말을 걸었다.

"지난 주말에 타운홀 미팅을 열었다면서요? 그 여자 의사와 같이."

그녀는 씩 웃었고, 나는 그런 오만한 도발에 넘어가지 않았다. 2년간 고통 속에 지낸 아이들을 생각했다. 나는 끝까지 해낼 생각이었다.

다음 날 아침, 나는 의사당의 책상에 앉아 조항 문구를 작성했다.

첫째, 학교는 부모의 동의 없이 아이들에게 학교 내에서나 학습 활동 중 마스크 착용을 강요할 수 없다.

둘째, 어떤 아이도 마스크를 착용하거나 착용하지 않는 결정 때문에 불이익을 받아서는 안 된다.

2월 7일 월요일, 법안이 두 번째 토론 순서에 올라왔지만 나는 하루만 더 연기해달라고 신청했다. 같은 날, 카운티의 교육감에게 보낼 답변서를 공개했다. 몇 시간 만에 트위터에 게시된 글을 본 오래된 친구들에게서 문자와 이메일이 쏟아졌다. 학교 재개방 문제보다 더 민감한 반응이었다. 사람들은 아이들과 코로나19를 둘러싼 가짜 위기에 지쳐 있었다. 이제 이를 끝내야 할 때였다. '과학'에 대한 시각도 변화하고 있었다. 마스크 사용을 중단한 지역사회에서 코로나19가 확산되기보다는 오히려 감소된다는 사실이 점점 더 분명해지고 있었다. 언제나 그렇듯 면역력이 최고의 방어 수단이었다.

2월 8일 화요일, 나는 의회에서의 전투를 준비했다. 아침에 보좌관을 통해 상원 서기에게 개정안을 제출하게 했고, 민주당 상원의장 마미 로크에게 화요일 본회의 전 민주당 전체 회의에서 발언하고 싶다고 전했다.

그녀에게서 "닥쳐, 피터슨"이라는 말을 들은 것이 2021년인데 어느새 1년이 지나 있었다. 지난 12개월 동안 민주당 의원들과의 관계는 어느 정도 회복되었다. 우리는 친구였고, 팽팽한 균형을 이루는 의회에서 일을 처리하려면 서로 의존해야 했다. 그런데 이제 나는 그 관계를 다시 위태롭게 만들고 있었다.

민주당 전체 회의가 시작되었다. 회의장은 주 의사당 정문 바로 안쪽에 있었고, 반대편에는 엄숙한 표정의 '엉클 잭' 몬태규의 초상화가 걸려 있었다. 사람들은 각자가 속한 소위원회 회의를 마치고 곳곳에서 모여들기 때문에 늦게 도착하는 일이 많았다. (나 역시 재무 소위원회 회의에서 막 올라온 참이었다.) 오전 11시 40분쯤 마미가 회의를 소집했고, 우리는 검토를 시작했다.

안건을 훑어보며 의원총회 직원들로부터 최신 자료를 받았다. 마미가 나에게 발언 기회를 준 것은 본회의 시작 10분 전이었다. 나는 모두가 생각하고 있을 말을 꺼냈다. 이제 마스크 의무화를 끝낼 때가 되었다고 말이다. 미국 전역이 그 사실을 깨닫고 있었다. 그리고 나는 버지니아주 민주당이 그 공을 가져가야 한다고 말했다. 나는 의원총회 동료들에게 "상원법안 739"의 대체안을 준비했으며, 그 내용은 모든 마스크 의무화를 부모의 선택에 맡기는 것이라고 설명했다. 이것은 좋은 정책이자 과학적으로도 타당한 결정이었다. 마스크 의무화를 실행하지 않는 지역의 학생 건강과 지역사회의 전파율이 양호하다는 증거는 명확해졌다. 사실, 이제 모든 사람이 그 방향으로 나아가고 있었다. 이제는 우리를 동여맨 줄을 끊을 때가 된 것이다.

"챕 피터슨이 또 시작이네."

누군가가 중얼거렸지만, 아무도 반대의견을 내지는 않았다. 나의 발언은 5분 만에 끝났고, 우리는 상원 본회의장으로 향했다.

의정 일정이 시작되자 명령에 따라 마스크를 쓴 서기실 직원들이 유리 칸막이가 있는 책상 주변을 돌며 '피터슨의 대책안'을 나누어주었다. 문구 그대로였다. 두 번째 토론 순서에 도달했을 때 법안이 상정되었다. 나는 자리에서 일어나 수정안을 소개했다. 내용을 장황하게 늘어놓지도, 메시지 내용을 반복하지도 않았다. 단지 이 법안은 부모가 학생들의 마스크 착용 여부를 선택할 수 있게 하고, 이로 인해 불이익을 받지 않게 하는 것이라고 간단히 말했다.

발언은 약 30초 만에 끝났다. 질문도 반대의견도 없었다. 부지사는 주변을 둘러보며 "수정안을 통과시킬까요?"라고 물었다. 공화당 측과 나를 포함한 세 명의 민주당 의원이 "찬성!"이라고 힘차게 말했다. 반면 반대를 표하는 "아니요"라는 소리는 드문드문 들릴 뿐이었다.

잠시 정적이 흐르고 표결에 이의가 있는지 확인하는 시간이 있었다. 몇몇의 손이 올라갔다. 이어 몇 사람이 손을 더 들어 총 여덟 명이 되었다. 호명 투표가 진행될 예정이었다.

서기가 의원 명부를 열면서 투표가 시작되었다. 나는 즉시 우리가 이겼다는 것을 알 수 있었다. 게시판 전체가 초록색으로 가득했다. 서기가 투표를 마감하고 총 투표수를 발표했다. 29 대 9, 수정안이 채택되었다. 버지니아주 민주당의 상원이 공립학교 마스크 의무화를 종료하기로 투표한 것이다. 비록 그 조항이 2022년 7월 1일부터 시행되긴 했지만 우리는 역사를 만들고 있었다.

나는 유리 톨 부스 밖으로 걸어 나와 공화당 측에서 걸어온 던나반트 의원의 품에 안겼다. 그녀는 기쁨에 차 있었다. 우리는 포옹했고, 그녀가 내게 물었다.

"바로 3차 독회로 넘길까?"

그것은 하루를 더 기다리지 않고 법안을 신속히 통과시키는 전략이었다. 즉, 로비스트들이 개입할 시간을 주지 않는 방법이었다. 정말 좋은 아이디어였지만, 나는 민주당원들과의 관계를 너무 밀어붙이고 싶지 않았다. 그리고 그들을 같은 날 두 번이나 곤란한 상황에 처하게 하고 싶지는 않았다.

나는 의사당을 나서며 인생 최고의 기분을 느꼈다. 공립학교에 다니는 100만 명이 넘는 아이들 중 두 명은 내 자녀였다. 이제 곧 우리 아이들이 다시 정상적인 삶을 살 수 있게 된 것이다. 그 공은 내가 가져갈 수 있었다. 나는 영웅이 될 것이다! 하지만 그 순간, 내가 엄청난 역풍 속으로 걸어가고 있다는 것을 나는 전혀 알지 못했다.

Chapter 30

당신의 미소를 볼 때마다

2021년 2월 10일 밤, 우리는 의회 소속의 농구팀에 복귀했다. 버지니아대학교 행정당국이 아직도 경기장에서 마스크 착용을 요구해 우리는 결국 장소를 YMCA로 옮겼다. YMCA 건물 위층에는 오래된 나무 바닥 위에 설치된 농구 코트가 하나 있었고, 주지사와 참모진들을 포함해 대략 30~40명의 플레이어가 경기를 위해 모였다. 모두 뛰고 싶어 했다.

나는 고등학교 농구팀에서 1년을 뛰었고, 몇 년간 지역리그에서 선수로 경기에 나섰던 경력이 있다. 그렇게 농구를 무척 사랑하지만 사실 실력은 형편없어서 주로 코트를 오르내리며 상대를 막거나, 가끔 리바운드를 잡으려고 뛰어다닐 뿐이었다.

그런데 그날 밤에는 모든 게 완벽했다. 마지막 경기에서 나는 3점 라인 뒤에서 슛을 날렸다. 공의 방향은 정확했지만 조금 짧아서 공이 링 앞쪽에 맞고 나에게 다시 튕겼다. 나는 자세를 가다듬고 다시 일어서서 슛을 날렸다. 이번에는 완벽한 슛임을 알 수 있었다. 슛! 경기가 종료되었다.

다음 날, 2월 11일 수요일 아침에 나는 상원 사무실 빌딩에 활기차게 들어섰고, 8시에 시작되는 재무 소위원회 회의에 참석했다. 여전히 전날의 승리감에 도취되어 있었다. 하지만 그 시각에 의회 밖 정치 세계에서 무슨 일이 벌어지고 있는지 전혀 몰랐다. 실제로 바로 이날 아침, 페어팩스 카운티의 민주당 위원회와 주 전역의 다른 진보단체는 마스크 의무화를 유지하기로 하고 챕 피터슨을 몰아내기 위해 분주히 움직이고 있었다.

정오가 되자 수천 통의 이메일과 전화가 상원 사무실 데스크에 쏟아졌고, 그들의 공격 목표는 내 개정안에 찬성표를 던진 민주당의 상원의원들이었다. 그 배후에는 오래전부터 나를 괴롭혀온 사람이 있었다. 그는 집에서 가사를 책임지는 아버지이자 열렬한 자유주의자로 2020년 6월 '책임 페어팩스Accountability Fairfax'라는 단체를 만들어 나를 겨냥하고 공직에서 몰아내는 데 전념해온 사람이었다. (이 단체가 모금한 돈은 총 500달러에 불과했다.) 그는 하루 온종일 이메일을 모으고 소셜미디어에 악플과 비난 글을 올리면서 "과학을 따르지 않는다"라고 나를 공격하는 데 몰두했다. 그는 페어팩스 카운티 민주당의 위원회 회원이었고, 그곳의 네트워크를 활용해 극단적 '사회정의' 메신저로 활동을 시작했다. 아이들이 하루 종일 마스크를 쓰고 있게 하자는 것이 그의 주장이었다.

오전 11시 30분쯤, 민주당 전체 회의가 열렸을 때 분위기는 분명 나에게 불리하게 돌아가고 있었다. 즉시 질문이 쏟아졌다.

"주지사는 어떻게 할 작정인가?"

"이 법안은 언제 발효되는가?"

"왜 교육위원회가 이 문제를 결정하면 안 되는가?"

(마지막 질문은 특히 아이러니하게 느껴졌다. 2021년 여름, 노섬 주지사가 모든 학교의 마스크 착용화를 명령했을 때 나 역시 같은 논리를 펼쳤기 때문이다.)

나는 물러서시 잃았다. 나는 주지사의 참모들과 대화를 나눈 사실은 인정했지만, 대부분의 법안 문구는 전적으로 내가 작성한 것이라고 말했다. 하지만 하원에서 이 법안을 통제할 권한은 나에게 없었다. 만약 의회 중에 이 법안이 주지사에게 넘어가 '긴급 조항'이 추가되어 즉시 발효된다면 나도 전적으로 지지할 것이라고 말했다. 그러면서 나는 기존 입장을 굽히지 않았다. 마스크 의무화는 이제 끝내야 할 때였다.

한 가지는 분명했다. 2022년 2월, 내가 상원 동료들과 나눈 마스크 논쟁은 과학이나 건강에 대한 것이 아니라 정치에 대한 것이었다. 영킨 주지사는 첫 번째 행정명령에서 실수를 저질렀고, 법원에서 이것을 무효화시켰다. 언론은 주지사의 공립학교에 관한 서투른 정책들에 대해 부정적으로 보도했으며, 주지사의 첫 여론조사 결과는 좋지 못했다. 왜 내가 그런 주지사에게 '승리'를 안겨주고 있겠는가?

내 대답은 간단했다. 나는 주지사에게 승리를 안겨주려는 것이 아니었다. 단지 우리 아이들이 정상적인 사람들처럼 학교에 다니기를 원했을 뿐이다. 그것은 너무 당연한 일이었다. 모든 아이가 그래야 했다. 그것이 전부였다.

우리는 다시 상원의 본회의장으로 올라갔다. 어떻게 일이 전개될지 전혀 알 수 없었다. 던나반트 의원의 법안이 최종 표결에 올랐을 때 그녀는 과학적으로 설명했다. 그녀는 마스크가 어린 아이들의 건강에 큰 도움을 준다는 증거가 없다는 점을 설득력 있게 연설했다. 우리는 아이들에게 생명이 위험하다고 생각하게 해서 공포감을 심어주고 있었지만 이것은 진실이 아니었다.

"상원법안 739"의 민주당 후원자인 내가 다음 차례로 나섰다. 나는 몇 가지를 주장했다. 코로나19가 미국을 강타한 지 2년이 지났고, 백신이 도입된 지 14개월이 흘렀다. 그동안 우리 아이들은 학교에서 배제되었고, 아무런 증거도 없이 강제로 마스크를 착용하며 불평등한 대우를 받았다. 이것은 자유의 문제다. 다시 예전 모습의 아이들처럼 자유로워져야 한다. 정부는 아이들의 개인 건강과 무관한 마스크 착용을 통해 특정 관념을 강요해서는 안 된다. 그런 요지의 발언이었다.

나는 내 발언으로 진전된 변화가 있기를 바랐지만 그런 것 같지 않았다. 상원의원들은 각자의 정치적 입장에 따라 투표했다. 일부 지역에서는 마스크 착용 의무화가 인기를 얻지 못했지만, 민주당 지역인 '블루 스테이트'에서는 마스크 착용이 과학과는 상관없이 여전히 필요한 보건 조치로 간주되었다.

표결이 진행되었고, 법안은 21 대 17로 통과되었다. 모리시와 루이스는 나와 함께했고, 다른 민주당 의원들은 모두 반대표를 던졌다. 우리는 승리했지만 간신히 이겼다.

반발은 극심했다. 그 주 내내 항의 전화와 이메일이 폭주했다. 격분한 어느 민주당원은 이틀 동안 5분마다 상원의원 사무실로 전화를 걸었다. 결국 경찰의 개입을 요청해야 했고, 통상적인 전화 업무가 마비되었다. 아이들이 이제 다른 미국인처럼 정상적으로 학교에 다닐 수 있다는 이유로 그렇게 분노하다니, 기가 막힌 일이었다.

나의 정치적 동료들은 분노보다는 전략적 접근을 취했다. 예를 들어 그날 나는 '757' 지역 출신의 하원의원 친구에게서 이메일을 받았다. 메시지는 직설적이었다.

"왜 우리를 망치고 있는 거야?"

나는 즉시 전화를 걸었고 솔직하게 대화를 나누었다. 나는 비판을 수용했고, 논쟁의 기회를 환영했다. 하지만 주제는 항상 같았다. 물론 아이들이 정상으로 돌아가야 하고 마스크 의무화는 끝나야 하지만, 그런 과정이 영킨 주지사의 생명줄을 연장시키고 있다는 것이었다. 영킨이 인기가 없어야 민주당이 다시 권력을 찾을 수 있다는 논리였다. 그런 주장에 대한 나의 대답은 늘 같았다. 즉, 민주당이 먼저 이 멍청한 마스크 의무화를 끝내고 그 공로를 가져가자고 했다. 그러나 이런 나의 생각은 아무 소용이 없었다.

하원에서의 표결 결과는 분열을 보여주었다. 마스크 문제는 철저히 당파적 이슈가 될 것이었다. 새로운 공화당 의장이 이 법안을 신속히 처리해 주지사에게 전달될 수 있었다. 공화당원들은 모두 "상원법안 739"를 지지했고, 민주당원들은 모두 반대했다. 이것은 오래된 당파적 분열의 연장선이었다. 나는 법안 통과에 대한 공로를 얻지 못할 것이고, 그 대신 또 하나의 공격거리만 초래한 꼴이 될 것이었다.

하지만 멈출 수는 없었다. 이미 너무 멀리 와버렸기 때문이다.

며칠 뒤, 3층 계단을 올라 주지사 사무실로 향했다. 최종적인 세부 사항을 조율했다. 그는 법안에 '긴급 조항'을 추가해 즉시 발효되게 할 예정이었다. 나는 세부 사항에 동의했지만, 한 가지 중요한 조건이 있었다. 그것은 학교가 2주 동안 준비할 수 있게 시행일을 3월 1일로 미루자는 것이었다. 그는 내 제안을 받아들였다.

2월 15일, 법안은 주지사의 수정안을 담아 다시 내려왔다. 당파적 입장이 이미 정해져 있었기 때문에 추가 찬성표는 기대하지 않았다. 그리고 실제로 결과도 그렇게 나왔다.

그날 회의가 끝난 뒤, 나는 함께해준 린우드 루이스의 손을 잡고 말했다.

"함께 일할 수 있어서 기뻤어."

바로 뒤에는 내 친구 조 모리시가 있었다.

"잘했어, 친구!"

다른 민주당 상원의원들은 얼굴에 마스크를 단단히 쓰고 화가 난 듯 쌩하고 지나갔다. 그럼에도 불구하고 우리는 해냈다. 2년 만에 아이들이 다시 정상적인 삶을 시작하게 된 것이다.

다음 날, 주지사는 자신의 취임식이 열렸던 의사당 남쪽 현관 앞에서 법안에 서명했다. 2월 중순치고는 드물게 화창하고 따뜻한 날이었다. 주지사는 법안 서명을 기념하기 위해 학생들도 초대했다. (아무도 마스크를 쓰지 않은 것으로 보아 사립학교 학생들이 틀림없었다.) 공화당 지도부는 주지사와 함께 무대에 올라 '학부모 선택' 입법 통과를 자축했다.

나는 뒤쪽에 서서 그 광경을 조용히 지켜보았다. 나를 알아보는 사람은 없었다. 한 보좌관이 나에게 무대로 올라가겠느냐고 물었지만 거절했다. 나의 새로운 상원 지역구는 민주당의 비율이 75%였고, 학부모 선택 조치는 진보진영에서 인기가 없었다. 더욱이 주지사와 같이 찍힌 사진은 정치적 죽음과도 같았다. 나는 그저 멀리서 지켜보는 것으로 만족해야 했다.

2주 뒤, 우리는 2022년도 의회를 마쳤다. 눈에 띄는 변화가 있었다.

첫째, 유리 칸막이는 결국 다수당 원내대표의 요청으로 제거되었다.

둘째, 마지막 주에 상원 보좌관들이 마스크를 벗을 수 있게 되었다. 그 덕분에 서로의 얼굴을 보며 대화할 수 있었다. 우리의 얼굴은 참으로 아름다웠다.

나는 의회 종료 보고서를 작성했다. 그러면서 내가 만든 입법안들을 인기 있는 노래의 가사와 매치해보았다. "상원법안 739"와 어울리는 노래를 선택하기는 쉬웠다. 제임스 테일러가 부른 1970년대 명곡 '당신의 미소를 볼 때마다Whenever I See Your Smiling Face'이다. 이 노래는 상원에서 보좌관들이 처음으로 마스크를 벗으며 서로의 얼굴을 보여주던 그 설레는 순간을 떠올리게 했기 때문이다.

버지니아주에서 마스크 의무화가 종료된 일은 전국적으로 뉴스가 되었다. 그리고 이것은 수백만 미국 어린아이들의 삶을 더 나은 방향으로 변화시켰다.

2022년 2월 16일 이전에 미국은 코로나19 제재를 거부한 '레드 스테이트'와 제재를 강행한 '블루 스테이트'라는 두 개의 진영으로 확연히 나뉘어 있었다. 분열은 2020년 가을부터 시작되었다. 플로리다와 오하이오 같은 레드 스테이트가 학교를 재개한 반면, 블루 스테이트는 대면 수업을 중단한 채로 남아 있었다. 그 뒤 전선은 백신접종으로 옮겨갔다. 블루 스테이트는 백신접종을 의무화했고, 레드 스테이트는 그렇게 하지 않았다.

최후의 전투는 마스크를 둘러싸고 벌어졌다. 2022년 2월 16일

이전까지 버지니아주 대부분의 학생들, 특히 페어팩스 카운티의 모든 학생은 학교에서 마스크를 착용해야 했다. 캘리포니아, 일리노이, 뉴욕, 메릴랜드와 같은 블루 스테이트에서도 같은 규칙이 적용되었고 끝날 기미는 보이지 않았다. 사실 2021년 가을과 2022년 초에 학부모와 학교 관계자들은 나에게 학생들이 마스크 착용을 좋아하며, 기회가 주어져도 벗지 않을 것이라고 말하곤 했다.

마스크 착용은 단순한 건강 조치 그 이상이었다. 이것은 블루 스테이트의 연대 의식의 표현이었다. 어떤 사람이 마스크를 착용하지 않으면(또는 자녀가 착용하지 않으면) 그 사람은 트럼프의 'MAGA 공화당원'이거나 '반(反)백신론자'로 취급되었다. 실제로 많은 사람이 공공장소에서의 마스크 착용이 미국 교육의 영구적 특징이 되기를 바랐다. 마스크 착용은 사람들이 '올바른' 입장을 계속 유지하도록 보장하는 완벽한 방법이었다.

그러나 우리의 승리가 상황을 바꾸었다. 바이든이 승리했던, 그것도 압도적으로 승리했던 주에서 마스크 의무화가 지역의 선택이 아니라 주의 정책으로 종료된 것은 이번이 처음이었다. 그뿐만 아니라 마스크 의무화에 대한 우리의 논쟁은 마스크 강제 착용과 공중보건 사이에 긍정적 상관관계가 없다는 불편한 진실을 드러냈다. 이게 현실이었다.

이후의 상황은 빠르게 정리되었다. "상원법안 739"가 법으로 제정되고 이틀 뒤, 미국의 질병통제예방센터는 '고위험' 지역을 결정하는 기준을 재조정했다. 이것이 바로 마스크 의무화 정책을 뒷받침한 이른바 '객관적 데이터'였다. 갑자기 페어팩스 카운티는 더 이상 고위험 지역에 해당하지 않게 되었다. 아울러 북버지니아의 다른 지역도 마찬가지였다. (아니러니한 것은 남버지니아의 고위험 지역은 몇 달, 심지어 몇 년 동안 이 규정을 무시해왔다.)

질병통제예방센터는 이 마지막 자의적인 조치로 우리가 이미 오래전부터 알고 있던 바를 사실상 인정한 셈이었다. 마스크 착용 정책은 항상 무작위적인 추측에 불과했다. 그 정책을 뒷받침할 수 있는 데이터는 전혀 없었고, 그 대신 "마스크를 착용하지 않으면 인공호흡기에 의존하게 될 것"이라는 신화를 만들어 어린아이들의 삶을 지배하도록 방치했다. 질병통제예방센터는 옳은 일을 할 기회가 있었지만 2022년 2월 말까지 그 기회를 살리지 못했다.

2022년 봄이 되자 마스크를 요구했던 기관들도 하나둘 후퇴하기 시작했다. 진보적인 정책의 최후 보루였던 대학들도 제재를 완화하기 시작했다. 2022년 여름, 공공장소에서의 마스크 착용 시대는 사실상 끝났다. 코로나19 바이러스는 여전히 존재했고, 일부 지역에서는 아직도 유행했다. 하지만 "확산 곡선을 평평하게" 하기 위해 경제를 중단시키고, 아이들에게 마스크를 강요해야 한다는 생각은 잊혀졌다. 마치 그런 일이 전혀 없었던 것처럼 말이다.

미국의 진보진영은 이제 다른 대의명분으로 넘어갈 태세를 갖추고 있었다.

Chapter 31　주(州)가 결정해야 할 문제

2022년 6월의 어느 화창한 날, 샤론과 나는 버지니아 온천 핫 스프링스에서 열렸던 민주당 모임을 끝내고 버지니아주 서부의 I-81 고속도로를 달리고 있었다. 매년 열리던 로비스트들과의 사교적 모임인 그 행사는 코로나19 기간 동안 중단되었다가 다시 열려 우리 부부도 참석하고 돌아오는 길이었다.

그때 내 정치 자문에게서 중요한 소식을 들었다. 미국 연방대법원이 오랜 세월 유지해온 '로 대 웨이드Roe vs. Wade' 판례를 50년 만에 뒤집었다는 소식이었다. 이 판례는 여성의 낙태에 대한 헌법적 권리를 보장하는 것으로, 적어도 임신 초기 3개월 동안은 낙태할 수 있는 권리를 인정한 판례였다. 그런데 연방대법원의 결정으로 이제 낙태 문제는 미국 헌법의 범위에서 제외되었고, 따라서 이제는 각 주(州)가 낙태 문제에 관한 한 법적 우선권을 지니게 되었다.

나는 연방대법원의 결정에 동의하지 않았다. 헌법에 대한 내 나름의 철학은 리치먼드 출신의 고(故) 루이스 파월 전 대법관의 철학과 일치했다. 그는 사람이 중요한 개인적 결정을 내릴 때는 그 결정이 "혼자 있는 상태에서" 이루어져야 한다는 철학적 원칙을 바탕으로 개인의 기본적 권리를 강조한 대법관이다. 이는 특히 원치 않는 임신을 한 여성의 경우에 해당하는 것이기도 하다.

2022년 6월, '도브스 대 미시시피주' 판결은 하룻밤 사이에 미국 정치 판도를 바꾸었다. 도브스 사건은 미국 수정헌법 제14조 낙태권에 대한 보장의 준수 여부와 관련된 미국 연방대법원의 판례였다. 대법원은 해당 사건에 대해 수정헌법 제14조의 낙태

권에 대한 보장을 준수하지 않았다고 판결했다. 대법원의 판결로 도브스 판례는 무효화되었다.

사실 그 당시 지난 27개월 동안 가장 중요한 문제는 당연히 코로나19 팬데믹이었다. 감염률, 사망률, 백신접종 속도 그리고 결국 제재의 종결이었다. 처음에는 코로나19 팬데믹이 민주당에 아주 유리하게 작용했다. 실제로 그 문제로 인해 2020년 가을 도널드 트럼프 대통령을 끌어내릴 수 있었다. 그런데 2022년 봄이 되자 분위기는 극적으로 바뀌었다. 더 이상 '봉쇄'를 정당화하려는 시도는 없었다. (어이없게도 2022년 의회에서 민주당 동료가 "우리가 학교 폐쇄를 끝냈다"라고 자랑하는 발언을 했다. 물론 그녀는 '상원법안 1303'에 반대표를 던진 의원이었다).

연방대법원의 도브스 판결이 내려지자 민주당은 신속하면서도 아주 자연스럽게 낙태 문제를 전국의 각 주마다 제일순위의 주요 문제로 접근하기 시작했다. 더 이상 학교에 대해 이야기하는 사람은 없었다. 봉쇄 조치(그리고 일반적인 코로나 공포)가 아이들 세대의 교육과 성장을 어떻게 망쳤는지 수많은 연구가 잘 보여주고 있음에도 불구하고 사람들은 학교 문제에 더 이상 관심을 갖지 않았다. 이젠 사회의 '교육받은' 사람들도 그 문제를 거론하지 않았다. 아이들이 정상적으로 학교에 돌아갔으니 아무 문제가 없고, 아이들의 부족한 수업 내용은 방과 후 개인 과외로 보충하면 된다는 것이었다. 이제 중요한 문제는 낙태를 둘러싼 논란이었다.

도브스 판결과 함께 민주당은 이제 당의 단합을 중요시하기 시작했다. 강력한 민주당 지역구에서 자유로운 사고를 가진 사람이나 독립적인 사람이 출마해 민주당을 대표하는 것은 감당할 수 없는 일이었다. 그것은 위험부담이 너무 컸다.

나는 2022년 페어팩스시에서 열린 독립기념일 퍼레이드에서 변화된 현실을 직접 목격했다. 보통 이날은 축제의 날이었다. 나는 샤론과 아이들과 함께 수십 명, 아니 수백 명의 친구들에게 손을 흔들며 인사를 나누었다. 군중 속에서 학교를 재개한 것, 마스크 의무화를 끝낸 것에 대해 감사한다는 목소리도 들려왔다. 물론 불길한 침묵을 유지하는 사람들도 있었다.

시청 근처 소방서 앞을 지나가던 중 인상을 쓰며 나를 노려보는 한 여성을 만났다. 그녀는 나지막하지만 다분히 위협적인 목소리로 나에게 말했다.

"그냥 민주당 편에 서서 투표해."

나는 알았다고 대답했다.

그 뒤 2022년의 남은 나날은 진정 기쁘고 감사한 시간이었다. 우리 부부는 아이들에게 집중했다. 아이들은 정상적인 세상에서 꽃을 피우고 있었다. 버지니아 주립대를 졸업한 큰딸 에바는 2021년 8월 교회 선교활동을 위해 와이오밍으로 출발했다. 에바는 하트 마운틴 강제수용소 박물관에서 일했다. 그곳은 제2차 세계대전 중 일본계 미국인들이 수용되었던 곳으로, 지금은 공공 안전에 대한 가상의 위협에 과도하게 대응한 위헌적인(그리고 인종차별적인) 역사를 알리고 있다. 그곳에서 에바는 기독교 사제직에 관심이 많은 앤드류 스텀프라는 청년을 만났고, 둘은 교재를 시작했다. 2022년 여름에 에바는 다시 집으로 돌아와 직장을 구했고, 두 달 뒤 앤드류와 약혼했다. 너무 신나는 소식이었다.

둘째 딸 메리 월튼은 코로나19로 인해 2020년 고등학교에서의 마지막 3개월을 잃어버렸다. 고등학교 졸업 후 봄에 버지니아 주립대에 합격했지만 캠퍼스 폐쇄로 1년 휴학을 결정했고, 2021년 여름 친구들과 함께 미국 전역을 여행하고 8월에 돌아와 대학 수업을 시작했다. 2022년 가을엔 여학생 클럽에 가입하며 대학 생활에 완전히 빠져 있었다. 사업가 기질을 타고난 메리 월튼은 대학교에서 자랑스러운 어린 사업가가 되어 'UVA 스텝맘'이라는 의류 브랜드를 직접 만들기도 했다. 이 브랜드는 캠퍼스에서 꽤 인기를 끌었다.

셋째 딸 아이다는 가장 힘든 시간을 보냈다. 온라인 원격수업은 아이다와 잘 맞지 않았고, 또래들과의 초기 유년기 관계도 유지되지 못했다. 코로나19가 유행하던 시기에 거의 1년 반 동안은 주로 혼자 시간을 보냈다. 2021년 학교 문이 다시 열린 뒤, 아이다는 마스크 쓰는 것을 굉장히 힘들어했다. 꼭 마스크를 써야 하는지, 딸도 아버지인 나도 이해하기 어려웠다. 마스크 착용 의무화가 해제되었을 때 가장 기뻐한 사람 중 하나가 아이다였다. 2022년 8월, 아이다는 마침내 정상 생활로 돌아가 6학년 생활을 즐겼다. 그리고 지역 무용단의 콘서드의 댄스 경연에도 참여했다. 또한 한국어 공부를 혼자 시작하며 사촌들이 있는 한국을 방문하겠다는 목표를 세웠다.

아들 토머스는 2020년 봄 코로나19가 발생했을 당시 밝고 낙천적인 고등학교 1학년이었다. 하지만 아무 이유 없이 아이의 삶에서 1년 반이 사라졌다. 스포츠는 토머스의 집중을 도와주는 역할을 했지만, 너무 엄격한 규정 아래 연습과 경기가 진행되면서 행복감이 줄어들었다. 그러다 2022년 가을에 마법 같은 일이 일어났다. 강팀이 아닌 약팀으로 알려진 페어팩스 고등학교 미식축구팀이 강팀이 된 것이다. 몸무게가 75kg 정도인 토머스는 선발 미들 라인배커이자 팀의 주요 태클러였다. 나는 아들을 위해 경기 때마다 체인을 나르는 자원봉사를 했고, 아내 샤론은 선수들에게 줄 간식을 준비하는 풋볼 맘이 되었다.

11월의 화창한 어느 날, 관중으로 가득 찬 페어팩스 고등학교 경기장에서 '라이온스'와 사우스 카운티의 결승전이 있었다. 전반 종료 직전, 동점 상황에서 중요한 플레이가 펼쳐졌다. 페어팩스 팀은 사우스 카운티 팀의 1야드 라인까지 공을 펀트했다. 나는 다운 마커를 들고 몇 피트 떨어진 곳에 서 있었다. 그다음 플레이에서 사우스 카운티는 오프 태클의 러닝 플레이를 시도했지만, 페어팩스 수비수가 공격선을 뚫고 들어가 상대의 러닝백을 엔드존 안에서 막아냈다. 페어팩스 팀이 리드를 잡은 것이다. 이때 결정적 플레이를 만든 선수는 내 아들 토머스 피터슨이었다.

한 시간 뒤 경기가 끝났다. 페어팩스 고등학교는 90년 역사상 처음으로 지역 챔피언이 되었다. 나는 경기 후에 10개의 태클을 기록한 헝클어진 머리의 아들과 함께 사진을 찍었다. 준결승에서는 패했지만 괜찮았다. 아이들이 더 중요한 일을 해냈기 때문이다. 두려움에 웅크렸던 학교 환경을 기쁨으로 대체한 것이다.

그 시기를 돌아볼 때 나는 가장 먼저 아이들 얼굴을 떠올린다. 선수로 뛴 아이들뿐 아니라 모든 학생들의 얼굴 말이다. 아이들은 환한 얼굴로 웃으며 하이파이브를 하고 있었다. 물론 2022년 2월 마스크 착용 의무화를 해제한 뒤 상원의원 사무실로 쏟아져 들어온 온갖 비난과 악플 이메일 그리고 항의 전화가 생각나지 않는 것은 아니다. 하지만 아이들의 얼굴을 보는 순간 내 마음속에서 꿈틀거리던 의지와 입장이 옳았다는 것을 나는 다시 한번 확인할 수 있었다.

이 모든 것은 가치 있는 일이었다.

한편, 정치적 현실은 그리 좋은 상황이 아니었다. 의회가 끝나고 일주일 뒤, 한 시민협회 회의에서 마스크 착용 의무를 해제한 것에 대해 맹비난이 쏟아졌다. 늘 그렇지만 비판자는 나이 지긋한 백인 여성이었다. 그 여성의 비난은 앞으로 좌파 비판자들과 맞서야 하는 상황을 예고하는 듯했다. 아이들이 마스크 없이 학교에 다닐 수 있다는 사실에 격분한 좌파 비판자들은 2022년 내내 나를 괴롭혔다. 그리고 나는 학교 재개방이나 강제적 마스크 착용 해제 등 내가 이룬 큰 법적 성과를 민주당 내에서조차 자랑스럽게 내세울 수 없었다. 듣는 사람을 자극하는 일이었기 때문이다. 마스크 착용 의무화에 반대투표를 했던 사실은 나를 트럼프의 'MAGA 활동가'로 낙인찍는 결과를 낳았다. 봉쇄명령에 공개적으로 반대했다는 이유로 나는 1월 6일의 연방의회 침입자들과 도널드 트럼프를 옹호하는 사람이라는 비난을 받았다. 내가 민주당원임에도 불구하고 말이다.

하지만 나는 굴복하지 않았다. 나는 2022년 여름 동안 폴스처치 유권자들의 집 문을 두드리며 시간을 보냈다. 그곳은 '새로운' 상원 선거구의 일부였다. 나는 학교를 재개시키고 소규모 사업을 살린 시민들의 민주당원이 바로 나라고 호소했다. 주민들의 반응은 정중했지만 미온적이었다. 그곳은 소수민족이 거의 없는, 바쁜 일과를 보내는 고학력자들이 거주하는 지역으로 매우 진보적이었다. 그곳 지역신문은 전통적 기독교를 공개적으로 저격하는 화려한 좌파 인사가 소유하고 운영했다. 학교에 대한 이야기를 나누고 싶어 하는 기자는 거의 없었고, 신문의 논제는 주로 총기 규제와 도브스 판결 이후의 낙태 접근권에 관한 것이었다.

불길한 신호였다. 더 조마조마한 일은 기존의 상원 선거구 내에서 발생했다. 2022년 8월 마크 김 하원의원이 연방정부 직책을 맡기 위해 은퇴함에 따라 하원 의석이 공석이 되었다. 어느 날, 한 지역의 민주당 활동가가 자신이 지지하는 후보를 지원해 줄 수 있는지 물어왔다. 후보는 내 친구였고, 나는 흔쾌히 좋다고 대답했다. 이후 두 달 동안 우리의 상원 캠페인 팀은 그녀의 선거운동을 지원하기 위해 수천 달러의 비용과 많은 시간을 쏟으며 후원했다. 이때 나는 개인적으로 최소 1천 가구를 방문해 문을 두드렸다. 결국 그녀는 민주당 경선에서 압도적으로 우세했던 상대 경쟁자를 물리치고 100표 차이로 승리했다. 그녀의 상대 경쟁자는 "봉쇄에 찬성, 마스크 착용 의무에 찬성"하는 입장을 고수하는 진보적 성향의 인사였다. 이 선거 결과는 일반적이고 상식적인 브랜드가 정당화된 듯 보이는 이변이었다.

몇 주 뒤, 그녀는 새해 1월의 본선 선거를 위한 출정식을 열었다. 많은 민주당원이 참석했다. (이 지역은 70%가 민주당을 지지했다.) 하지만 나는 연설할 수 있는 초청을 받지 못했고, 그곳 청중에게도 환영과 인정을 받지 못했다. 주된 이유는 엄마들, 즉 학부모들이 마스크 착용 의무를 해제한 일에 대해 여전히 화가 나 있기 때문이었다. 내가 도움을 주었던 일은 그들의 기억 속에서 조용히 지워졌다. 페어팩스 카운티 민주당의 기관들에서도 나는 공식적인 외톨이가 되었다.

1월 첫 주에 또 다른 충격적 소식이 들렸다. 그동안 진보진영에서 나를 대적할 도전자, 즉 후보를 꾸준히 찾고 있다는 소문이 몇 달 동안 계속 퍼지고 있다는 사실이었다. 새 지역구는 매우 진보적이었다. 코로나19 의무에 대한 공개적 투쟁 이후 나는 좌파 활동가들의 표적 1순위가 되었다.

상원 사무실의 비서실장 캐시 닐슨과 나는 닥쳐오는 정치적 폭풍을 예상하고 있었다. 하지만 나는 민주당의 표준 일정 행사에 꾸준히 참석하며 내 임무를 해나갔다. 2023년 의회가 시작되기 전 당에 여러 법안의 계획 안건도 미리 제출했다. 여기에는 처방약들의 비용 처리 및 실시 계획, 장기적 사용의 부작용 등의 문제를 다루는 법안들 그리고 연례 선거자금의 사용 계획 안건이 포함되었다. 또한 나는 버지니아주 교사들의 급여를 인상하기 위한 예산 수정안도 제출했다. 교사의 급여는 인플레이션 비율에 비춰보면 상당히 낮게 책정돼 있었다. 버지니아주 상원의원으로서 나는 의회가 있는 리치먼드에서 아무리 짧은 시간이라도 기회를 최대한 활용해 최대의 성과를 내려고 노력했다.

1월 첫 주에 리치먼드로 떠나기 직전, 캐시와 나는 페어팩스 카운티 민주당이 주최한 '리치먼드로 가는 길Road to Richmond'의 아침 모임에 참석했다. 나는 상원 선거운동을 위해 이런 모든 행사에 테이블 후원자로 참여했다. 조식 뷔페를 위해 1천 달러 이상을 지불하고, 두 시간에 걸친 연설을 이어가는 행사였다. 행사장을 나가던 중 나는 한쪽으로 조용히 불려 갔다. 카운티 민주당의 젊은 리더가 이번 주에 내게 도전장을 내는 계획을 발표할 예정이라는 소식이었다. 당연히 좌파에서 나를 겨냥해 그의 선거운동을 펼칠 예정이었다. 나는 곧 새로운 선거구에서 진보적 가치와 동떨어진 낡은 '보수적 민주당원'으로 묘사될 예정이었다.

며칠 뒤 공식 발표가 있었다. 내 상대는 공직 경험이 전혀 없고 정치적 업무 성과도 거의 없는 사람이었지만, 그것은 중요하지 않았다. 페어팩스 카운티가 이제 단일 정당의 관할 지역이 되었다는 것이 문제였다. 특히 도브스 판결 이후 삶의 경험을 바탕으로 한 개인의 독립적 사고는 더 이상 중요하지 않았다. 그들의 메시지는 단순했다. 현대판 자코뱅의 논리를 반영하는 소셜미디어를 가진 정통 진보주의자인 내 상대가 '진정한 민주당원'이라는 것이었다.

"챕 피터슨은 믿을 수 없다. 그는 우리 중의 하나가 아니다."

Chapter 32　그 길의 끝

2023년 버지니아주 입법 선거가 열린 11월 6일 화요일, 나는 비즈니스 컨퍼런스를 위해 라스베이거스에 있었다. 카지노 안의 빨간 카펫 위로 불빛이 깜빡거리고 벽에 걸린 표지판들이 번쩍였다. TV 화면 스크린에서는 내셔널 풋볼 리그의 미식축구 경기가 계속 반복해서 재생되고 있었다. 화려한 티셔츠를 입은 나이 든 사람들은 완벽한 고립 속에서 슬롯머신을 하고 있었다. 밖으로는 서쪽 저 멀리 고대 시대의 붉은 산맥이 네바다주의 사막 위를 가로질러 긴 그림자를 드리우고 있었다.

서부 시간대를 따라서 선거 결과는 이른 저녁에 나왔다. 민주당이 1표 차이로 버지니아주 상원 다수당 자리를 유지하고 1표 차이로 하원을 다시 장악할 것이라는 소식이었다. 안타깝게도 선거에서 패한 의원 중에는 코로나 기간 동안 공화당 측을 위해 용감하게 싸운 나의 동료 던나반트 상원의원도 포함되어 있었다. 그녀의 선거구는 리치먼드 교외에 자리 잡고 있었는데, 그곳은 확실히 좌측으로 기울어져 있었다. 다음 날 아침, 평론가들은 이번 선거 결과의 결정적 이슈가 낙태 문제였다고 입을 모았다.

내 경선은 이미 6월에 끝났다. 나는 민주당 예비선거에서 8% 차이로 패배했다. 나의 재선 캠페인은 긴 고난의 연속이었다. 선거 캠프의 업무 대부분이 헛소문, 루머, 오해를 설명하느라 바빴다. 내가 '동성애 혐오자'이고 '인종차별주의자'에다 '반여성주의자', '반노동자', '총기 애호가'이며, 13세 소녀들의 결혼을 지지한다는 비난에 대응하느라 시간을 소비해야 했다. 상대 후보의 자원봉사자들은 유권자들의 집집마다 방문해 내 의회 투표 이력을 과장되게 부풀렸다. 그들은 "챕은 여성의 권리를 지지하지 않는다"라는 식의 발언으로 나와 연결된 민주당 지지자들의 지원을 막았다.

지역 민주당의 위원회 앞 청중 속에 내가 등장한 것이 비극과 희극 사이를 오갔다. 폴스 처치시 위원회와의 원격 줌 회의에서는 내가 다니는 기독교 교회를 공개적으로 공격했다. (나는 1968년에 그 교회에서 세례를 받았다. 고맙습니다, 어머니!) 또한 페어팩스시의 후보자 인터뷰 포럼에서 아홉 살 아이가 나에게 '동성애 혐오자'인지, '트랜스젠더 혐오자'인지를 묻기도 했다. 아이의 부모는 그 모습을 자랑스럽게 지켜보고 있었다.

2023년 예비선거에서 나를 향한 공격은 온라인을 통한 공격, 우편물을 통한 공격 등 종류가 다양했다. 상대 후보는 아무 상관이 없었다. 모든 공격의 초점은 챕 피터슨, 바로 나에게 맞춰져 있었다.

선거 내내 나는 긍정적 태도를 유지해야 했다. 그것은 정치적으로는 끔찍한 전략이었지만, 도전적으로 인생을 살아가는 데는 좋은 전략이었다. 2023년 초, 나는 내 업무 기록, 특히 코로나19 기간 동안 아이들과 소규모 사업체를 보호했던 기록을 바탕으로 선거에 임하기로 했다. 그 모든 것이 효과가 없다면 기꺼이 정치가 아닌 다른 일을 하겠나고 결심했다. 그리고 정확히 그렇게 되었다.

예비선거가 끝나고 다음 날 아침에 일어났을 때, 열려 있던 내 페이스북 댓글에는 나를 겨냥한 누군가의 긴 문장과 함께 승리에 도취된 자의 글이 올라와 있었다. "패배자!!!!!!"라는 글과 함께였다.

나는 상대 후보에게 전화해 축하 메시지를 전달하고 승리를 축하했다. 그리고 지난 16년 동안 도움을 준 모든 분에게 감사 인사를 전하며 패배를 인정하는 이메일을 보냈다. 그런 다음 여느 때와 다름없이 사무실로 출근해 다시 하루를 시작했다.

그 뒤 몇 주 동안 나는 선거 캠페인의 잔해를 정리했다. 카운티 쓰레기 매립장으로 가져가기 위해서였다. 내 F-150 트럭 뒤쪽에는 "챕Chap!"이라고 쓰인 수백 개의 선거 표지판이 아직 쌓여 있었다. (표지판을 고정하지 않으면 트럭에서 날아갈 것 같아 2.5m쯤 되는 대형 게시판의 고정용 나무 기둥을 표지판 위에 얹었다.)

나는 나무 기둥을 손바닥 위에 세로로 세워서 들고 있었다. 기둥 끝은 푸른 버지니아 하늘을 향하고 있었다. 갑자기 기둥이 흔들리더니 앞으로 넘어졌다. 나무 기둥의 모서리가 트럭의 뒤쪽 유리를 강타했다. 유리가 큰 소리를 내며 산산조각이 되어 사방으로 흩어졌고, 나는 시간을 들여 유리 조각을 치워야 했다.

이것은 내 정치 경력을 거의 은유적으로 완벽하게 보여주는 사건이었다.

Chapter 33

이 모든 게 무엇을 의미했을까?

33년 전, 나는 일본 오사카에 살던 젊은 남자였다. 주중에는 영어를 가르치고, 주말에는 럭비를 즐기는 그곳에서 나는 외국인이었다. 나는 미국에서 나고 자랐지만 미국 밖의 다른 세계에 호기심을 느끼고 그 세계를 보고 싶어 했던 꿈 많은 탐험가이기도 했다.

어느 주말, 나는 기차역에 도착해서 작은 서점을 발견하고 안으로 들어갔다. 입구 앞 테이블에는 영어 제목의 책이 많이 진열되어 있었다. 그중 눈에 띈 책이 한 권 있었는데, 1960년대 초반에 출판된 가격이 싼 페이퍼백이었다. 존 F. 케네디 대통령의 초상이 표지에 인쇄된 그 책의 제목은 『용기 있는 사람들Profiles in Courage』이었다. 표지에는 이렇게 적혀 있었다.

> 이 놀라운 책에서 미국 대통령 케네디는 우리 역사의 결정적 시기에 개인적인 그리고 공적인 삶의 위험을 무릅쓰고 그 자체로 옳다고 여긴 일을 훌륭히 행한 몇몇 미국 정치가를 아주 멋지게 소개하고 있다.

나는 그 책을 사서 하루 만에 읽었다. 그리고 그 책을 지금도 간직하고 있다. 이제는 책장이 누렇게 변했지만, 그 책은 내가 미국으로 돌아가 법대 대학원에 진학하도록 동기를 부여하고 정치에 관심을 갖게 했다. 또한 정치적 입장에서 내가 민주당 당원이 되어 시민들을 위한 공공 서비스에 봉사하는 정치적 전통을 이어받는 사람이 되도록 굳건한 신념을 심어준 책이기도 하다.

그러나 나는 단순히 그냥 그렇고 그런 민주당원이 되고 싶었던 것이 아니다. 나는 케네디의 민주당원이 되고 싶었다. 존 F. 케네디를 존중한 이유는 그가 에이브러햄 링컨의 말처럼 "지구상에서 인간의 마지막 최고의 희망"인 미국의 가치를 이해했기 때문이다. 미국은 하나님께 축복받은 나라로 활기에 넘치는 넓은 풍경과 전 세계에서 온 수백만 명의 사람들이 아메리칸드림이라는 꿈을 이루기 위해 모여들 만한 능력을 갖춘 곳이었다. 무엇보다도 미국은 모든 미국인의 본질적 권리, 즉 생명·자유·행복 추구의 권리를 정의하는 동시에 정밀한 단어로 쓰인 헌법을 보유하고 있다.

이러한 축복과 함께 미국의 헌법을 외부와 내부의 적으로부터 지킬 의무도 내 의지에 포함되어 있었다. 나에게 민주당원이 된다는 것은 이러한 목표를 위해 노력하는 것이었다. 남북전쟁부터 인권운동에 이르기까지 미국인의 투쟁은 올바른 미국인으로 되어가는 여정이었다. 미국은 완벽하지는 않지만 필수적이고 실존적인 책임과 임무를 지닌 국가다. 이것은 국내외에서 자유와 민주주의를 발전시키고 보다 더 전진하는 것이었다. 누구나 자신이 되고 싶어 하는 사람이 될 수 있게 하는 곳, 열심히 노력하면 누구나 성공의 기회를 얻는 곳, 바로 그런 사회를 만드는 것이었다.

지난 몇 년에 걸쳐 미국의 공공생활과 문화 부분의 쇠퇴에 대해 많은 논의와 글이 나왔다. 어쩌면 너무 과도한 내용일지도 모른다. 물론 2016년 도널드 트럼프의 등장과 대통령 당선이 미국의 공공생활 부분의 하락을 초래했다는 것은 의심할 여지가 없다. 그러나 트럼프 신드롬은 사회 증상이었을 뿐 문제의 근본 원인은 아니있다.

개인적인 생각이지만, 문제의 근본 원인은 교육계에서 시작해 대중문화로 확산된 "미국은 특별하지 않다"라는 대중적 신념에 있었다. 오히려 미국은 백인우월주의에서 탄생된 나라로 그 제도는 조직적 인종차별을 수반했다는 주장이다. 따라서 어떤 공공 문제도 '형평성 렌즈'로만 봐야 했고, 사실이나 진실은 부차적인 것이 되었다. 이러한 믿음과 그에 따른 처방을 따르지 않으면 그 사람은 인종차별주의자로 간주되었다. 그리고 이러한 이론은 포스트밀레니얼 시대의 다른 진보적 이슈들, 이를테면 트랜스젠더의 권리, 탈식민지의 해방, 일하지 않고도 소득을 얻을 권리 등으로 이어졌다.

이러한 비판자들에게 미국은 위대하지 않았다. 심지어 좋은 나라도 아니었다.

나에게 이런 상황은 정말 당혹스러웠다. 전통적 민주당원으로서 나는 미국을 명예로운 국가로 보았다. 미국은 두 차례의 세계대전뿐만 아니라 공산주의의 파괴적 방식에 맞서 싸운 냉전에서도 자유를 수호한 국가였다. 내 아내의 부모님처럼 한국에서 이민 온 사람들이 사업을 시작하고, 가족을 꾸리며, 모자이크 퍼즐처럼 미국의 일부가 될 수 있게 장려한 국가였다. 우리는 사람을 달에 보냈고, 획기적 기술을 발명했으며, 치명적 질병에 대한 백신을 개발해 세계와 나누었다. (한국어로 미국은 '아름다운 나라'라는 뜻의

'美國'이라 부르며, 이는 '황금의 땅'을 의미한다.) 미국에는 아메리칸드림, 말 그대로 꿈이 있었다.

우리는 보수와 진보 그리고 이 중간의 다양한 견해를 가진 사람들이 각자 후보자를 힘차게 내세우지만 동시에 때로는 서로 상호적인 관용과 존중을 유지하는 강력한 정치체제 안에서 하고자 하는 모든 것을 이루어냈다. 또한 서로 협력해야 했다. 링컨의 첫 번째 취임 연설을 인용하자면, 우리는 적이 아니라 친구이다. 우리는 친구여야 한다.

자유는 미국 역사의 기본 주제였고, 이에 동반된 것이 용기였다. 미국은 단지 자유의 땅일 뿐만 아니라 용감한 사람들의 고향이기도 했다. 미국의 군인들은 오마하Omaha 해변에 상륙도 했다. 미국의 낙하산 부대는 점령당한 유럽을 구출하기 위해 과감하게 전쟁터로 뛰어들었다. 미국 해병대는 이오지마에서 깃발을 세웠다. 그리고 게티즈버그의 세메터리 리지에서는 북군과 남군(물론 버지니아인들)이 나라의 운명을 결정짓는 백병전을 치렀다. 미국의 연합이냐 분열이냐의 문제는 전쟁을 통해서만, 오직 그렇게 해서만 결정될 수 있었다. 그리고 우리는 그로 인해 더욱 강해졌다.

마찬가지로 미국인들은 인권운동에서도 많은 용기를 보여주었다. 셀마 다리를 행진한 마틴 루터 킹이든 뉴욕 스톤월 항쟁의 시위대든 미국인들은 자신을 위해 언제나 당당히 일어섰다. 그들은 배짱이 있었다. 권리가 침해될 때 가장 먼저 권위에 도전한 사람들은 오직 미국인들이었고, 이 정신은 우리의 몸과 마음에 새겨져 있다.

이 모든 측면에서 볼 때, 2020년 3월에 시작돼 2022년 봄까지 이어진 코로나19에 대한 공공의 반응은 매우 비(非)미국적이었다.

팬데믹이 발생하고 몇 주, 몇 달 동안 주정부와 지방정부는 수백만 개의 사업체를 보상 없이 폐쇄했고, 건강한 수백만 명의 사람들, 특히 한 세대의 학생들을 집에 가두었다. 교회가 문을 닫고, 모든 형태의 공공 집회를 금지했으며, 모든 시민에게 공공장소에서 마스크를 착용하도록 강요했다. 이러한 조치는 전례 없는 직접적 헌법 침해였다. 특히 이러한 조치는 과학적 근거가 마련되기 전에 실시간으로 이루어졌고, 사람들의 공포를 이용해 주도되었다. 그로부터 몇 년이 지난 지금도 2020년에서 2022년 사이에 일어난 위헌적 조치에 대해 소극적으로나마 정당성을 입증하려는 노력은 전혀 이루어지지 않았다. 그리고 이 문제는 다음 논점으로 이어지게 된다.

2020년 초 이후의 미국은 증오에 사로잡힌 국가였다. 이러한 현상은 민주당에서도 마찬가지로 나타났으며, 그들의 존재 자체가 도널드 트럼프에 대한 증오를 바탕으로 이루어졌다. (공화당도 2016년 힐러리 클린턴에 대해 비슷한 증오를 보였다는 점에서 민주당만을 지적하는 것은 아니다.) 팬데믹이 시기적으로 2020년 첫 분기에 발생했다는 것이 트럼프의 재선에 민주당이 맞설 수 있는 절호의 기회를 제공했다. 그리고 이것이 우리가 우리 당의 반대자를 정의하는 방식이었다.

폐쇄명령이 내려진 지 며칠 만에 이에 반대하는 사람들은 "과학을 따르지 않는다"라는 이유로 멍청하고 무지한 사람들로 묘사되었다. 2020년 4월, 재소집된 회의에 시위대가 등장했을 때 노섬 버지니아 주지사는 단순히 자신의 사업을 다시 재개하고 싶어 한다는 이유로 그들을 '이기적'이라고 묘사했다. 미국 의회는 항상 국가적 이슈에 대한 정직한 토론을 바탕으로 세워졌지만, 이러한 전통은 코로나19 기간 동안 무너지고 말았다. 폐쇄정책 이후의 백신 및 마스크 의무화에 대한 비판자나 이의를 제기하는 자들은 소셜미디어에서 삭제되었다. 특히 민주당이 지배하는 주인 블루 스테이트로부터 배척되었다. 반대자의 입장은 팬데믹이 끝난 뒤에도 무시되었다. 그들이 대체로 옳았음에도 불구하고 말이다.

이러한 증오와 조롱이라는 공적 입장은 정치적으로 의미가 있었고, 2021년 1분기까지 상당히 효과적이었다. 이 시기에 민주당은 성공적으로 도널드 트럼프를 대통령직에서 물러나게 만들었고, 트럼프 지지자들은 위험한 원시인들로 분류되었다.

그렇다면 그다음에는 무엇을 해야 할 것인가?

2021년 초, 코로나19 전염병은 백신이 도입된 이후 델타 변종의 확산으로 가장 치명적인 시기에 도달했다. 이 시점에서 민주당은 대통령직과 연방의회를 모두 장악한 상태였다. 대중은 더 이상 장기적인 폐쇄, 특히 학교 시스템의 폐쇄를 용납하지 않았다. 트럼프가 사라지면서 코로나19 정책에 대한 정치적 이유도 번화했다. 이제는 더 이상 트럼프를 비난하는 데 그칠 것이 아니라 2020년의 가혹한 조치가 백신 도입 전까지 수백만 명의 생명을 '구했다'라고 주장하며 정당성을 외쳐야 했다. 하지만 2021년에도 많은 생명을 구할 수 없었고, 여전히 희생이 뒤따랐다. 실제로 2022년 초에 오미크론 변종의 정점에 이르면서 마스크를 둘러싼 논쟁이 절정에 달할 때까지도 인명은 계속 손실되었다.

결국 팬데믹을 끝낸 것은 단 하나였다. 2022년 봄, 모든 코로나19 제한 조치가 해제되고 미국의 삶이 정상으로 돌아온 것이다. 그 순간 팬데믹은 끝났다. 바이러스 감염이 지속되는 가운데 대체적으로 사람들, 특히 어린아이들은 정상적인 일상 활동을 통해 코로나19에 감염되었지만, 발병 후 일반적 질병 주기를 거치고 나면 질병 극복에 필요한 항체를 생성했다. 바이러스는 더 이상 퍼질 곳이 없었다. 의학적으로나 정치적으로나 팬데믹은 끝났다.

2020년 봄과 여름의 폐쇄 조치도, 2020년 12월의 백신도 코로나19를 종식시키지는 못했다. 팬데믹은 2022년 초 나머지 제한 조치를 해제하고 "이제는 스스로 선택할 자유가 있다"라고 국민에게 선언했을 때 비로소 끝났다. 그리고 대다수의 미국인은 몇 주 안에 정상으로 돌아가 그 상태를 유지했다.

피해는 이미 발생했다. 페어팩스 카운티 학생들은 2020년 3월부터 2022년 3월까지 1년 반 동안 대면 교육을 받지 못했다. 코로나19로 인한 학습 손실의 영향은 과외비를 부담할 수 없는 노동 계층과 소수민족의 가정에 큰 타격을 입혔다. 코로나 사태 이후 학생들의 시험 성적은 전체적으로 20%가량 하락했다. 물론 여기에는 스포츠, 공연예술 그리고 단순히 친구들과 어울리는 데서 오는 사회적 상실은 포함되지 않았다. 미국 교육의 어휘에 처음으로 등장한 '학습 손실'이라는 표현은 당분간 사라지지 않을 것이다.

학습 손실이 코로나19 정책의 잘 알려진 안타까운 결과라면, 폐쇄정책이 소규모 사업체에 미친 영향은 덜 알려진 결과라 할 수 있다. 버지니아주에서만 2020년 3월부터 연말까지 100만 달러 미만의 총소득을 올리는 사업체 가운데 4분의 1 정도가 문을 닫았다. 대부분이 첫 세대 이민자들이 운영하던 네일 살롱이나 드라이클리너 같은 소매업이었다. 수많은 사례가 보여주듯 이런 사업체들은 몰래 영업을 하거나, 이제는 신뢰를 잃은 "6피트 거리두기" 규칙을 따르며 살아남으려고 발버둥 쳤다. 그러나 결국 대부분이 열쇠를 임대인인 주인에게 반환하게 되었다.

그들의 아메리칸드림은 무너졌다.

나에게는 코로나19 이전에 워싱턴 D.C.와 북버지니아 지역에서 피트니스 스튜디오를 여섯 곳 운영하던 법률 의뢰인이 있었다. 그녀의 모든 사업체는 수익성이 있었고, 팬데믹 직전에 그녀는 사업 확장에 전 재산을 투자했다. 그녀는 아메리칸드림을 실현하고 있었다. 그런데 팬데믹이 발생했고, 그녀의 사업체는 2020년 3월부터 2021년 9월까지 정부 명령으로 폐쇄되었다. (워싱턴 D.C.는 코로나19 제한 정책이 가장 엄격했던 곳이다.) 한때 그녀는 고객을 유지하기 위해 주차장 옥상에서 춤 수업을 하려고 했는데, 대부분의 고객은 떠나버렸다. 그런 상황에서도 모든 대출과 임대료는 계속 청구되고 있었다. 연방 보조정책 프로그램과 같은 소규모 비즈니스 보조금이 잠시 동안 해결책이 되었지만 그것은 근본 해결책이 아니었다. 결국 그녀의 사업체는 모두 문을 닫아야 했고, 개인적으로 보증한 대출과 임대계약에서 채무불이행 상태에 빠졌다. 이 글을 작성하는 지금도 그녀는 여전히 파산을 막으려고 노력 중이다.

소매 사업체들이 큰 타격을 입고 피해자 또는 패자가 되는 동안 팬데믹은 대규모 이익을 포섭한 승자들을 만들어냈다. 가장 분명한 승자는 아마존이나 홈 디포 같은 대형 할인점과 온라인 소매업체였다. 이곳들은 결코 문을 닫지 않았을뿐더러 2020년 봄과 여름 동안 매출이 급상승했다. 온라인의 주요 경쟁자인 오프라인 소매점들이 강압적 폐쇄 명령으로 기능이 상실되었기 때문이다. 이러한 매장들이 다시 문을 열었을 때조차 고객들은 2021년 4월까지 마스크를 착용해야 했으며, 이 또한 소매 쇼핑에 대한 자연스러운 억제 요인이 되었다. 유명 브랜드를 보유한 온라인 상점은 거대한 승자가 되었고, 소규모 사업체는 파괴되었다.

또 다른 뚜렷한 승자는 제약산업, 특히 백신 기업인 화이자와 모더나였다. 이들은 2021년 초, 3억 3천만 명의 미국인에게 의무화된 백신을 개발했다. 이러한 필수 백신은 끝없는 부스터 샷으로 이어졌다. 2021년 11월, 화이자의 주가는 팬데믹 이전 수준보다 50% 상승했으며, 모더나의 주가는 두 배가 되었다. 2022년 모더나는 미국 역사상 처음으로 연간 매출 1천억 달러를 돌파한 제약회사가 되었다. 이러한 연매출 기업의 신화는 코로나19와 관련된 정부의 의무 조치 덕분이었다. 이에 따른 수익은 다시 새로운 광고에 재투자되어 미국인들에게 각종 질병에 대한 '최신' 부스터 샷을 맞으라는 요구로 이어졌다. 어떤 관점에서 보더라도 대형 제약회사는 누구도 넘보지 못하는 승자가 되었다.

추측건대 또 다른 중요한 승자는 '노트북'으로 재택근무가 가능한 전문가들이었다. 민간 변호사나 정부 관료를 포함한 IT업계의 수입은 변동이 없었다. 오히려 이른 아침 출근이 과거의 일이 되어 삶은 더욱 편안해졌다. 2021년 의정 활동 중 상원의원으로서 가장 좌절했던 일은 행정부, 즉 주지사에게 주정부 산하 공무원들의 근무상황과 실태를 확인해 보고하라고 하고, 주민들의 민원서비스 처리 시 전화 상담이 아닌 민원 처리 기관들의 대면 상담 서비스를 확대하기 위해 출근하도록 설득하라고 한 일이었다. 그러나 나의 요구는 계속 반복적으로 "직접 출근하는 것이 공무원의 생명을 위협할 수 있다"라는 이유로 거부되었다.

2020년과 2021년에는 부동산업 같은 신흥 승자도 있었다. 재택근무와 최대로 하락한 낮은 이자율이 결합하면서 주택시장은 현대 미국 역사상 가장 수요가 많은 시기를 맞았다. 주택 가치는 급등했고, 재융자는 수백만 명의 중산층 미국인에게 현금을 제공했다. 그러니 다른 한편으로는 코모니19 기간 동안의 손쉬운 신용대출과 통제되지 않은 연방 지출이 통제할 수 없는 수준으로 인플레이션을 치솟게 했다. 2022년 여름에 이르러 인플레이션은 고정된 수입에 의존하는 일반 미국인들, 특히 은퇴자들에게 가장 중요한 문제가 되었다. 이들은 더 적은 수입을 위해 더욱 열심히 일해야 했다.

결론적으로, 팬데믹은 부유층을 훨씬 더 부유하게 만들었다. 그러나 대부분의 사람은 그렇지 못했다.

폐쇄정책은 파괴적 인플레이션을 초래했을 뿐만 아니라 독특한 냉소주의를 낳았다. 미국은 스스로 '자유의 땅'이자 헌법적 민주주의가 실현되는 국가라고 자부하지만 폐쇄정책은 독특하게 반민주적이었다. 그 정책들은 행정명령으로 강요되었다. 그리고 대다수 미국인에게 최소한의 위협을 가하는 바이러스에서 비롯된 막연한 공포를 근거로 헌법적 자유를 파괴했다. 이러한 위헌적 제한이 시행되는데도 아무도 목소리를 내지 않았으며, 목소리를 낸 사람들은 조롱과 비난을 받았다.

물론 이 모든 문제는 미국 자유의 수호자인 사법체계와 언론의 문제이기도 하다. 그들이 2020년에 본분을 다했다면 큰 피해를 막을 수 있었다. 그러나 그들은 그렇게 하지 않았다.

팬데믹 이전 몇 년 동안 미국 언론들은 분노를 표현하는 데 익숙했다. 대표적인 예가 2017년 1월에 있었던 일이다. 그 당시 새로 출범한 트럼프 행정부가 이란, 수단 등에 있는 테러조직에 무기를 지원하는 것으로 알려진 국가들, 즉 아랍계 무슬림이 국민의 다수를 차지하는 국가에서 미국을 방문하려는 사람들의 입국을 제외시키는 법안을 통과시켰을 때, 언론은 바로 즉각적이고 본능적인 반응을 보였다. 언론은 제1조 수정헌법 권리를 옹호하는 데 강한 관심을 보였고 수백 개의 사설이 작성되었다. 그리고 곧바로 시위가 일어났다. 언론은 대법원의 격렬한 반대 의견에 즉각 응답했고, 예멘에서 온 방문자도 스위스에서 온 방문자처럼 대우받아야 한다고 주장했다.

그러나 3년 뒤 캘리포니아와 뉴욕(그리고 버지니아주 역시) 같은 주에서 예배 장소를 무기한 폐쇄했을 때 언론에서는 아무 말도 없었다. 단 한 줄의 사설도 없었고, 그 어떤 비판도 없었다. 주정부 당국은 조지 플로이드 폭동으로 주정부 정책에 반대할 필요성이 제기될 때까지 공립학교도 폐쇄했고 모든 형태의 공공 집회를 금지했다. 다시 말하지만, 2020년에 미국의 제1조 수정헌법이 농담처럼 다뤄지는 동안 언론은 그냥 지켜보았다. 마찬가지로 언론은 정부의 조치로 수백만 명의 소기업 소유자와 직원들의 생계가 끊기는 동안에도 '노코멘트'로 일관했다. 언론은 미국을 방문하는 예멘인에게 적용된 헌법적 권리는 그렇게 소중히 여기더니 실제로 그것이 미국인에게 적용될 때는 아무런 언급도 없이 미국인의 헌법적 권리를 무시하고 말았던 것이다.

나는 이러한 일들을 〈워싱턴 포스트〉의 뉴스 보도와 사설에서 직접 보고 느낄 수 있었다. 언론은 팬데믹 초기에 폐쇄 조치를 지지하며 플로리다와 조지아 같은 주가 오직 "비즈니스만을 위해 열려 있는" 주라고 비판했다. 사설 페이지를 통해 나와 대화를 나누는 가운데 그들은 자신들의 의견이 제프 베조스(아마존의 소유주이자 〈워싱턴 포스트〉의 소유주)에게서 비롯된 것은 아니라고 맹세하기도 했다. 그러나 이것은 무시할 수 없는 분명한 이해 충돌이었다.

〈워싱턴 포스트〉를 칭찬하자면, 그들이 2020년 말과 2021년 초반 학교 재개에 대해 지지의사를 표명했다는 사실이다. 그러다가 2021년 3월 학교 재개를 위한 "상원법안 1303"이 통과되었을 때는 그에 대한 보도를 완전히 생략한 점이 의아했다. 그 뒤 초기와 상반된 입장을 드러내기 시작한 〈워싱턴 포스트〉는 2021년 여름, 아이들의 마스크 착용에 대해 지나치게 적극적으로 나섰고, 주지사의 행정명령을 응원했다. 또한 2021년 8월, 내가 마스크 착용 여부를 각 학교 차원에서 결정할 수 있다는 간단한 법적 원칙을 언급하자 나를 비난하기 시작했다.

2022년 2월 말 주지사가 "상원법안 739"에 서명한 직후, 나는 〈워싱턴 포스트〉의 사설 담당자에게서 전화를 받았다. 우리는 서로 협력하는 동료 같은 사이였으며, 나는 부정적 사설을 쓰기 전에 먼저 나에게 전화한 점을 존중했다. 그 전화에서 그는 마스크 의무화 종료에 대해 이야기하면서 감정에 호소하듯 거듭 이렇게 말했다.

"챕, 백만 명이 죽었어."

무슨 마법에 걸리기라도 한 것처럼 반복해서 강조한 그 말은 곧 우리 아들딸들이 수업에 가기 위해서는 마스크를 써야 한다는 의미였다.

나는 대놓고 그에게 말했다. 그런 시각으로 보면 마스크 착용 의무화는 결코 끝나지 않을 것이라고. 결국 〈워싱턴 포스트〉는 마스크 착용을 옹호하는 사설을 발표하지 않았다. 그 뒤 몇 주가 지나지 않아 마스크 의무화는 끝났고 재개될 가능성은 없었다.

그리고 〈워싱턴 포스트〉는 낙태 같은 다른 이슈로 넘어갔다.

언론이 그렇게 빨리 다른 문제로 넘어간 것에 대해 비난하려는 것이 아니다. 그들은 2022년 초까지 사실상 모든 코로나19 정책에 대해 '올바른' 입장을 내세웠다. 그런데 자신들의 가정과 추측이 틀렸다는 것이 드러났을 때는(이를테면 마스크 착용이 공공 건강에 중요하지 않다는 것) 마치 그런 일이 일어나지 않았던 것처럼 행동한다는 것이 문제다. 이것이 바로 인간의 본성이었다.

이제 버지니아를 같이 들여다보자.

2020년 3월과 5월 사이 버지니아주의 법원 시스템은 폐쇄되었고, 전체 사건을 온라인으로 처리할 기술이 아직 없었으므로 사실상 마비되었다. 2020년 6월이 되어서야 법원 시스템은 다시 정상적으로 운영되었다. 따라서 사법부가 시스템이 마비된 기간 동안 실시간으로 발생하는 명백한 헌법적 침해를 회피했다는 사실에 대해서는 변명의 여지가 없다.

물론 나와 같은 변호사들이 사법부를 향해 행동할 준비를 했다. 2020년 6월 6일, 나는 린다 박을 대신해 버지니아주 대법원에 제출한 청원에서 두 가지 기본적이고 반박할 수 없는 이론적 근거를 제시했다. 첫째, 행정부의 '비상 권한'은 시간적으로 제한되며, 입법부가 휴회 중일 때만 존재할 수 있다는 것이다. 둘째, 800만 명의 주 인구에 대해 '격리' 명령을 내리는 것은 한 사람에 대한 격리 명령을 설정하는 것과 동일한 기준을 충족해야 하며, 따라서 객관적 증거와 '최소 제한 수단'이라는 이중 요구 조건을 충족해야 한다는 것이었다.

이것이 바로 사람들의 자유를 제한하기 전에 갖춰야 할 최소한의 조건이었다.

어떤 이론에 의하더라도 대법원은 버지니아주 행정부의 행동을 제한해야 했고, 헌법적 권리와 관련해 강력한 성명이 있어야 했다. 그러나 그런 일은 일어나지 않았다. 그리고 다시 말하지만, 아무도 항의하지 않았다. 특히 미국 시민자유연합회는 가장 중요한 '시민의 자유' 문제에 개입하지 않기로 했다. 그로 인해 행정부는 과학이 아니라 두려움에 기반한 자의적 명령을 내릴 수 있었고, 그 명령으로 수천 개의 사업체가 파산하고 120만 명의 학생이 피해를 입었다. 이것은 버지니아주에서만 일어난 일이었다.

이런 사태의 후유증은 공공의 불신이었다. 언론을 신뢰할 수 없었다. 법원 시스템을 신뢰할 수 없었다. 그리고 정치 시스템은 전반적으로 신뢰할 수 없었다.

코로나19 이후 몇 년 동안 정치 엘리트들은 왜 미국인이 그들을 신뢰하지 않는지, 왜 국가의 방향에 대해 부정적 견해를 가지는지 이해하는 데 어려움을 겪었다. 그 이유는 매우 간단하다. 2020년과 2022년 사이의 세월이 우리 사회의 본질적 가치인 자유를 빼앗아 갔기 때문이다.

Chapter 34

누구에게도 악의 없이,
모두에게 관용을

미국 역사상 가장 위대한 대통령은 남북전쟁이 끝날 무렵 용서의 필요성을 언급했다. 그의 말은 다음과 같다.

> "누구에게도 악의 없이, 모든 이에게 관용을, 하느님이 우리에게 옳은 것을 보도록 하신 것처럼 우리가 옳다고 믿는 바를 굳게 지키며, 우리 모두 나라의 상처를 치유하기 위해 우리가 지금 하고 있는 일을 끝내도록 합시다. … 우리 자신과 모든 나라들 가운데 정의롭고 지속적인 평화를 이루고 간직할 수 있도록 매진합시다."

2020년 3월부터 2022년 3월까지 코로나19 제재에 맞서 싸운 우리의 투쟁은 남북전쟁보다 훨씬 덜했지만, 그럼에도 불구하고 이는 시민적 투쟁이었다. 그리고 그 투쟁으로 인해 제재에 반대하는 이들은 대가를 치렀다.

정치적으로 팬데믹 기간 동안 제재에 도전한 '저항자들'은 다음 선거에서 대부분 사라졌다. 나와 마찬가지로 조 모리시 상원의원은 민주당 예비선거에서 패배했다. 던나반트 상원의원은 일반 선거에서 낙선했다. 린우드 루이스 상원의원은 은퇴를 결정했다.

한편, 제재 정책을 옹호한 가장 큰 목소리들("당신의 아이들은 전파자들이다!")은 대체로 재선에 성공하거나 심지어 더 높은 직위로 승진했다. 이것은 예측 가능한 일이었다. 정치적 복종은 내부의 지지 세력을 가지고 있기 때문이다. 그리고 옹호 목소리를 내던 그 많은 사람은 (현재도) 내 친구들이다. 사실 그들 중 일부는 내가 이전 선거에서 당선될 수 있게 도와주었고, 우리의 이견에도 불구하고 2023년 재선에서도 나를 지지했다.

비록 재선에는 실패했지만, 괜찮다. 정치에는 짧은 유통기한이 있다. 특히 고도로 당파적인 세상에서는 독립성을 보이면 더욱 그렇다. 모두에게 악의 없이, 모두에게 자비를.

예측할 수 없었던 혹은 용서할 수 없었던 것은 일부 사람들이 역사를 다시 쓰려고 시도했다는 점이다.

이러한 행동은 특히 마스크 정책을 옹호하고 제재 정책을 펼쳤던 '블루 스테이트'의 행정부에서 가장 뚜렷이 나타났다. 이들은 2023년 가을, 불과 3년 뒤 자신들의 코로나19 대응이 '레드 스테이트'의 주지사들과 다를 바 없다고 주장하고 있다. 맞다. 이들은 2020년과 2021년에 시민들이 정상적 삶을 살도록 허용한 것에 대해 "무모하다"라고 비난했던 바로 그 주지사들이다.

2023년 11월, 캘리포니아주의 개빈 뉴섬 주지사는 플로리다주의 론 드산티스 주지사와 토론을 벌였다. 이는 매우 다른 철학과 실적을 보이는 두 행정수반 간의 토론이었으며, 두 주는 매우 다른 방향으로 나아가고 있었다. 논의할 것이 많았는데, 그 중 코로나19에 대한 매우 다른 반응이 가장 중요한 문제 중 하나였다. 뉴섬 주지사는 2022년까지 제재와 마스크 착용을 강력히 지지했다. 결과적으로 캘리포니아주는 역사상 처음으로 주민의 이탈을 경험했다. 마스크를 계속 써야 하는 주에서 누가 살고 싶겠는가?

토론에서 뉴섬은 자신의 정책을 옹호하는 데는 관심조차 두지 않았다. 그 대신 그는 드산티스 주지사가 같은 일을 했다고 주장하며 되레 비난하고 나섰다.

"당신은 당신의 해변, 바, 레스토랑을 폐쇄했다. 이건 사실이다. 당신은 격리를 시행했다. 플로리다주 전역에 검문소를 세웠다."

캘리포니아에서 2년 동안의 차단이 플로리다에서 2주 동안의 차단과 동일하다고 주장하는 상황이었다. 코로나의 제재 조치라는 전체 과정은 인간 존재론적인 행동으로, "확산 곡선을 평평하게" 만들고 수백만 명의 생명을 구하려던 것이었다. 그러나 이제는 "그래서 당신은 어떻게 했는데?"라는 식으로 게임에서 쓰고 버리는 한마디가 되어버렸다.

닫혀 있었던 그 많은 교실? 폐쇄된 영화관들? 좌절한 식당 주인들과 서로 고함치며 대치하는 것? 이런 일은 일어나지 않았는가? 캘리포니아주에서도, 어디에서도 일어나지 않았는가?

어처구니없게도 방향 전환의 게임을 주도한 것은 미국에서 가장 큰 주의 주지사이자 전국적으로 방송된 토론에서 가까운 미래의 거의 확실한 대선후보로 떠오른 민주당의 주요 인물이었다. 그런데 그 누구도, 오랜 전통을 지닌 유력 언론에서도 이런 사실을 그에게 지적하지 않았다. 왜냐하면 그랬다가는 코로나19 제재 남용에 그들도 동조했다는 사실이 드러났을 것이기 때문이다.

이 이야기가 반드시 공개되어야 하는 이유는 지난 4년 동안 많은 잘못된 정보가 퍼져 있었기 때문이다. 미래 세대들은 진실을 알 권리가 있다.

과거로부터 배우지 않으면 그 과거를 다시 반복할 수밖에 없다. 그리고 이런 일은 다시 일어나서는 안 된다.

Chapter 35 대한민국 서울에서의 저녁

2024년 6월 14일, 대한민국 수도 서울의 여의도 페어몬트호텔에 도착했다. 지금 동아시아에서 흔히 볼 수 있는 고도의 테크놀로지 기술과 성공적인 경제 대도시를 대표하는 상징적 장소였다.

우리는 조지메이슨대학교의 한국 캠퍼스 '메이슨코리아' 10주년을 기념하기 위해 모였다. 조지메이슨 버지니아 주립대학교의 코리아 캠퍼스 분교는 2010년 상원 법안의 제안으로 설립이 승인되었고, 2014년에 개교해 몇몇 교수진과 34명의 학생으로 시작되었다. 10년 뒤, 한국 캠퍼스 분교는 현재 1천 명이 넘는 학생이 다니는 학교가 되었고, 다국어 능력을 지닌 밝고 열정적인 젊은 인재들이 모인 곳이 되었다. 나는 분교가 성장하는 동안 조지메이슨대학의 코리아 이사장으로 활동했고, 분교 10주년 기념행사에 초대되었다.

기념행사에는 나를 비롯해 샤론과 버지니아 공대 2학년에 재학 중인 아들 토머스 그리고 한국어 배우기에 전념 중인 중학생 딸 아이다도 함께 참석했다. 기념식 축하 무대에서는 조지메이슨 본교의 전설적 팝 밴드 '그린 머신'이 멋진 연주를 선보였다.

오후 7시, 나는 연설을 위해 연단에 올라섰다. 수백 명의 얼굴이 나를 응시하고 있었다. 백인, 흑인, 아시아인, 젊은 사람, 나이든 사람, 많은 국제 교육자의 얼굴이었다. 내 왼쪽에는 아내와 두 자녀가 앉아 있었다.

나는 아내에 대한 농담으로 연설을 시작했다. 30년 전 내가 아내에게 데이트를 신청했을 때 "아니요"라고 했더라면 나는 지금이 자리에 서 있지 못했을 것이라고 말했다. 내 노력이 없었다면 우리 모두가 여기에 없었을 수도 있다. 왜냐하면 분교가 존재하지 못했을 수도 있었기 때문이다.

인생은 묘하게 돌아가며 순환한다.

나 같은 정치인에게 조지메이슨코리아 설립은 달성할 수 없을 것 같은 목표였다. 하지만 상원에서 내 법안이 통과되어 실제로 사람들의 삶에 가치를 더할 수 있게 되어 나는 매우 흐뭇했다. 그리고 내겐 그 이상의 특별한 감정이 있었다. 왜냐하면 메이슨코리아 분교가 자리한 인천은 단순히 수십억 달러의 국제 자본금이 몰려드는 번화한 항구 도시가 아니었다. 인천은 1951년 9월, 미군 해병대와 한국군이 상륙해 서울을 탈환하고 대한민국을 세우기 위한 전투를 시작한 장소였다.

미국 군대가 이보다 더 큰 승리를 거둔 곳은 지구상에서 몇 개가 안 될 것이다.

버지니아주 출신의 두 인물이 인천상륙작전을 이끌었다. 한 사람은 태평양에서 미군 최고의 사령관이었던 더글러스 맥아더 장군이다. 그는 미군 역사에서 가장 자아가 강하고 열정적이며 뛰어난 장군 중 한 명이었다. 또 한 사람은 버지니아주 서부 타이드워터 출신의 두려움 없는 전투 지휘관 루이스 체스티 풀러였다. 그의 아내는 작은 마을 살루다 출신으로 우리 할머니 메리 월튼 리빙스턴과 사촌 관계였다.

다음 이야기는 1950년 9월, 서울 길거리에 살던 어린 소년 김

덕규(나의 장인어른)의 이야기다. 사업가 집안의 기독교인 가족과 소년은 종교 박해를 피해 북한을 떠났다. 그의 아버지는 서울에 정착해 남한 정부에서 일했고, 공산주의자들이 침공했을 때 체포된 뒤 다시는 모습을 볼 수 없었다.

  소년과 형제들은 서울 거리에 살면서 땔감으로 나무를 훔치고, 먹을 것이 없을 때는 풀을 뜯어 먹으며 지냈으나 두 명의 형제는 굶어 죽고 말았다. 그러던 중 미군이 상륙했다. 세상을 떠나기 몇 달 전, 80세가 된 그 소년은 과거의 자신을 되돌아보며 이렇게 회상했다. 미군들이 서울을 구했다고, 또한 생명을 구했다고.

  어린 소년 덕규는 근육질의 젊은 남자가 되었다. 운동을 하며 태권도 검정띠를 획득했고, 사업에 뛰어들어 성공을 거두었다. 대구 출신의 젊은 가수와 결혼해 두 자녀도 두었다. 1976년 가족들을 미국으로 이주시켰고, 형은 의사가 되었다. 그는 오하이오주 교외 지역에서 가족을 돌보며 여러 개의 소매업체를 운영했다. 그의 아내는 음악학교에 다니며 클리블랜드 오페라단에서 노래했다. 자녀들은 대학을 졸업하고 각자 가정을 꾸렸다.

  2023년 가을, 그와 아내는 하늘로 향했다. 그는 아이들에게는 사랑하는 할아버지였고, 교회에서는 신앙심 깊었던 장로님, 그리고 훌륭한 골퍼로 기억될 것이다. 그것은 모든 남자가 자랑스럽게 생각하는 미국인의 삶이었다.

  그분은 물론 나의 장인어른이시다. 장인어른은 장모님 장영숙 여사와 항상 함께하셨다. 그리고 미국에서 그분들의 삶은 나와 가족 그리고 자부심을 느끼게 한 고향인 미국과 함께했다. 그렇다. 우리는 다 같이 역사를 만들었다.

한국에서 개최한 메이슨코리아 분교 10주년 기념행사는 나의 초선 의원 시절을 되돌아보게 해주었다.

2001년부터 2005년까지 나와 마찬가지로 밥 맥도넬은 하원에서 활동했다. 그 시절에는 공화당이 권력을 쥐고 있었고, 밥은 버지니아 비치에서 유명한 공화당 인물이었다. 나는 그 시절 길지 않은 기간 동안 정치활동을 한 젊은 민주당원이었다. 우리는 매주 만나 농구리그와 성경공부 모임에 참여했다. 그렇게 우리는 친구가 되었다.

2009년, 밥은 주지사 선거에서 대승을 거두고 당선되었다. 2014년 밥은 공직에서 부패 혐의로 기소되었다. 미국 대법원은 유죄를 인정했지만 증거가 없다는 이유로 무죄판결을 내렸다. 그 결과 연방 감옥에 가지는 않았지만 밥의 정치경력은 끝났다. 그는 이후 고향으로 돌아가 리전트 로스쿨에서 강의를 시작했다. 우리는 가끔 정치 행사에서 다시 만났고, 2022년 여름에는 우리 둘의 친구인 라이오넬 스프루일 상원의원과도 함께 저녁을 먹었다. 2023년 6월, 내가 상원 예비선거에서 실패하자 밥은 다음 날 곧바로 위로의 전화를 해주었다. 10년 전의 싸움은 이제 모두 사라졌다. 우리는 함께 하원에서 활동했고, 그 시절은 좋은 시간이었다.

운이 좋게도 밥은 메이슨코리아의 상원법안에 서명한 주지사였다. 사실 이 법안의 서명식 때 찍은 사진은 내 법률회사 사무실에 오랫동안 걸려 있었다. 젊은 시절의 내가 주지사와 함께 웃고 있는 모습이었다.

10주년 행사 며칠 전, 나는 밥에게 문자를 보내 학생들과 교직원들을 위한 카드에 서명해줄 수 있는지 물었다. 그는 즉시 전화로 응답했고, 더 나아가 서명된 사진도 보내 왔다. 그 사진에는 이렇게 적혀 있었다.

> 메이슨코리아 학생들에게.
> 10주년을 축하합니다.
> 한국과 미국 간의 학습과 우정을 지속해주길 바랍니다.
> 밥 맥도넬
> (버지니아 주지사, 2010~2014)

이 메시지를 읽고 나는 그 시절로 되돌아갔다. 2010년 재정연도에는 외국 캠퍼스 설립을 허가받는 것이 쉬운 일이 아니었다. 사실 처음에는 미친 짓처럼 보였다. 대공황 이후 버지니아주는 최악의 예산 위기를 겪고 있었다. 공립교육과 대학교육 모두 10% 이상의 예산이 삭감되었고, 2008~2009년의 경제 침체로 주택 가격과 세수도 폭락했다.

상원에서 설립허가 법안을 통과시키기 위해 나는 민주당 동료들에게 간곡히 지지를 부탁했다. 그래서 이 일을 처리할 수 있었다.

주지사에게도 나는 같은 말을 했고, 결국 설득했다.

이 일은 내게 매우 중요한 가르침을 주었다.

긍정적으로 행동하고, 다른 사람의 말을 귀담아듣고, 그리고 뿌리 깊은 당파적 소리는 피하라.

이 일은 선거 성공을 위한 길은 아니었지만 옳은 일이었다. 우리는 그것을 해냈다!

여기는 한국, 메이슨코리아대학교.

저항자

발행일 2025년 10월 20일 초판 1쇄

지은이 챕 피터슨
옮긴이 이헌정
발행인 고영래
발행처 (주)미래사

주소 서울시 마포구 토정로 195-1 정우빌딩 3층
전화 (02)773-5680
팩스 (02)773-5685
이메일 miraebooks@daum.net
등록 1995년 6월 17일(제2016-000084호)

ISBN 978-7087-166-0 (03300)

Copyright © Chap Petersen, 2025

이 책의 저작권은 저자와 도서출판 미래사가 소유합니다.
신저작권법에 의하여 한국 내에서 보호받는 저작물이므로 무단 전재와 무단 복제를 금합니다.

* 가격은 뒤표지에 있습니다.
* 잘못 만들어진 책은 구입처에서 바꾸어 드립니다.